7800 g

380 g

CB017002

NOTAS

AO

CÓDIGO DE PROCESSO CIVIL

Obras do autor:

Manual Elementar do Ministério Público (1947) — Esg.
Jurisprudência Penal do Supremo Tribunal de Justiça (1959) — Esg.
Jurisprudência Processual Civil do Supremo Tribunal de Justiça (1960) — Esg.
Jurisprudência Civil do Supremo Tribunal de Justiça (1962-1966) — Esg.
Verbetes de Legislação de Angola (1952 a 1974) — Publicação finda.
Escritos Forenses (1960) — Esg.
Das Leis, sua Interpretação e Aplicação (2.ª ed., 1978) — Esg.
Das Relações Jurídicas (1967 a 1969) — Esg.
Das Obrigações em Geral (1971 a 1973) — Esg.
Dos Contratos em Especial (1974) — Esg.
Direito das Coisas (1975) — Esg.
Direito da Família (1976 a 1980) — Esg.
Direito das Sucessões (1981 a 1983)
Notas ao Código do Processo Civil (III vol., 1972) — Esg.
Notas ao Código do Processo Civil (IV vol., 1984)
Notas ao Código Civil (I vol., 1987) — Arts. 1.º a 257.º
Notas ao Código Civil (II vol., 1988) — Arts. 258.º a 533.º
Notas ao Código Civil (III vol., 1993) — Arts. 534.º a 826.º
Notas ao Código Civil (IV vol., 1995) — Arts. 827.º a 1250.º
Código Civil anotado e actualizado (12.ª ed., 1999)
Notas ao Código Civil (V vol., 1996) — Arts. 1251.º a 1575.º
Notas ao Código Civil (VI vol., 1998) — Arts. 1576.º a 1795.º-D
Notas ao Código de Processo Civil (I vol., 3.ª ed., 1999)
Notas ao Código do Processo Civil (II vol., 3.ª ed., 2000).

JACINTO FERNANDES RODRIGUES BASTOS
Juiz-Conselheiro Jubilado do Supremo Tribunal de Justiça

NOTAS
AO
CÓDIGO DE PROCESSO
CIVIL

VOLUME II
(Arts. 264.º a 466.º)

3.ª EDIÇÃO
Revista e Actualizada

LISBOA
2000

À MANEIRA DE INTRÓITO

Pessoa amiga, que leu o primeiro volume da nova edição desta obra, escreve-me estranhando não ter eu aproveitado o ensejo para me pronunciar sobre a grave crise (são palavras suas) por que está passando a justiça portuguesa.

Respondo-lhe agora neste lugar.

A meu ver não há crise alguma na justiça portuguesa. Crise, segundo o dicionarista Morais Silva, é uma alteração para melhor ou para pior, sobrevinda no curso de uma doença. Ora, nem a magistratura portuguesa está doente, nem a justiça que ela administra apresenta outros sintomas anormais, para além da excessiva morosidade na instrução e julgamento das causas cíveis, e principalmente das criminais, por virtude de variadíssimas razões, entre as quais avultam uma velha organização dos serviços e, talvez, um imperfeito sistema da selecção dos magistrados.

Admitindo que algum dos meus leitores esteja interessado em conhecer o meu pensamento sobre este problema, vou expô-lo, em síntese e com poucas palavras, limitando-me a focar aqueles dois aspectos que referi: o da organização dos tribunais e o da selecção dos magistrados.

A organização dos tribunais portugueses corresponde ainda, com várias modificações é claro, na sua essência, às reformas liberais de Mouzinho da Silveira, cujas bases constam dos decretos assinados na Ilha Terceira por D. Pedro IV, em nome de sua filha D. Maria II. O esquema geral é o mesmo quanto aos órgãos (Supremo Tribunal de Justiça, Relações, Julgados de 1.ª

Instância) e quanto à divisão do território (Distritos Judiciais e Comarcas).

Muita coisa mudou no decurso deste século e meio. Sem entrar em pormenores, que me parecem desnecessários, e olhando apenas à situação actual, verifica-se, como toda a gente sabe, que os tribunais judiciais estão presentemente submersos sob a avalanche de causas, tanto cíveis como criminais, que impedem, a todos os intervenientes na actividade judiciária, o normal desempenho das suas funções. Esta é uma realidade que não pode ser escamoteada. Nos processos daquela primeira espécie abundam as acções de cobrança de dívidas de montante não muito elevado e as correspondentes acções executivas; no crime são aos milhares as contravenções de toda a natureza, os delitos directamente relacionados com o consumo de «drogas» e o seu tráfico, além de uma nebulosa de outros ilícitos penais, praticados por esses infelizes para obterem dinheiro que sustente o seu vício. Nem um nem outro desses procedimentos devem pôr problemas de difícil solução, mas pela sua quantidade são um peso esmagador que consome e gasta todas as energias.

Tendo em conta estas realidades parece-me que se devia criar, em cada concelho administrativo do país, um ou mais «tribunais de 1.ª instância», a cada um dos quais corresponderia um juiz singular e um agente do Ministério Público, com competência generalizada, mas limitada pelo valor e importância das acções cíveis e criminais a apreciar. Esses tribunais seriam como que a guarda avançada da actividade judicial, uma primeira barreira oposta ao grande volume de serviço a atender.

Em cada uma das sedes dos distritos administrativos seriam criados um ou mais «tribunais de grande instância», tribunais colectivos com competência também generalizada para conhecer e decidir na área do distrito todas as causas que não fossem da competência dos «tribunais de 1.ª instância».

Das decisões dos «tribunais de 1.ª instância» que excedessem a correspondente alçada só caberia recurso para a Relação respectiva, que julgaria definitivamente o feito; das decisões dos «tribunais de grande instância» caberia recurso para a Relação e desta para o Supremo, nos termos gerais.

À maneira de intróito

Fora desta alterações manter-se-ia a organização judiciária existente, com as necessárias adaptações.

Quanto à selecção dos magistrados, não obtante toda a consideração que me merecem os dirigentes e demais colaboradores do «Centro de Estudos Judiciários», devo dizer que nunca concordei com o carácter, em grande parte teórico, do ensino que ali se ministra. Os licenciados em Direito pelas Universidades portuguesas têm de oferecer, com esse grau académico, a garantia de que estão teoricamente habilitados a exercer os cargos a que por lei essa habilitação corresponde; o que lhes pode faltar é saber como aplicar esses conhecimento teóricos ao desempenho efectivo das funções que vão exercer, isto é, o que lhes faltará é a prática *da respectiva actividade. Ora a prática, no caso concreto dos magistrados judiciais e do Ministério Público, só se obtém trabalhando directamente nos tribunais, sob orientação de um magistrado, que os dirija e encaminhe, e em contacto com a realidade humana de que vão ocupar-se. Cremos por isso, que esse estágio deverá ser prestado nos tribunais de 1.ª instância, durante dois anos, com remuneração igual a 60% (ou qualquer outra percentagem) do cargo respectivo; decorrido esse período de tempo, se o candidato obtiver do magistrado orientador, pelo trabalho prestado, classificação não inferior à de «Bom», estará em condições de ser admitido a concurso de provas públicas, perante um júri composto exclusivamente de magistrados, para ingressar no quadro da magistratura respectiva, ingresso que se fará pelos «tribunais de 1.º instância».*

Penso que a adopção destas medidas poderia melhorar consideravelmente o serviço nos tribunais judiciais.

Dessa ou doutra maneira creio bem que as dificuldades actuais virão a ser vencidas.

Não é isso, na verdade, o que me preocupa.

Preocupa-me, sim, o ambiente de culpabilização que parece estar a criar-se à magistratura portuguesa. Os magistrados de hoje não são melhores nem piores do que foram os de ontem, e que serão os de amanhã. São seres humanos – e por isso susceptíveis de errar, mas são homens e mulheres que adoptaram conscientemente uma profissão de extremo trabalho, de constante estudo, de calado sacrifício, de enorme responsabilidade. Do normal exercício das suas funções depende o cumprimento das leis; do acatamento das suas decisões deriva a paz jurídica que torna possível a vida em sociedade.

Tratemos as dificuldades suprimindo as suas causas, e não disfarçando os seus efeitos; não tentemos arranjar «bodes expiatórios», que façam esquecer os responsáveis.

Se continuarmos a penalizar, perante a opinião pública, os magistrados, pelas deficiências dos serviços de que não são culpados, teremos de penalizar os médicos pelas listas de espera dos hospitais, os professores pelo insucesso dos alunos nas escolas, os detentores da autoridade pública pela desobediência civil, que nem sequer respeita muitas vezes as decisões judiciais.

Será caso de se repetirem aqui as palavras de Frei Heitor Pinto, no seu Diálogo da Justiça: *«Que nos aproveitará falarmos da Justiça, se formos injustos?»*

Lisboa, Janeiro de 2000.

RODRIGUES BASTOS

CAPÍTULO II
DA INSTÂNCIA

SECÇÃO I
Começo e desenvolvimento da Instância

ARTIGO 264.º
(Princípio dispositivo)

1 — Às partes cabe alegar os factos que integram a causa de pedir e aqueles em que se baseiam as excepções.

2 — O juiz só pode fundar a decisão nos factos alegados pelas partes, sem prejuízo do disposto nos artigos 514.º e 665.º e da consideração, mesmo oficiosa, dos factos instrumentais que resultem da instrução e discussão da causa.

3 — Serão ainda considerados na decisão os factos essenciais à procedência das pretensões formuladas ou das excepções deduzidas que sejam complemento ou concretização de outros que as partes hajam oportunamente alegado e resultem da instrução e discussão da causa, desde que a parte interessada manifeste vontade de deles se aproveitar e à parte contrária tenha sido facultado o exercício do contraditório.

1. Na técnica jurídica o termo *instância* é empregado em duas acepções diferentes. Na primeira alude aos diversos graus de jurisdição admitidos na hierarquia judiciária, sendo nesse sentido que se diz existirem, entre nós, tribunais de 1.ª e de 2.ª instância; na outra, quer significar a própria relação jurídica processual, a

ART. 264.º   *Livro III, Título I — Das disposições gerais*

acção em exercício e movimento, confundindo-se, por vezes, com o processo, que é a sua exteriorização material. É nesta segunda acepção que o legislador emprega a palavra instância nos arts. 264.º a 301.º.

2. O artigo faz aplicação do princípio dispositivo, na parte em que este impede ao juiz, como regra, conhecer de facto que não tenham sido alegados pelas partes como integrando a causa de pedir ou servindo de base às excepções. Mas dos n.ºs 2 e 3 do preceito resultam importantes limitações a esta regra. Assim, o juiz pode: *a)* fundar a decisão em factos notórios (art. 514.º) e naqueles que sirvam a qualificar de anormal o uso do processo (art. 665.º), sem alegação de qualquer das partes; *b)* ter em consideração, mesmo oficiosamente, os *factos instrumentais* que resultem da instrução e discussão da causa; *c)* considerar na decisão os *factos essenciais* à procedência das pretensões formuladas ou das excepções deduzidas que sejam *complemento* ou concretização de outros que as partes hajam oportunamente alegado e resultem da instrução e discussão da causa, desde que a parte interessada manifeste vontade de deles se aproveitar e à parte contrária tenha sido facultado o exercício do contraditório.

3. Para correcta aplicação deste preceito é preciso ter em conta o que deve entender-se por factos *principais*, factos *essenciais*, factos *complementares* e factos *instrumentais*.

São factos *principais* aqueles que integram o facto ou factos jurídicos que servem de base à acção ou à excepção. Estes factos dividem-se em *essenciais* e *complementares,* sendo os primeiros aqueles que constituem os elementos típicos do direito que se pretende fazer actuar em juízo, e os segundos aqueles que, de harmonia com a lei, lhes dão a eficácia jurídica necessária para fazer essa actuação.

São factos *instrumentais* aqueles que, sem fazerem directamente a prova dos factos principais, servem indirectamente a prová-los, pela convicção que criam da sua ocorrência.

Façamos uma aplicação em concreto, para melhor entendimento da classificação.

Supunhamos uma acção de divórcio litigioso fundado em adultério [1].

---

[1] Miguel Teixeira de Sousa, *Estudos sobre o novo processo civil*, 2.ª ed., pág. 71.

Capítulo II — Da instância **ART. 264.º**

Qual é o facto essencial a considerar nesta pretensão?

É a violação culposa do dever conjugal de fidelidade (Cód. Civ., art. 1779.º), que o cônjuge autor pretende provar para obter em juízo a dissolução do casamento (Cit. Cód., art. 1788.º). Esse é que é o facto jurídico que está na base da pretensão do autor, aquele que, no domínio do direito da família, lhe permite fazê-la actuar em juízo.

Mas será a prova desse facto, só por si, suficiente à procedência da acção?

Não é.

A lei dispõe que qualquer violação culposa dos deveres conjugais só constitui fundamento do divórcio litigioso quando, pela sua gravidade ou reiteração, comprometa a possibilidade da vida em comum dos cônjuges (cit. art. 1779.º). Este facto, que caracteriza e torna operante, para o fim previsto na lei, a violação do dever conjugal, é que é um *facto complementar*. Ambos — violação do dever e impossibilidade da vida em comum — são factos principais, indispensáveis para obter a procedência do pedido.

Vejamos, agora, quais são os factos instrumentais no exemplo dado. Como se sabe é geralmente muito difícil provar directamente o adultério. Mas pode-se provar, por exemplo, que o cônjuge dito violador do dever de fidelidade frequentava um certo estabelecimento hoteleiro e que aí se encontrava frequentemente com pessoa de sexo oposto ao seu, pernoitando ambos no mesmo quarto, facto que faz supor que mantinham, entre si, relações sexuais. Assim se faria a prova de um facto *essencial* através da prova de um facto não principal, que se pode denominar *instrumental*. Por maioria de razão a prova do facto complementar da impossibilidade da continuação da vida em comum dos cônjuges só poderá fazer-se mediante o apuramento de factos instrumentais que criem no julgador a conclusão de que se produziu esse resultado.

4. Em síntese pode dizer-se: os fac*tos instrumentais* podem ser conhecidos pelo tribunal desde que resultem da instrução e discussão da causa, sem necessidade, portanto, de serem alegados pela parte; os *factos complementares* que resultem da instrução e julgamento da causa podem ser considerados na decisão das pretensões ou excepções deduzidas, sem alegação, desde que a parte a quem aproveitam manifeste vontade de se servir deles, e à parte contrária tenha sido facultado o exercício do contraditório; os *factos essenciais* só podem ser conhecidos pelo tribunal, e servir

ART. 265.º   *Livro III, Título I — Das disposições gerais*

de base à sua decisão, desde que tenham sido oportunamente alegados pela parte que tem o ónus de fazer a sua invocação e prova.

ARTIGO 265.º

(Poder de direcção do processo e princípio do inquisitório)

1 — Iniciada a instância, cumpre ao juiz, sem prejuízo do ónus de impulso especialmente imposto pela lei às partes, providenciar pelo andamento regular e célere do processo, promovendo oficiosamente as diligências necessárias ao normal prosseguimento da acção e recusando o que for impertinente ou meramente dilatório.

2 — O juiz providenciará, mesmo oficiosamente, pelo suprimento da falta de pressupostos processuais susceptíveis de sanação, determinando a realização dos actos necessários à regularização da instância ou, quando estiver em causa alguma modificação subjectiva da instância, convidando as partes a praticá-los.

3 — Incumbe ao juiz realizar ou ordenar, mesmo oficiosamente, todas as diligências necessárias ao apuramento da verdade e à justa composição do litígio, quanto aos factos de que lhe é lícito conhecer.

1. O artigo refere-se nos n.ᵒˢ 1 e 2 aos poderes do juiz relativamente ao impulso processual, isto é, à actividade que se destina a obter o movimento progressivo da relação processual até ao seu termo (²). Embora esse impulso pertença principalmente à parte, o legislador, concedendo ao juiz a faculdade de remover os obstáculos que se oponham ao regular andamento do processo, de promover oficiosamente a sanação de nulidades por falta de pressupostos processuais e estimulando a parte à prática dos actos necessários à regularização da instância, mitigou a aplicação do princípio dispositivo, sem elidir, todavia, a sua prevalência. O preceito correspondente do Código de 39 proclamava a necessidade da «justiça ser pronta». Eliminou-se essa asserção, não por não ser verdadeira, mas por se tratar de um princípio meramente pro-

---

(²) Giuseppe Chiovenda, *Instituciones de Derecho Procesal Civil,* ed. esp. de 1952, vol. III, pág. 63.

Capítulo II — Da instância   **ART. 265.º-A**

gramático, que tem a sua sede própria nas respectivas leis orgânicas.

2. No n.º 3 o preceito refere-se aos poderes instrutórios do tribunal, de âmbito alargado, competindo-lhe averiguar não só os factos instrutórios, nos termos do art. 264.º, como os factos principais articulados pelas partes. Os poderes de iniciativa do tribunal estão dispersos por vários artigos deste Código (*v.g.*, arts. 535.º, n.º 1; 612.º, n.º 1; 653.º, n.º 1).

ARTIGO 265.º-A

(Princípio da adequação formal)

Quando a tramitação processual prevista na lei não se adequar às especificidades da causa, deve o juiz oficiosamente, ouvidas as partes, determinar a prática dos actos que melhor se ajustem ao fim do processo, bem como as necessárias adaptações.

Este preceito constitui uma novidade introduzida no Código pelo Dec.-Lei n.º 329-A/95, de 12 de Dezembro, com redacção alterada pelo Dec.-Lei n.º 180/96, de 25 de Setembro.

O artigo estabelece, como princípio geral de processo, o *princípio da adequação,* isto é, a regra de que a tramitação processual a adoptar em juízo deve ser a mais adequada a conduzir a uma justa decisão final; quando o juiz verificar que a causa tem especificidades que fazem com que o processo que normalmente lhe corresponderia (comum ou especial) não é o melhor para a instrução ou o julgamento da causa, deve, ouvidas as partes, fazer no processado as alterações que melhor se ajustem ao fim do processo, determinando as adaptações necessárias.

Que pensar desta inovação?

Em primeiro lugar deve observar-se que a maior parte das legislações reconhece que deve entregar-se ao legislador a tarefa de estabelecer as formas processuais como melhor garantia para os litigantes, considerando de interesse público a subsistência dessas normas, no que se distinguiria o processo judicial do processo perante o tribunal arbitral, em que é lícito às partes, e na sua falta aos árbitros, acordar sobre as regras de processo a observar na arbitragem (Lei n.º 31/86, de 29 de Agosto, art. 15.º).

— 15 —

ART. 266.º   *Livro III, Título I — Das disposições gerais*

É, porém, de reconhecer, igualmente, que tem vindo a desenvolver-se nos últimos tempos uma corrente no sentido de atribuir ao juiz poderes para conseguir a simplificação processual, não pela alteração da respectiva tramitação, mas sim pela opção de certas fases do processo, em prejuízo de outras. É nessa corrente que parece poder inserir-se o preceito em anotação. Mas se tem a seu favor essa circunstância de estar de harmonia com a tendência geral das legislações, já o modo como esse poder foi conferido nos parece paredes meias com o arbitrio do juiz ao definir a tramitação que o processo deve seguir: em qualquer processo, em qualquer altura deste e sejam quais forem os actos a afastar ou a acrescentar. Na forma que tinha no Dec.-Lei n.º 180-A/95 ainda se prescrevia que a adaptação feita pelo juiz dependia do «acordo das partes», mas agora que o pressuposto da legalidade da adaptação é apenas «a audição» das partes, abre-se ao juiz um campo de acção ilimitado.

O poder que este artigo confere ao juiz é um poder discricionário, sujeito a recurso ordinário com fundamento em as alterações ordenadas não servirem ao fim para que o poder foi conferido: o de adequar o processo à melhor decisão da causa.

É um preceito cuja sorte vai depender muito da prudência e do bom senso do juiz.

ARTIGO 266.º

(Princípio da cooperação)

1 — Na condução e intervenção no processo, devem os magistrados, os mandatários judiciais e as próprias partes cooperar entre si, concorrendo para se obter, com brevidade e eficácia, a justa composição do litígio.

2 — O juiz pode, em qualquer altura do processo, ouvir as partes, seus representantes ou mandatários judiciais, convidando-os a fornecer os esclarecimentos sobre a matéria de facto ou de direito que se afigurem pertinentes e dando-se conhecimento à outra parte dos resultados da diligência.

3 — As pessoas referidas no número anterior são obrigadas a comparecer sempre que para isso forem notificadas e a prestar os esclarecimentos que lhes forem pedidos, sem prejuízo do disposto no n.º 3 do artigo 519.º.

Capítulo II — Da instância **ART. 266.º**

4 — Sempre que alguma das partes alegue justificadamente dificuldade séria em obter documento ou informação que condicione o eficaz exercício de faculdade ou o cumprimento de ónus ou dever processual, deve o juiz, sempre que possível, providenciar pela remoção do obstáculo.

1. O chamado, entre nós, *princípio da cooperação* [3] vem referido no n.º 1 deste artigo e consiste no dever, imposto a todos os intervenientes no processo, de darem a sua cooperação para poder ser obtida, com eficácia e brevidade, a justa composição do litígio.

É, como todos os princípios, uma regra programática, esta de excelente conteúdo, mas de dificílima execução, o que não basta para julgar inútil a sua enunciação, mais que não seja para criar um estado de espírito que deveria ser predominante na actividade judiciária.

O Código faz aplicação directa deste princípio, não só nos n.ºˢ 2, 3 e 4 deste artigo, como nos arts. 155.º (marcação por acordo das diligências), 508.º (convite às partes para aperfeiçoamento dos articulados), 508.º-A, alínea *c)* (delimitação conjunta dos termos do litígio), 519.º (dever geral de cooperação para a descoberta da verdade), 690.º, n.º 4 (convite ao recorrente para apresentar conclusões da alegação), e 837.º-A, n.º 2 (dever de cooperação do executado).

Claro que, para além destes casos concretos de aplicação do princípio, ele deve presidir a toda a actuação em juízo.

2. O n.º 2 contempla um poder-dever reconhecido ao juiz. Tendo este dúvidas relativamente às matérias de facto ou de direito invocadas pelas partes, não está impedido pelo princípio dispositivo de esclarecer essas dúvidas: pelo contrário *pode* e *deve* tentar esclarecê-las, antes do mais ouvindo a parte que as suscitou, com audiência da parte contrária.

3. O n.º 3 do preceito actual contém a matéria que se encontrava no art. 265.º da versão primitiva do código, sob a designação de «dever de colaboração das partes», agora integrado neste dever geral de cooperação.

---

[3] Miguel Teixeira de Sousa, *ob. cit.,* 2.ª ed., págs. 62 e segs.; António Abrantes Geraldes, *Temas da Reforma do Processo Civil,* vol. I, págs. 78 e segs.

ART. 266.º *Livro III, Título I — Das disposições gerais*

Este número impõe às partes o dever de colaborarem com o tribunal, já comparecendo, quando, para tal, forem notificadas, já prestando os esclarecimentos que, por lei, lhes possam ser exigidos.

Quanto ao *dever de comparecimento*, ele não deve ser confundido com a obrigação da parte acorrer a juízo, para demandar ou para contradizer. A contestação é uma faculdade; não é um encargo, nem um dever, embora da revelia do réu resultem, por vezes, consequências que poderiam ser tomadas como sanção, mas que, na verdade, nunca têm essa natureza no direito processual moderno. Como bem observa Chiovenda (*Istituzioni*, § 44, n.º 267) os processos primitivos envolviam um verdadeiro dever para o demandado de se apresentar em juízo, uma vez que esses processos exerciam eminentemente uma função de pacificação social e esta não podia ser normalmente atingida sem a presença das partes entre as quais surgia a discórdia. Assim acontecia no antigo processo germânico, bem como no antigo processo romano. Este conceito projectou-se no tempo, vendo-se uma aplicação dele na *litis contestatio* do processo romano clássico. No nosso antigo direito ainda a revelia era havida como uma espécie de delito e tinha, por isso, penas estabelecidas (multa, sequestro e prisão), impostas segundo as circunstâncias. Nas modernas concepções a relação processual considera-se perfeitamente constituída com a demanda, nascendo desta os efeitos que antigamente se atribuíam à contestação da lide.

Relativamente ao *dever de informação*, expresso na segunda parte do preceito, há que ter em atenção que ele não é absoluto.

Em primeiro lugar o dever de esclarecimento (correspondente, em larga medida, ao *Wahrheitspflicht,* de que trata o § 138, I do Código alemão) não pode, evidentemente, abranger os factos de que ao juiz não é lícito conhecer, designadamente aqueles que à parte, baseada no princípio da livre disponibilidade da relação privada, seja lícito ocultar.

Em segundo lugar, do não cumprimento do dever de esclarecimento relativamente aos factos de que o juiz pode conhecer, só é lícito extrair as consequências que a própria lei (por interpretação ou integração dos textos) dita para o efeito.

E cumpre, finalmente, não esquecer que, mesmo quanto aos factos pertinentes à causa, alguns há sobre os quais será lícito às partes guardar reserva perante a inquirição do juiz (cfr. Schönk, *Zivilprozessrecht*, 8.ª ed., § 7.º, III, 1).

Capítulo II — Da instância   **ART. 266.º-B**

É precisamente com o intuito de ressalvar estas justas limitações que o princípio comporta que no texto foi acrescentada a expressão «sem prejuízo do disposto no n.º 3 do art. 519.º».

4. Deve aproximar-se o n.º 4 do disposto nos arts. 528.º a 535.º.

ARTIGO 266.º-A

(Dever de boa fé processual)

As partes devem agir de boa fé e observar os deveres de cooperação resultantes do preceituado no artigo anterior.

Aquele que, com dolo ou negligência grave, tiver omitido [4] o dever de cooperação imposto pelo artigo anterior, é considerado litigante de má fé e fica incurso nas sanções prevenidas nos arts. 457.º a 459.º.

À litigância de má fé nos referimos na anotação aos arts. 456.º e segs.

ARTIGO 266.º-B

(Dever de recíproca correcção)

1 — Todos os intervenientes no processo devem agir em conformidade com um dever de recíproca correcção, pautando-se as relações entre advogados e magistrados por um especial dever de urbanidade.

2 — Nenhuma das partes deve usar, nos seus escritos ou alegações orais, expressões desnecessárias ou injustificadamente ofensivas da honra ou do bom nome da outra, ou do respeito devido às instituições.

3 — Se ocorrerem justificados obstáculos ao início pontual das diligências, deve o juiz comunicá-los aos advogados e a secretaria às partes e demais intervenientes processuais, dentro dos trinta minutos subsequentes à hora designada para o seu início.

4 — A falta da comunicação referida no número anterior implica a dispensa automática dos interve-

---

[4] A lei diz «praticado omissão», o que é uma contradição nos próprios termos.

ART. 267.º   *Livro III, Título I — Das disposições gerais*

nientes processuais comprovadamente presentes, constando obrigatoriamente da acta tal ocorrência.

É lamentável que o comportamento de todos os que, por dever dos seus cargos, intervêm nos processos, seja tão falho da mais elementar educação, que o legislador se tenha visto obrigado a impor, como dever jurídico, este dever social de recíproca correcção. É claro que o preceito não tem par na legislação de países estrangeiros, onde a educação se faz na família e na escola. Formular como princípio do direito processual civil o dever recíproco de boa educação, é originalidade do nosso sistema.

Dir-se-á que o n.º 2 do artigo contém uma regra que, dirigida aos abusos da litigância, pode ser necessária, mas tal regra não tem nada a ver com a recíproca correcção e está prevista, em parte, no art. 154.º, lugar mais próprio para regular a actividade dos mandatários das partes em juízo.

ARTIGO 267.º
(Momento em que a acção se considera proposta)

1 — A instância inicia-se pela proposição da acção e esta considera-se proposta, intentada ou pendente logo que seja recebida na secretaria a respectiva petição inicial, sem prejuízo do disposto no artigo 150.º.

2 — Porém, o acto da proposição não produz efeitos em relação ao réu senão a partir do momento da citação, salvo disposição legal em contrário.

1. O termo «instância» é aqui empregado no sentido de relação jurídica processual.

O artigo fixa o momento em que deve considerar-se iniciada a instância. Esta regulamentação interessa especialmente aos casos em que a lei fixa um determinado lapso de tempo para o exercício do direito de acção. Não sendo exercido no período de tempo fixado por lei, tal direito extingue-se, não pode mais ser exercido.

É a propositura da acção que fixa o momento em que se constitui a relação jurídica processual, e a propositura, por sua vez, é coincidente com o recebimento, na secretaria, da respectiva petição inicial, de harmonia com o disposto no art. 150.º.

Capítulo II — Da instância   **ART. 268.º**

2. Embora a instância nasça com o recebimento da petição, a propositura da acção não produz, em regra, efeitos em relação ao réu senão a partir do momento da sua citação.

A que *efeitos* alude este artigo? Poderá sustentar-se que é lícito ao réu opor a caducidade do direito de acção por parte do autor, mesmo quando a petição tenha sido recebida em tempo, se a citação foi feita depois de expirado o prazo para a acção ser intentada, com o fundamento de que só a partir desta a instauração da acção produz efeitos em relação ao demandado? Parece manifesto que não ([5]). Os efeitos a que alude o art. 267.º são aqueles que o art. 481.º refere e ainda os constantes dos arts. 323.º, n.º 1 e 805.º, n.º 1 do Código Civil.

Há, porém, casos em que a instância se considera iniciada, em relação ao réu, mesmo antes da citação deste: por exemplo, o de a acção ter sido precedida de procedimento cautelar, no qual se tenha feito a citação do requerido (n.º 3 do art. 385.º). É perfeitamente compreensível esta excepção. O réu, *tendo já sido citado no processo cautelar*, tem perfeito conhecimento da pretensão do autor e sabe até, por força do que preceitua a alínea *a)* do n.º 1 do art. 389.º, quando a acção virá a ser proposta.

3. Os princípios enunciados pelo art. 267.º são aplicáveis a qualquer espécie de acções ([6]).

ARTIGO 268.º

(Princípio da estabilidade da instância)

Citado o réu, a instância deve manter-se a mesma quanto às pessoas, ao pedido e à causa de pedir, salvas as possibilidades de modificação consignadas na lei.

Os elementos da instância, ou elementos essenciais da causa, são os sujeitos (partes) e o objecto (pedido e causa de pedir). Esses elementos são livremente modificáveis antes de citado o réu; após essa citação só podem admitir-se, neles, as modificações expressamente consentidas pela lei. É isso que resulta do disposto neste artigo.

([5]) Alberto dos Reis, *Comentário*, vol. 3.º, pág. 42; Vaz Serra, no *Bol. Min. Just.*, n.º 107, pág. 230.

([6]) Barbosa de Magalhães, *Estudos,* vol. I, pág. 262.

ART. 269.º *Livro III, Título I — Das disposições gerais*

Quanto às modificações subjectivas vejam-se os arts. 269.º, 270.º, 271.º e 320.º e segs.; as modificações objectivas vêm reguladas nos arts. 272.º e 273.º.

ARTIGO 269.º

(Modificação subjectiva pela intervenção de novas partes)

1 — Até ao trânsito em julgado da decisão que julgue ilegítima alguma das partes por não estar em juízo determinada pessoa, pode o autor ou reconvinte chamar essa pessoa a intervir, nos termos dos artigos 325.º e seguintes.

2 — Quando a decisão prevista no número anterior tiver posto termo ao processo, o chamamento pode ter lugar nos 30 dias subsequentes ao trânsito em julgado; admitido o chamamento, a instância extinta considera-se renovada, recaindo sobre o autor ou reconvinte o encargo do pagamento das custas em que tiver sido condenado.

Se durante a fase dos articulados alguma das partes se aperceber de que não está em juízo um interessado com direito a intervir, pode chamá-lo pelo meio que lhe faculta o art. 353.º, n.º 1. Se o não faz, o juiz profere despacho declarando essa falta e absolvendo o réu ou reconvinte da instância. É para essa situação que foi redigido este preceito, que obvia aos inconvenientes daquela absolvição ao permitir ao autor ou reconvinte que provoque aquele chamamento até que o despacho absolutório transite em julgado. É um caso de modificação subjectiva da instância, consentida pela lei por evidente razão de economia processual. Aliás aqui não se trata de modificação que produza o aparecimento de uma nova relação jurídico-processual, justificativa da invocação da *exceptio mutati libelli;* o que acontece é ter-se verificado que essa relação processual foi irregularmente constituída, irregularidade que não permite ao juiz pronunciar-se sobre a demanda. Quer dizer, a modificação não surge como um acto dispositivo da parte, mas como um remédio para fazer convalescer a instância.

A faculdade conferida por este artigo pode ser exercida até trinta dias após o trânsito do despacho que declarou a ilegitimidade. Há que distinguir: se a intervenção foi requerida antes

Capítulo II — Da instância　　　　**ART. 270.º**

do trânsito em julgado e o chamamento for admitido, a instância não chega a extinguir-se, como que se reanima; se, porém, o poder reconhecido à parte por este preceito vier a ser exercido nos trinta dias imediatos ao trânsito, a instância, que se extinguiu, renova-se ou ressurge.

A instância renovada não é nova instância; mantêm-se, pois, os efeitos da proposição da acção a que se refere o art. 267.º.

ARTIGO 270.º

(Outras modificações subjectivas)

A instância pode modificar-se, quanto às pessoas:

***a*) Em consequência da substituição de alguma das partes, quer por sucessão, quer por acto entre vivos, na relação substantiva em litígio;**

***b*) Em virtude dos incidentes da intervenção de terceiros.**

1. A modificação subjectiva da instância há-de resultar ou de ter havido substituição de alguma das partes ou de acrescerem, aos já em juízo, outros sujeitos da relação jurídica processual. Nestes dois aspectos se esgota a modificação subjectiva. A hipótese prevista no artigo anterior está compreendida nos casos a que se refere a alínea *b)*, não passando de uma modalidade do incidente ali referido. Justifica-se, assim, a supressão da referência que o código velho fazia ao artigo 269.º; a epígrafe dos preceitos actuais é que devia ter sido acomodada a essa luz.

2. A substituição das partes pode ter por causa o falecimento de alguma delas, a sua extinção (sendo pessoa colectiva), um acto de transmissão entre vivos em que o transmitente seja um dos titulares da relação jurídica processual, ou ainda o facto de se haver adquirido de terceiro a posição jurídica que no processo era ocupada por uma das partes [7]. Se a transmissão ocorrer antes de proposta a acção, o autor ou requerente alegará, como fundamento da pretensão, esse facto, não havendo, nesse caso, lugar a modificação da instância, que nasce já com essa configuração.

---

[7] *B.M.J.*, n.º 122, pág. 78.

ART. 271.º   *Livro III, Título I — Das disposições gerais*

Dando-se o falecimento de alguma das partes, a substituição opera-se pelo processo dos arts. 276.º, n.º 1, 277.º e 284.º, n.º 1, alínea *a)*.

Havendo transmissão da coisa ou do direito em litígio é aplicável o art. 271.º.

3. A intervenção de terceiros vem regulada nos arts. 320.º a 359.º.

ARTIGO 271.º

(Legitimidade do transmitente — Substituição deste pelo adquirente)

1 — No caso de transmissão, por acto entre vivos, da coisa ou direito litigioso, o transmitente continua a ter legitimidade para a causa, enquanto o adquirente não for, por meio de habilitação, admitido a substituí-lo.

2 — A substituição é admitida quando a parte contrária esteja de acordo. Na falta de acordo, só deve recusar-se a substituição quando se entenda que a transmissão foi efectuada para tornar mais difícil, no processo, a posição da parte contrária.

3 — A sentença produz efeitos em relação ao adquirente, ainda que este não intervenha no processo, excepto no caso de a acção estar sujeita a registo e o adquirente registar a transmissão antes de feito o registo da acção.

A substituição dos sujeitos da relação jurídica substancial, quando resulte de transmissão por acto entre vivos (sucessão a título particular), não produz necessariamente a modificação subjectiva da instância e, por isso, não é causa da suspensão desta. A lei admite essa modificação, mas não a impõe. Pelo contrário, para que se dê a substituição na relação jurídica processual é necessário o acordo da parte contrária e, na sua falta, que não se entenda ter sido a transmissão realizada para tornar difícil no processo a posição daquela. É um caso de fraude processual que a lei prevê e contra os efeitos da qual acautela os interesses dos litigantes.

Prosseguindo a instância com os sujeitos originários, após a transmissão, a sentença produz normalmente efeitos em relação ao

Capítulo II — Da instância **ART. 273.º**

adquirente, a menos que a acção esteja sujeita a registo e este seja posterior ao registo da transmissão. Estão sujeitas a registo as acções que tenham por fim, principal ou acessório, o reconhecimento, a constituição, a modificação ou a extinção de algum dos direitos referidos no artigo 2.º do Código do Registo Predial, ou a reforma, a declaração de nulidade ou a anulação de um registo ou do seu cancelamento e, bem assim, as respectivas decisões finais com trânsito em julgado (Cód. Reg. Predial, art. 3.º) [8].

ARTIGO 272.º

(Alteração do pedido e da causa de pedir por acordo)

Havendo acordo das partes, o pedido e a causa de pedir podem ser alterados ou ampliados em qualquer altura, em 1.ª ou 2.ª instância, salvo se a alteração ou ampliação perturbar inconvenientemente a instrução; discussão e julgamento do pleito.

ARTIGO 273.º

(Alteração do pedido e da causa de pedir na falta de acordo)

1 — Na falta de acordo, a causa de pedir só pode ser alterada ou ampliada na réplica, se o processo a admitir, a não ser que a alteração ou ampliação seja consequência de confissão feita pelo réu e aceita pelo autor.

2 — O pedido pode também ser alterado ou ampliado na réplica; pode, além disso, o autor, em qualquer altura, reduzir o pedido e pode ampliá-lo até ao encerramento da discussão em 1.ª instância se a ampliação for o desenvolvimento ou a consequência do pedido primitivo.

3 — Se a modificação do pedido for feita na audiência de discussão e julgamento, ficará a constar da acta respectiva.

4 — O pedido de aplicação de sanção pecuniária compulsória, ao abrigo do disposto no n.º 1 do artigo 829.º-A do Código Civil, pode ser deduzido nos termos da segunda parte do n.º 2.

---

[8] Veja-se na *Rev. Not. Reg. Pred.*, 33.º-104 e 34.º-21, o trabalho do Dr. Alberto Catarino Nunes, *Registo das Acções*.

ART. 273.º   *Livro III, Título I — Das disposições gerais*

5 — Nas acções de indemnização fundadas em responsabilidade civil, pode o autor requerer, até ao encerramento da audiência de discussão e julgamento em 1.ª instância, a condenação do réu nos termos previstos no artigo 567.º do Código Civil, mesmo que inicialmente tenha pedido a condenação daquele em quantia certa.

6 — É permitida a modificação simultânea do pedido e da causa de pedir, desde que tal não implique convolação para relação jurídica diversa da controvertida.

1. Os arts. 272.º e 273.º tratam da modificação objectiva da instância, por alteração do pedido ou da causa de pedir. Há que distinguir as hipóteses de haver ou não acordo das partes quanto à alteração.

Havendo acordo, a alteração, tanto do pedido como da causa de pedir, pode fazer-se livremente, desde que o processo corra seus termos nos tribunais de instância e dela não resulte perturbação grave ou ponderosa da instrução, discussão e julgamento da causa. No preceito correspondente do código anterior aludia-se apenas a *alteração*. Esse termo — como muito bem se acentua nas observações que acompanharam a publicação do projecto definitivo — «já compreenderia, convenientemente interpretado, quer a ampliação do pedido, quer a da causa de pedir (aditamento, *v.g.*, de uma outra à inicialmente invocada)» (⁹). Porém, como nalguns pontos se levantaram dúvidas sobre essa possibilidade, só houve vantagem em as eliminar de vez.

Não havendo acordo, a causa de pedir só pode ser directamente alterada ou ampliada na réplica (¹⁰); posteriormente só é admissível aquela modificação quando seja consequência de confissão de factos feita pelo réu e aceite pelo autor.

Quanto ao pedido, a sua redução é livre em qualquer tempo, até haver decisão final com trânsito (¹¹); a sua *alteração*, isto é, a

---

(⁹) *Bol. Min. Just.*, n.º 122, pág. 82. A Relação de Lisboa decidira neste sentido julgando que a palavra «alteração» e o termo «alterado» que se liam no art. 278.º do código de 1939 tinham de ser interpretados em sentido amplo, sendo admissível o adicionamento de uma nova causa a par da primitiva (ac. de 16-1-1953, nos *Acs. da Rel. Lxa.,* II, pág. 273).

(¹⁰) Ac. Rel. Lxa., de 29/4/81, na *Col. Jur.,* ano 4.º, t. 2, pág. 212; Ac. Rel. Lxa., de 19/2/82, na *Col. Jur.,* ano 5.º, t. 1, pág. 199; Ac. S.T.J., de 31/3/93, no *B.M.J.,* n.º 425, pág. 543.

(¹¹) Ac. S.T.J., de 20/7/65, no *B.M.J.,* n.º 149, pág. 292.

Capítulo II — Da instância **ART. 273.º**

transformação que dele se pretenda, só pode ser feita na réplica ([12]); a sua *ampliação* pode ser feita, sem restrições, na réplica, dada a função esclarecedora deste articulado ([13]), dependendo, quando seja posterior, de ser pedida até ao encerramento da instrução em 1.ª instância e de representar o desenvolvimento ou a consequência do pedido primitivo ([14]).

2. Os números 4, 5 e 6 foram acrescentados ao artigo pelo Dec.-Lei n.º 329-A/95, sendo a redacção do n.º 4 a que lhe foi posteriormente dada pelo Dec.-Lei n.º 180/96. O legislador aproveitou — e bem — a reforma processual para regular aqui o processo correspondente a alguns preceitos da lei substantiva entretanto publicados.

3. O legislador do Dec.-Lei n.º 262/83, de 16 de Agosto, aditando o art. 829.º-A ao Código Civil com o propósito de assegurar prontidão no cumprimento das decisões judiciais, criou aquilo a que chamou *sanção pecuniária compulsória*, uma pena pecuniária cominada pelo juiz a tanto por dia de atraso, ou a tanto por cada infracção, no cumprimento de prestações de facto infungíveis impostas por uma decisão judicial a um réu relapso ou contumaz. Esta pena só pode ser aplicada a requerimento do credor, formulado até ao encerramento da discussão em 1.ª instância.

4. Nas acções de indemnização fundadas em responsabilidade civil o Código Civil permite, no seu art. 567.º, n.º 1, que o tribunal, atendendo à natureza continuada dos danos, possa, a requerimento do lesado, dar à indemnização, no todo ou em parte, a forma de renda vitalícia ou temporária, determinando as providências necessárias para garantir o seu pagamento. É esta disposição que o preceito em análise vem adjectivar, no seu n.º 5, ao dispor que esse requerimento do lesado deve fazer-se até ao encerramento da

---

([12]) Ac. S.T.J., de 3/12/74, no *B.M.J.,* n.º 242, pág. 220, Ac. S.T.J., de 27/5/75, no *B.M.J.,* n.º 247, pág. 142; Ac. S.T.J., de 25/11/75, no *B.M.J.,* n.º 251, pág. 118.

([13]) Ac. Rel. Lxa., de 12/6/56, nos *Acs. Rel. Lxa.,* IV, pág. 644; Ac. Rel. Lxa., de 24/4/81, na *Col. Jur.,* ano 6.º, t. 2, pág. 202.

([14]) Ac. Rel. Lxa., de 2/6/76, na *Col. Jur.,* ano I, t. 2, pág. 537; Ac. S.T.J., de 26/11/80, no *B.M.J.,* n.º 301, pág. 425; Ac. Rel Coimbra, de 3/4/84, na *Col. Jur.,* ano IX, t. 2, pág. 48; Ac. Rel. Lxa., de 29/5/85, no *B.M.J.,* n.º 354, pág. 607; Ac. Rel. Lxa., de 26/2/87, na *Col. Jur.,* ano XII, t. 1, pág. 147; Ac. S.T.J., de 7/11/90, no *B.M.J.,* n.º 401, pág. 490; Ac. S.T.J., de 19/3/92, no *B.M.J.,* n.º 415, pág. 525.

ART. 274.º   *Livro III, Título I — Das disposições gerais*

discussão em 1.ª instância e que a ele não obsta o facto de se fazer com ele alteração do pedido inicialmente apresentado.

5. Discutia-se, em face da redacção primitiva deste código, se seria legalmente admissível obter a modificação simultânea do pedido e da causa de pedir. A reforma de 95/96 aproveitou a oportunidade para decidir a dúvida e fê-lo no n.º 6, no sentido afirmativo, que era o da mais recente jurisprudência ([15]).

6. Há um preceito — o art. 58.º do Dec.-Lei n.º 321-B/90, de 15 de Outubro (Novo regime do arrendamento urbano) — que permite ao senhorio requerer, na pendência da acção de despejo, o despejo imediato quando o réu deixar de pagar e não depositar as rendas que se forem vencendo, qualquer que tenha sido o fundamento inicialmente invocada para a procedência do pedido. Pode haver aqui uma nítida alteração da causa de pedir, não prevista nos arts. 272.º e 273.º.

ARTIGO 274.º

(Admissibilidade da reconvensão)

1 — O réu pode, em reconvenção, deduzir pedidos contra o autor.

2 — A reconvenção é admissível nos seguintes casos:

a) **Quando o pedido do réu emerge do facto jurídico que serve de fundamento à acção ou à defesa;**

b) **Quando o réu se propõe obter a compensação ou tornar efectivo o direito a benfeitorias ou despesas relativas à coisa cuja entrega lhe é pedida;**

c) **Quando o pedido do réu tende a conseguir, em seu benefício, o mesmo efeito jurídico que o autor se propõe obter.**

3 — Não é admissível a reconvenção, quando ao pedido do réu corresponda uma forma de processo diferente da que corresponde ao pedido do autor, salvo se a diferença provier do diverso valor dos pedidos ou o juiz a auto-

---

([15]) Ac. Rel. Évora, de 14/12/88, na *Col. Jur.,* ano XIII, t. 5, pág. 277; Ac. Rel. Coimbra, de 7/5/91, no *B.M.J.,* n.º 407, pág. 636.

Capítulo II — Da instância **ART. 274.º**

rizar, nos termos previstos nos n.ᵒˢ 2 e 3 do artigo 31.º, com as necessárias adaptações.

4 — Se o pedido reconvencional envolver outros sujeitos que, de acordo com os critérios gerais aplicáveis à pluralidade de partes, possam associar-se ao reconvinte ou ao reconvindo, pode o réu suscitar a respectiva intervenção principal provocada nos termos do disposto no artigo 326.º.

5 — No caso previsto no número anterior e não se tratando de litisconsórcio necessário, se o tribunal entender que, não obstante a verificação dos requisitos da reconvenção, há inconveniente grave na instrução, discussão e julgamento conjuntos, determinará, em despacho fundamentado, a absolvição da instância quanto ao pedido reconvencional de quem não seja parte primitiva na causa, aplicando-se o disposto no n.º 5 do artigo 31.º.

6 — A improcedência da acção e a absolvição do réu da instância não obstam à apreciação do pedido reconvencional regularmente deduzido, salvo quando este seja dependente do formulado pelo autor.

1. A reconvenção é a acção que se permite ao demandado exercer contra o demandante, no mesmo processo, verificadas que sejam certas conexões com a acção que este lhe moveu. Por virtude da reconvenção a relação processual adquire um conteúdo novo.

O desenho desta figura processual é muito antigo. O direito romano conheceu-a, dando a sua admissão origem às chamadas *mutuae actiones,* do período da *cognitio extraordinaria.* Também o direito germânico, assim como o canónico, a admitiram, com grande latitude, permitindo o seu exercício a qualquer pessoa que tivesse uma pretensão contra o autor no lugar do juízo e por qualquer acção. Serviu, principalmente, como modo de derrogar a jurisdição. No nosso antigo direito era, igualmente, admitido e regulado o direito de reconvenção, que Pereira e Sousa definia «a acção proposta pelo réu contra o autor perante o mesmo juízo em que é demandado» [16].

---

[16] *Ob. cit.,* § 135.

ART. 274.º   *Livro III, Título I — Das disposições gerais*

A reconvenção, nos moldes actuais, é fruto da doutrina francesa.

Não deve confundir-se reconvenção com a defesa por impugnação ou excepção. A reconvenção transcende a simples defesa, pela formulação de um pedido autónomo [17]. Assim, se o autor pretende que o réu desocupe certo imóvel que, segundo ele, está detendo sem título, e o réu invoca, para legitimar a detenção, a existência de um contrato de arrendamento, o conhecimento da existência e validade do contrato invocado é matéria de defesa, que não tem de servir de suporte a qualquer pedido reconvencional [18]. Neste caso a pretensão do réu (reconhecimento da validade do contrato) é apenas o aspecto negativo da pretensão do autor. Também já se decidiu, com perfeita correcção, que, sendo pedida a demolição de uma obra, por esta ofender o direito de propriedade do autor, se o réu alegar que não há fundamento para a demolição, mas apenas para certas alterações a introduzir na obra, esta posição não justifica a dedução de um pedido reconvencional, sendo pura e simplesmente matéria de defesa [19]. Quanto à nulidade do contrato em que se funde a acção, há quem considere que deve ser pedida a sua declaração reconvencionalmente [20], mas ainda aí entendemos que se trata de mera defesa, com a natureza de excepção peremptória [21], como também acontece nos casos de invocação da condição resolutiva tácita (*exceptio non adimpleti contractus*) do art. 428.º do Código Civil [22].

Do carácter autónomo que tem o pedido reconvencional decorre que este pode ser formulado mesmo nos casos em que o réu não conteste o pedido do autor [23].

---

[17] A mesma circunstância, como bem observa Chiovenda, pode dar lugar a uma excepção ou a uma reconvenção. Por exemplo: o incumprimento por parte do autor pode ser oposto pelo demandado como simples excepção (*exceptio non adimpleti contractus*) com o fim exclusivo de obter a improcedência da acção; mas o demandado também o pode invocar para pedir a resolução do contrato. Neste, e em outros casos análogos, o uso da excepção ou da reconvenção dependerá do efeito jurídico que o demandado pretende obter.

[18] Ac. Sup. Trib. Just., de 24/10/1950 (*Bol. Min. Just.,* 21.º-278).

[19] Ac. Sup. Trib. Just., de 30/1/1951 (*Bol. Min. Just.,* 23.º-227).

[20] Ac. Rel. Lxa., de 23/7/1952 (*Bol. Min. Just.,* 35.º-268).

[21] Ac. Sup. Trib. Just., de 2/12/1958 (*Bol. Min. Just.,* 82.º-414.º; *Rev. Trib.,* 77.º-85).

[22] Ac. Sup. Trib. Just., de 5/4/1957 (*Bol. Min. Just.,* 66.º-365).

[23] Acs. Rel. Lxa, de 4/12/1953 (*Bol. Min. Just.,* 45.º-209) e do Sup. Trib. Just., de 31/7/1956 (*Rev. Trib.,* 74.º-367; *Bol. Min. Just.,* 59.º-462).

Capítulo II — Da instância **ART. 274.º**

O autor e o réu a que se refere o art. 274.º são aqueles a quem se reconheça legitimidade para, nessa qualidade, intervirem no pleito. Se o réu deduziu pedido reconvencional, mas foi julgado parte ilegítima no despacho saneador, esse julgamento prejudica a reconvenção, que não pode prosseguir ([24]).

Da letra deste preceito resulta claramente que o autor não pode reconvir. Já Pereira e Sousa notava que se ao autor, a quem o réu reconvém, fosse permitido, por sua vez, reconvir, «se daria um progresso infinito, e se prolongariam demasiadamente os litígios, o que é contra o interesse público» ([25]).

A reconvenção não é obrigatória; ela constitui uma faculdade de que o réu pode usar ou não ([26]). Nada impede, por isso, que o réu, em vez de reconvir, proponha separadamente a acção que pode exercer contra o autor.

A reconvenção tem de ser deduzida na contestação, mas deve sê-lo de modo discriminado, isto é, por forma a não se confundir a sua matéria com a da defesa, e levar a indicação do valor correspondente ao pedido autónomo. Se o processo não admitir contestação do réu, ou resposta à contestação deste por parte do autor, não poderá usar-se a reconvenção. É o que acontece na acção executiva ([27]) e no processo sumaríssimo ([28]).

2. O exercício do direito de reconvir depende, à face da nossa lei, da verificação de certos requisitos, uns substanciais ou objectivos, outros formais ou processuais. Os requisitos objectivos dizem respeito à exigência de uma certa conexão entre o pedido do autor e o pedido reconvencional e constam das três alíneas do n.º 2 deste

---

([24]) Ac. Sup. Trib. Just., de 10/3/1961 (*Bol. Min. Just.,* 105.º-570).

([25]) *Ob. cit.,* § 136, nota 316.

([26]) Acs. Rel. Lxa., de 4/11/1955 (*Jur. Rel.,* 1.º-936) e do Sup. Trib. Just., de 10/12/1957 (*Bol. Min. Just.,* 72.º-374).

([27]) *Just. Port.,* ano 28.º, pág. 152.

([28]) A Comissão Revisora propôs a admissão da reconvenção nas acções sumaríssimas, aditando-se, para tal, um § único ao art. 798.º do código velho (Projectos de Revisão, III, pág. 201). A revisão ministerial não deixou passar a inovação, o que merece o nosso aplauso. Só modificando completamente a estrutura da acção sumaríssima e fazendo-lhe perder, assim, as características de singeleza e rapidez que justificam a sua existência, seria possível enxertar nela o pedido reconvencional.

Veja-se o desenvolvido estudo do Doutor Castro Mendes, «Sobre a admissibilidade da reconvenção em processo sumaríssimo», na *Rev. da Fac. de Dir. da Un. Lxa,* vol. XVI, págs. 307 e segs.

ART. 274.º *Livro III, Título I — Das disposições gerais*

artigo; os requisitos formais vêm expressos no n.º 3, e destinam-se a evitar a confusão processual que fatalmente se estabeleceria quando aos pedidos cruzados correspondessem formas de processo diversas.

3. Toda a acção tem como causa de pedir um certo acto ou facto jurídico. Para que a reconvenção seja admissível ao abrigo da alínea *a)* do n.º 2 é necessário que o pedido reconvencional tenha a mesma causa de pedir, que serve de suporte ao pedido da acção ou emerja do acto ou facto jurídico que serve de fundamento à defesa, embora, como é evidente, desse acto ou facto jurídico se pretenda, nesse caso, obter um efeito diferente.

É a hipótese, p.e., de numa acção de reivindicação o réu formular o pedido reconvencional de o autor ser condenado a pagar-lhe em dobro o sinal por falta de cumprimento da promessa de venda do imóvel reivindicado [29]. Ambos os pedidos emergem do mesmo facto jurídico.

Outro exemplo: sendo formulado numa acção um pedido com base no defeituoso cumprimento de um contrato de transporte marítimo por parte da ré, pode esta reconvir pedindo que o autor seja obrigado a receber a mercadoria transportada, o que vem recusando a fazer, com incumprimento do mesmo contrato [30].

É, porém, necessário que o facto invocado, a verificar-se, produza efeito útil, isto é, que tenha virtualidade para reduzir, modificar ou extinguir o pedido do autor, como o Supremo teve oportunidade de pôr em relevo [31].

4. O Código de Seabra seguia, quanto à compensação, a concepção francesa, segundo a qual ela actuava *ipso jure*, logo que os dois créditos reunissem determinados requisitos (art. 768.º). Se o crédito do réu não satisfizesse todos os requisitos exigidos pelo art. 765.º, designadamente por não se mostrar líquido, a compensação para se tornar efectiva dependia de sentença judicial; era a *compensação judiciária,* que só podia ser oposta por via de reconvenção, nos termos do que dispunha a alínea *b)* do n.º 2 deste preceito na sua redacção primitiva.

---

[29] Ac. S.T.J., de 29/4/80, no *B.M.J.,* n.º 296, pág. 250.
[30] Ac. S.T.J., de 24/3/77, no *B.M.J.,* n.º 265, pág. 191.
[31] Acórdão de 19/7/63, no *B.M.J.,* n.º 129, pág. 410.

Capítulo II — Da instância **ART. 274.º**

Sucede, porém, que o Código Civil de 1966, abandonando aquele conceito, seguiu a orientação do direito germânico, ao preceituar que a compensação se torna efectiva mediante declaração de uma das partes à outra (art. 848.º), não a impedindo a iliquidez da dívida (art. 847.º, n.º 3). Nestes termos, deixou de existir a chamada compensação judiciária; não haverá mais lugar a uma declaração judicial de compensação, visto que o juiz não pode substituir-se ao interessado para a declarar.

Decorre do exposto que sendo a compensação, como é, uma causa de extinção das obrigações, a única forma de defesa que pode agora revestir é a da excepção peremptória, na própria definição do articulado legal (arts. 487.º, n.º 2, e 493.º, n.º 3).

Porém pode acontecer que o crédito oposto em compensação seja de montante superior ao da dívida reclamada.

Nesse caso, uma de duas: se o réu pretende apenas ver extinta a dívida reclamada, limita-se a invocar o seu crédito, vendo-o reduzido na medida da dívida compensada; se pretende receber o excesso, então sim, terá de deduzir reconvenção pedindo a condenação do reconvindo a pagar-lhe a diferença. É este o entendimento geral da referência feita à reconvenção na alínea *b)* do n.º 2 [32].

5. A segunda parte da alínea *b)* do n.º 2 permite ao réu usar da reconvenção nas acções em que lhe seja pedida a entrega de uma coisa, para tornar efectivo o direito a benfeitorias ou a despesas relativas a ela. São exemplo da situação figurada os casos dos arts. 1273.º e 1199.º do Código Civil.

6. É, ainda, admissível a reconvenção quando o pedido reconvencional tenda a conseguir obter, em benefício do réu, o *mesmo efeito jurídico* que o autor se propõe obter.

O exemplo mais claro é o da reconvenção deduzida em acção de divórcio, na qual o cônjuge demandado pede que o divórcio seja decretado a seu favor por outro fundamento que invoca.

Discutiu-se durante algum tempo se em acção onde se pedisse o divórcio poderia o cônjuge demandado reconvir, ao abrigo da alínea *c)* do n.º 2, pedindo que se decretasse a separação judicial de pessoas e bens. Em edições anteriores pronunciamo-nos contra

---

[32] Acs. S.T.J., de 2/7/74, no *B.M.J.,* n.º 239, pág. 120; de 20/7/76, no *B.M.J.,* n.º 255, pág. 223; de 8/2/77, no *B.M.J.,* n.º 264, pág. 134; de 14/1/82, no *B.M.J.,* n.º 313, pág. 288; de 24/1/91, no *B.M.J.,* n.º 403, pág. 304.

ART. 274.º   *Livro III, Título I — Das disposições gerais*

essa admissibilidade por serem manifestamente diferentes os efeitos jurídicos que emanavam da procedência desses pedidos. Concordávamos com o uso da reconvenção nesse caso, mas entendiamos que era preciso disposição legal que a autorizasse. O legislador parece ter-nos dado razão ao vir dispor expressamente no art. 1795.º do Código Civil que a separação judicial de pessoas e bens pode ser pedida em reconvenção, mesmo que o autor tenha pedido o divórcio; tendo o autor pedido a separação de pessoas e bens, pode igualmente o réu pedir o divórcio em reconvenção. Às situações previstas no artigo em apreço há, pois, que acrescentar este caso anómalo de reconvenção.

7. O n.º 3 do preceito em análise refere um requisito formal da reconvenção: o de a ambos os pedidos (ao da acção e ao da reconvenção) corresponder a mesma forma de processo. Quer dizer, além de se ter de verificar alguns dos elementos de conexão referidos nas várias alíneas do n.º 2, a reconvenção só é admissível em princípio se ao pedido da reconvenção e ao da acção corresponder processo comum, ou o mesmo processo especial. Mas há duas excepções a esta regra. A primeira é a das diferentes formas de processo provirem do valor da acção; tanto vale que ao pedido do autor corresponda a forma ordinária e ao pedido do réu a forma sumária, como o contrário. Sempre que a diversidade dos processos derive do valor, a reconvenção é sempre admissível. A segunda é a de o juiz autorizar a reconvenção mesmo que a forma diferente não resulte apenas do valor, usando, para isso, dos poderes que lhe confere o art. 265.º-A.

Há processos especiais cujos termos parecem não admitir a reconvenção, mas em que a lei manda seguir, no caso de contestação, os termos do processo ordinário ou sumário conforme o valor; em tais casos não haverá obstáculo processual a que se admita a reconvenção ([33]), desde que se verifique, é claro, qualquer dos requisitos substanciais (conexão dos pedidos) que este preceito indica.

8. Discutia-se perante a redacção primitiva deste preceito se seria possível com a reconvenção fazer intervir na lide outras

---

([33]) Ac. S.T.J., de 15/1/71, no *B.M.J.*, n.º 203, pág. 173; Ac. Rel. Coimbra, de 2/12/92, no *B.M.J.*, n.º 422, pág. 436.

Capítulo II — Da instância **ART. 275.º**

pessoas além do autor e do réu. A reforma de 95/96 regulou a matéria nos n.ᵒˢ 4 e 5, de harmonia com a posição dominante na jurisprudência dos nossos tribunais ([34]).

9. O n.º 6 contém uma regra de economia processual: a absolvição do réu do pedido ou só da instância não afectam o prosseguimento da reconvenção que tenha sido regularmente admitida.

ARTIGO 275.º

(Apensação de acções)

1 — Se forem propostas separadamente acções que, por se verificarem os pressupostos de admissibilidade do litisconsórcio, da coligação, da oposição ou da reconvenção, pudessem ser reunidas num único processo, será ordenada a junção delas, a requerimento de qualquer das partes com interesse atendível na junção, ainda que pendam em tribunais diferentes, a não ser que o estado do processo ou outra razão especial torne inconveniente a apensação.

2 — Os processos são apensados ao que tiver sido instaurado em primeiro lugar, salvo se os pedidos forem dependentes uns dos outros, caso em que a apensação é feita em ordem da dependência, ou se alguma das causas pender em tribunal de círculo, a ela se apensando as que corram em tribunal singular.

3 — A junção deve ser requerida ao tribunal perante o qual penda o processo a que os outros tenham de ser apensados.

4 — Quando se trate de processos que pendam perante o mesmo juiz, pode este determinar, mesmo oficiosamente, ouvidas as partes, a apensação.

1. Permite a nossa lei de processo que nos casos de litisconsórcio (art. 29.º), de coligação (arts. 30.º e 31.º), de oposição (art. 342.º) ou

---

([34]) Acs. Rel. Porto, de 8/7/86, na *Col. Jur.,* ano XI, t. 4, pág. 215; da Rel. Porto, de 9/6/87, na *Col. Jur.,* ano XII, t. 3, pág. 189; da Rel. Porto, de 6/10/88, na *Col. Jur.,* t. 4, pág. 190; da Rel. Coimbra, de 5/12/89, *B.M.J.,* n.º 392, pág. 525; da Rel. Lxa, de 17/2/94, na *Col. Jur.,* ano XIX, t. 1, pág. 126.

ART. 275.º *Livro III, Título I — Das disposições gerais*

de reconvenção (art. 274.º), verificados os pressupostos legais, sejam reunidas num único processo várias demandas, embora haja pluralidade de partes e diversidade de relações jurídicas materiais a apreciar. Se não se usou dessa faculdade inicialmente, nem por isso as acções têm de prosseguir separadamente até decisão final, facultando o presente artigo a possibilidade de a junção se fazer depois da propositura em separado, a requerimento de qualquer das partes que mostre ter interesse atendível.

Até quando se pode requerer a junção? A lei não marca qualquer limite, pelo que o requerimento é admissível a todo o tempo, mas a própria finalidade da medida, que é indubitavelmente ditada em razão da economia processual que resultará de uma instrução e apreciação conjuntas, impõe que em nenhum dos processos haja ainda decisão final; a oportunidade da apensação, quando as causas se encontrarem em fases processuais diferentes, depende do prudente critério do juiz, em obediência ao princípio informador da norma.

A apensação só pode ser oficiosamente ordenada, ouvidas as partes, quando se trate de processos que pendam perante o mesmo juiz. Em qualquer outro caso depende de requerimento. Qualquer das partes principais que tenha interesse atendível na apensação pode formular o requerimento.

Que deve entender-se por *interesse atendível?* A expressão foi introduzida pelo actual código. Parece ao Conselheiro Lopes Cardoso, citando Alberto dos Reis, que terá interesse atendível quem seja parte no processo cuja apensação se pretende. Não o terá quem seja parte unicamente no processo a que ele haja de ser apensado ([35]). Não nos parece de adoptar esta interpretação. Saber qual o processo em que o problema da apensação pode ser suscitado apresenta-se-nos claramente como questão distinta de averiguar o conteúdo do interesse que legitima a parte a requerer. Dando de barato que a lição de Alberto dos Reis é de seguir, a conclusão que daí se extrai é a de que só as partes no processo que se pretende ver apensado a outro podem requerer a junção, mas fica ainda por determinar quando terão elas interesse atendível em formular tal pedido. Não há trabalhos preparatórios que elucidem este ponto. O código anterior, no art. 280.º, condicionava a junção das acções conexas apenas a requerimento de qualquer das partes. A redacção

---

([35]) *Cód. Proc. An.,* 2.ª ed., pág. 227.

Capítulo II — Da instância **ART. 276.º**

actual é mais restrita. Não basta ser parte principal no processo a apensar e demonstrar a existência da conexão das acções. O requerente deverá demonstrar que a apensação serve em concreto a um mais perfeito desenvolvimento da relação jurídica processual. É a esta luz que entendemos aquela expressão.

O art. 275.º não é aplicável à acção executiva ([36]). Todavia é óbvio que não abrange os processos criminais, ainda que relativos aos mesmos factos invocados na acção cível, mas é aplicável no processo laboral ([37]).

2. O juízo sobre a inconveniência da apensação, a que se refere a parte final do n.º 1 é um poder discricionário atribuído ao tribunal.

SECÇÃO II

Suspensão da instância

ARTIGO 276.º

(Causas)

1 — A instância suspende-se nos casos seguintes:

a) **Quando falecer ou se extinguir alguma das partes, sem prejuízo do disposto no artigo 162.º do Código das Sociedades Comerciais;**

b) **Nos processos em que é obrigatória a constituição de advogado, quando este falecer ou ficar absolutamente impossibilitado de exercer o mandato. Nos outros processos, quando falecer ou se impossibilitar o representante legal do incapaz, salvo se houver mandatário judicial constituído;**

c) **Quando o tribunal ordenar a suspensão;**

d) **Nos outros casos em que a lei o determinar especialmente.**

2 — No caso de transformação ou fusão de pessoa colectiva ou sociedade, parte na causa, a instância não

---

([36]) Ac. S.T.J., de 23/2/89, no *B.M.J.,* n.º 384, pág. 569.

([37]) Ac. Rel. Porto, de 25/9/89, no *B.M.J.,* n.º 389, pág. 642; Ac. S.T.J., de 19/10/94, no *B.M.J.,* n.º 398, pág. 249.

ART. 276.º *Livro III, Título I — Das disposições gerais*

se suspende, apenas se efectuando, se for necessário, a substituição dos representantes.

3 — A morte ou extinção de alguma das partes não dá lugar à suspensão, mas à extinção da instância, quando torne impossível ou inútil a continuação da lide.

1. Enumera os casos em que a instância se suspende por determinação expressa da lei ou por decisão do tribunal. À primeira espécie aludem as alíneas *a), b)* e *d)* do n.º 1; à segunda a alínea *c)*.

2. Só às partes principais se refere a alínea *a)*. Só estas são os sujeitos da relação jurídica processual e por isso só o seu desaparecimento, por morte (pessoas singulares) ou por extinção (pessoas colectivas), justifica que a dinâmica processual por esse facto se suspenda.

Nem sempre a morte do autor ou do réu determina a suspensão da instância. Embora seja essa a regra, casos há em que a lei manda expressamente prosseguir a instância, ou permite o seu prosseguimento, apesar da morte de uma das partes. É o que acontece com as sociedades comerciais cuja extinção não determina a suspensão da instância, prosseguindo as acções em que seja parte, com os liquidatários em representação dos sócios (Dec.-Lei n.º 262/86, de 2 de Setembro, art. 162.º), e nas interdições e inabilitações, em que o falecimento do arguido não obsta a que a acção prossiga, a requerimento do autor, para se averiguar se a incapacidade existia e desde quando (art. 957.º). Outras vezes, por ser pessoal e intransmissível o direito material que se controverte, ou por qualquer razão válida, a morte de uma das partes esvazia de conteúdo o litígio, tornando a lide impossível. O exemplo clássico destas situações é o da morte de um dos cônjuges na pendência da respectiva acção de divórcio. É evidente que, destinando-se a acção de divórcio a obter a dissolução do vínculo conjugal, a morte de um dos cônjuges opera de direito esse efeito, deixando sem conteúdo a acção, pela inutilidade do seu desenvolvimento futuro. Em casos tais, o facto da morte de uma das partes produz um efeito mais enérgico que o da suspensão, porque determina mesmo a extinção da instância. É o que preceitua hoje expressamente o n.º 3 deste artigo, fazendo assim uma das aplicações possíveis do que vem disposto, também com carácter de novidade, na alínea e) do art. 287.º. A responsabilidade por custas vem prevenida, para a hipótese, no n.º 1 do art. 447.º.

Capítulo II — Da instância　　　**ART. 276.º**

Com as pessoas colectivas pode dar-se um fenómeno que não pode ocorrer com as pessoas singulares: a sua transformação ou fusão. Nesse caso a instância não se suspende. Compreende-se. O que justifica a suspensão da instância prevista na alínea *a)* do n.º 1 é a incerteza de quem seja o legítimo titular da relação jurídica processual respectiva; na transformação ou fusão da pessoa colectiva esse titular é certo, porque a personalidade daquela se não extingue, sofrendo, apenas, uma modificação que, em regra, não altera o complexo de poderes e deveres jurídicos que lhe correspondem. O único problema a encarar é o da sua representação, à face do art. 21.º, com possível projecção no patrocínio judiciário.

Vejam-se os arts. 277.º, 283.º, n.º 2 e 284.º, n.º 1, alínea *a)*.

3. A primeira parte da alínea *b)* do n.º 1 deste preceito prevê como causa da suspensão da instância, a morte ou a impossibilidade absoluta do advogado da parte exercer o mandato, nas causas em que é obrigatória a sua constituição. Em nota aos arts. 32.º e 60.º, já vimos os casos em que é obrigatória a intervenção do advogado na acção declarativa e na acção executiva, respectivamente. O preceito é aplicável ao solicitador quando este intervenha nos termos do n.º 4 do art. 32.º.

Vejam-se os arts. 278.º, 283.º e 284.º, n.º 1, alínea *b)*.

4. A segunda parte daquela alínea *b)* ocupa-se do reflexo que tem, sobre o desenvolvimento da instância, o facto de morrer ou de se impossibilitar absolutamente o representante do incapaz que for parte na causa. A regra formulada é esta: esse facto determina a suspensão da instância não havendo mandatário judicial constituído; tendo sido constituído mandatário, a instância prossegue. Já se quis extrair desta norma a conclusão de que, nessa hipótese, não há que prover quanto à substituição do representante do incapaz, que fica no processo representado pelo seu mandatário judicial. Temos como errónea esta doutrina. O n.º 1 do art. 10.º formula, quanto à representação dos incapazes em juízo, uma regra que só admite a excepção que nele mesmo se contempla. Se na pendência da causa, em que for parte um incapaz, falecer ou se impossibilitar o representante deste, há-de providenciar-se quanto à nomeação de outro representante, nos termos do disposto no art. 11.º, substituição que se opera sem prejuízo do prosseguimento da causa se o incapaz estiver assistido, no processo, por mandatário judicial.

— 39 —

ART. 277.º *Livro III, Título I — Das disposições gerais*

5. A lei manda, expressamente, em certos casos, suspender a instância.

São, entre outros, os previstos nos arts. 25.º, n.º 1, e 118.º, n.º 1.

6. A matéria da alínea *c)* está directamente relacionada com o disposto no art. 279.º. Veja-se este artigo e ainda o art. 284.º, n.ᵒˢ 1 e 2.

ARTIGO 277.º

(Suspensão por falecimento da parte)

1 — Junto ao processo documento que prove o falecimento ou a extinção de qualquer das partes, suspende-se imediatamente a instância, salvo se já tiver começado a audiência de discussão oral ou se o processo já estiver inscrito em tabela para julgamento. Neste caso a instância só se suspende depois de proferida a sentença ou o acórdão.

2 — A parte deve tornar conhecido no processo o facto da morte ou da extinção do seu comparte ou da parte contrária, providenciando pela junção do documento comprovativo.

3 — São nulos os actos praticados no processo posteriormente à data em que ocorreu o falecimento ou extinção que, nos termos n.º 1, devia determinar a suspensão da instância, em relação aos quais fosse admissível o exercício do contraditório pela parte que faleceu ou se extinguiu.

4 — A nulidade prevista no número anterior fica, porém, suprida se os actos praticados vierem a ser ratificados pelos sucessores da parte falecida ou extinta.

Este preceito relaciona-se com o disposto na alínea *a)* do n.º 1 do art. 276.º.

Falecendo ou extinguindo-se alguma das partes, os que lhe sobreviverem ou continuarem tendo capacidade judiciária (sejam compartes, sejam partes adversas), ficam com obrigação de juntar aos autos documento comprovativo da morte ou da extinção, logo que lhes seja possível obtê-lo. Como a suspensão só se opera a

Capítulo II — Da instância **ART. 278.º**

partir da junção do dito documento ([38]), o processo continua a correr termos, mesmo depois da notícia do facto chegar a juízo por qualquer outra forma, mas os actos praticados no processo posteriormente à data em que ocorreu o falecimento ou extinção são nulos quando em relação a eles fosse admissível o exercício do contraditório pela parte que faleceu ou se extinguiu, nulidade, porém, que se deve considerar suprida se tais actos forem ratificados pelos sucessores da parte falecida ou extinta.

Certificada a morte ou extinção da parte, a regra é a suspensão imediata. Esta regra comporta, porém, algumas excepções. Em primeiro lugar há que ter em vista as situações, já referidas na nota 2 ao artigo antecedente, em que esse efeito se não produz, por expressa determinação da lei ou pela natureza da relação jurídica material controvertida. Em seguida há-de ter-se em conta a fase processual que a acção atingiu quando se torna certa a morte ou a extinção da parte. Na 1.ª instância, se o facto é certificado quando já se iniciou a audiência de discussão oral, a suspensão só se verifica depois de proferida a sentença; nos tribunais de recurso, se o facto se comprova depois de o processo estar inscrito em tabela para julgamento, a suspensão só ocorre depois de proferido o acórdão.

O correspondente preceito do código anterior subtraía à suspensão imediata as causas em que se tivesse já «começado a discussão oral». A expressão era equívoca, dando origem a dúvidas na sua aplicação aos processos pendentes de recurso nos tribunais superiores. O actual código resolveu com maior clareza essa questão, mas usando os termos «audiência de discussão oral» deixou em aberto o problema de saber se na 1.ª instância a regra será aplicável somente à audiência final, a que se referem os arts. 646.º e seguintes, se também à audiência preparatória prevista no art. 508.º. Pela referência que o preceito faz, em seguida, à «sentença», inclinamo-nos para a tese de que a referência respeita à audiência de discussão e julgamento.

ARTIGO 278.º

(Suspensão por falecimento ou impedimento do mandatário)

No caso da alínea *b)* do n.º 1 do artigo 276.º, uma vez feita no processo a prova do facto, suspender-se-á

([38]) Ac. S.T.J., de 16/7/76, no *B.M.J.*, n.º 259, pág. 189; Ac. Rel. Coimbra, de 7/4/94, no *B.M.J.*, n.º 436, pág. 459.

ART. 279.º *Livro III, Título I — Das disposições gerais*

imediatamente a instância; mas se o processo estiver concluso para a sentença ou em condições de o ser, a suspensão só se verificará depois da sentença.

O artigo indica o modo como opera a suspensão da instância verificando-se qualquer dos casos previstos na alínea *b)* do n.º 1 do art. 276.º.

Ao contrário do que fez em relação ao art. 277.º, o legislador do código de 1961 não quis prever a hipótese de o facto suspensivo ocorrer estando o processo pendente de recurso num tribunal superior.

Deverá concluir-se daí que a certificação do facto produz sempre, nos recursos, um efeito suspensivo imediato? Parece que não. O mais razoável será equiparar o caso à regulamentação prevista no artigo anterior, com as necessárias adaptações, para concluir que, nos tribunais superiores, a excepção funcionará quando o processo estiver já inscrito em tabela para julgamento ou em condições de o ser. A similitude de situações é flagrante. Não se vêem razões para um tratamento diferente. É claro que, neste caso, a instância se suspende logo que seja publicado o acórdão.

Quanto ao modo como cessa a suspensão, veja-se o art. 284.º, n.º 1, alínea *b)*, 3 e 4.

ARTIGO 279.º

(Suspensão por determinação do juiz)

1 — O tribunal pode ordenar a suspensão quando a decisão da causa estiver dependente do julgamento de outra já proposta ou quando ocorrer outro motivo justificado.

2 — Não obstante a pendência de causa prejudicial, não deve ser ordenada a suspensão se houver fundadas razões para crer que aquela foi intentada unicamente para se obter a suspensão ou se a causa dependente estiver tão adiantada que os prejuízos da suspensão superem as vantagens.

3 — Quando a suspensão não tenha por fundamento a pendência de causa prejudicial, fixar-se-á no despacho o prazo durante o qual estará suspensa a instância.

Capítulo II — Da instância   **ART. 279.º**

4 — As partes podem acordar na suspensão da instância por prazo não superior a seis meses.

1. Como assinalámos em nota ao art. 276.º, a suspensão pode resultar de disposição expressa da lei ou de determinação do tribunal. É a regulamentação do exercício deste poder legal atribuído ao órgão jurisdicional que se faz neste preceito.

O termo «tribunal» mostra que a suspensão pode ser determinada tanto na 1.ª instância como nos tribunais superiores [39].

Este poder conferido ao tribunal para suspender a instância depende, no seu exercício, da verificação do condicionalismo imposto pela lei: a existência de causa prejudicial, quando não se verifique o caso do n.º 2, ou a ocorrência de motivo justificativo. Resulta daí que as decisões nessa matéria são recorríveis nos termos gerais [40].

A suspensão pode, neste caso, ser ordenada oficiosamente, logo que o juiz se aperceba do facto determinante da suspensão, ou a requerimento das partes. Quando o facto ocorra na fase dos articulados, ou nela seja suscitada a questão, é normal aguardar que essa fase termine para depois decidir mais esclarecidamente.

Quando deve entender-se que a decisão de uma causa *depende* do julgamento de outra? Quando na causa prejudicial esteja a apreciar-se uma questão cuja resolução possa modificar uma situação jurídica que tem de ser considerada para decisão de outro pleito [41]. Assim, deve ser suspensa a acção de anulação de deliberações sociais, até ao julgamento definitivo da acção de anulação do testamento, da validade do qual depende a qualidade de sócio do autor [42]; deve suspender-se o processo de reversão relativo a bens sobre os quais está a correr nova expropriação [43]; a acção em que se pede a anulação de um contrato de compra e venda é prejudicial em relação àquela em que se pretende exercer o direito de preferência nessa compra [44]; há dependência entre a

---

[39] No Código de 1939 dizia-se, no preceito correspondente, «o juiz pode», o que causou algumas dúvidas interpretativas.

[40] Acs. S.T.J., de 1/10/91, no *B.M.J.,* n.º 410, pág. 656; e de 2/12/93, no *B.M.J.,* n.º 432, pág. 285.

[41] Acs. S.T.J., de 25/3/74, no *B.M.J.,* n.º 235, pág. 241; de 28/2/75, no *B.M.J.,* n.º 244, pág. 239; de 18/6/76, no *B.M.J.,* n.º 258, pág. 212; de 29/7/80, no *B.M.J.,* n.º 299, pág. 280; de 30/6/88, no *B.M.J.,* n.º 378, pág. 703; de 28/5/91, no *B.M.J.,* n.º 407, pág. 455; de 18/2/93, no *B.M.J.,* n.º 424, pág. 587.

[42] Ac. S.T.J., de 8/5/64, no *B.M.J.,* n.º 137, pág. 358.

[43] Ac. S.T.J., de 2/7/65, no *B.M.J.,* n.º 149, pág. 227.

[44] Ac. S.T.J., de 28/2/75, no *B.M.J.,* n.º 244, pág. 239.

ART. 279.º   *Livro III, Título I — Das disposições gerais*

acção cível em que são demandados os proprietários das viaturas causadoras do acidente e respectivas seguradoras, e a acção penal que corre contra os condutores das mesmas viaturas [45]; há utilidade na suspensão dos termos do agravo se a legitimidade do agravado depender de decisão a proferir na 1.ª instância [46]; mostrando-se que o crédito dos réus em relação à autora está dependente de acção pendente, a decisão desta é essencial para a decisão da excepção de compensação deduzida [47]; a simples possibilidade de se vir a verificar uma incompatibilidade de fundo entre julgados pode justificar a suspensão da instância [48]; é de suspender a instância no processo cível de investigação de paternidade se estiver pendente processo crime em que o investigado é arguido de crime de violação, com gravidez da mãe do menor [49]. Pelo contrário, propostas duas acções de separação de pessoas e bens por cada um dos cônjuges em separado, nenhuma delas é prejudicial de modo a justificar a suspensão da instância [50]; tendo sido proposta acção de despejo com fundamento na caducidade do arrendamento por óbito do senhorio usufrutuário, não é causa de suspensão terem os réus alegado que o desdobramento da propriedade foi uma manobra de evasão fiscal [51]; não pode ordenar-se a suspensão da instância com fundamento em dependência enquanto a acção que se diz gerá-la não estiver proposta [52]; o pedido de declaração de dispensa de casamento rato e não consumado, perante os tribunais eclesiásticos, não é causa de suspensão da acção de divórcio intentada na pendência daquele [53]; não se verifica nexo de dependência entre uma acção em que se pede a dissolução de uma sociedade, com rescisão do respectivo pacto social, e outra acção, posterior, em que se pede a declaração de nulidade da venda de um imóvel da sociedade [54].

---

[45] Ac. S.T.J., de 18/6/76, no *B.M.J.*, n.º 258, pág. 212.

[46] Ac. S.T.J., de 9/6/87, no *B.M.J.*, n.º 368, pág. 491.

[47] Ac. S.T.J., de 30/6/88, no *B.M.J.*, n.º 378, pág. 703.

[48] Ac. S.T.J., de 6/3/80, no *B.M.J.*, n.º 295, pág. 289.

[49] Ac. S.T.J., de 5/1/60, no *B.M.J.*, n.º 93, pág. 241.

[50] *Rev. Leg. Jur.*, ano 93.º, pág. 349; *Rev. Trib.*, ano 78.º, pág. 183; *B.M.J.*, n.º 97, pág. 173.

[51] Acs. S.T.J., de 24/6/80, no *B.M.J.*, n.º 298, pág. 266; de 14/1/93, na *Col. Jur. / S.T.J.*, ano I, t. 1, pág. 59.

[52] Ac. S.T.J., de 18/6/96, na *Col. Jur. / S.T.J.*, ano IV, t. 2, pág. 149.

[53] Ac. S.T.J., de 18/2/93, no *B.M.J.*, n.º 424, pág. 587.

[54] Ac. S.T.J., de 18/5/95, na *Col. Jur. / S.T.J.*, ano II, t. 2, pág. 90.

Capítulo II — Da instância **ART. 280.º**

2. Será este preceito aplicável à acção executiva?

Embora a lei não distinga no art. 279.º entre a acção declarativa e a acção executiva, e se trate de uma norma geral sobre a suspensão da instância, a redacção da primeira parte do n.º 1 torna inaplicável esse comando à execução propriamente dita. Realmente, desde que a suspensão, neste caso, resulta de estar a *decisão* da causa dependente do julgamento de outra já proposta, parece clara a sua inaplicabilidade ao processo de execução, em que não há que proferir decisão sobre o fundo da causa, visto o direito que se pretende efectivar já estar declarado. Neste sentido decidiu o Supremo, em relação ao art. 284.º do código anterior, pelo seu Assento de 24 de Maio de 1960 [55], consagrando, desse modo, a corrente jurisprudencial que obtivera maior número de sufrágios e fixando doutrina que ainda hoje parece ser a melhor [56]. Posta esta restrição, não se vêem já razões para advogar a inaplicabilidade do preceito, mesmo quanto à sua primeira parte, no que respeita às fases declarativas que, por vezes, se enxertam no processo executivo, nem, quanto à segunda parte, em relação a todo o processo de execução [57].

3. O número 4 foi aditado ao artigo pelo Dec.-Lei n.º 329-A/95, de 12 de Dezembro.

O reformador de 95 inclinou-se aqui abertamente para aplicação do princípio dispositivo, dando ao acordo das partes o poder de suspender a instância até seis meses. Para não eternizar os pleitos parece que a faculdade pode ser exercida mais do que uma vez, mas a suspensão no seu conjunto não poderá exceder os seis meses.

ARTIGO 280.º

(Incumprimento de obrigações tributárias)

1 — Não obsta ao recebimento ou prosseguimento das acções, incidentes ou procedimentos cautelares que pendam perante os tribunais judiciais a falta de demonstração pelo interessado do cumprimento de quaisquer obrigações de natureza tributária que lhe incumbam, salvo nos casos em que se trate de transmissão de

---

[55] Ac. S.T.J., de 10/11/72, no *B.M.J.,* n.º 221, pág. 155.

[56] Ac. S.T.J., de 19/1/73, no *B.M.J.,* n.º 223, pág. 209.

[57] Ac. S.T.J., de 10/4/73, no *B.M.J.,* n.º 226, pág. 181.

ART. 281.º   *Livro III, Título I — Das disposições gerais*

direitos operada no próprio processo e dependente do pagamento do imposto de transmissão.

2 — A falta de cumprimento de quaisquer obrigações tributárias não obsta a que os documentos a elas sujeitos sejam valorados como meio de prova nas acções que pendam nos tribunais judiciais, sem prejuízo da participação das infracções que o tribunal constate.

3 — Quando se trate de acções fundadas em actos provenientes do exercício de actividades sujeitas a tributação e o interessado não haja demonstrado o cumprimento de qualquer dever fiscal que lhe incumba, a secretaria deve comunicar a pendência da causa e o seu objecto à administração fiscal, sem que o andamento regular do processo seja suspenso.

Os arts. 280.º, 281.º e 282.º, tratavam na redacção primitiva deste diploma, da suspensão da instância para garantir a observância da obrigação fiscais. Muitos outros preceitos, em leis avulsas, faziam aplicação da mesma regra, e o próprio Código dela se servia nos arts. 467.º, n.º 3 e 551.º.

A reforma de 95 entendendo, e a nosso ver muito bem, que essa prática era atentatória do princípio do livre acesso aos tribunais, eliminou-a, conservando apenas a obrigação do cumprimento de obrigações tributárias relativamente à transmissão de direitos operada no próprio processo (imposto de transmissão).

Em todos os outros casos em que o interessado não haja feito a prova de algum dever fiscal que lhe incumba, a secretaria comunicará o facto à administração fiscal, sem influência no decurso da acção.

ARTIGOS 281.º E 282.º

Revogados.

Veja-se nota ao artigo anterior.

ARTIGO 283.º

(Regime da suspensão)

1 — Enquanto durar a suspensão só podem praticar--se validamente os actos urgentes destinados a evitar

Capítulo II — Da instância   **ART. 283.º**

dano irreparável. A parte que esteja impedida de assistir a estes actos é representada pelo Ministério Público ou por advogado nomeado pelo juiz.

2 — Os prazos judiciais não correm enquanto durar a suspensão. Nos casos das alíneas *a)* e *b)* do n.º 1 do artigo 276.º a suspensão inutiliza a parte do prazo que tiver decorrido anteriormente.

3 — A simples suspensão não obsta a que a instância se extinga por desistência, confissão ou transacção, contanto que estas não contrariem a razão justificativa da suspensão.

1. Regula os principais efeitos resultantes da suspensão da instância.

A suspensão paraliza a dinâmica processual, e como esta é composta por uma série ordenada de actos, durante ela não se praticam actos judiciais, a não ser os que tenham carácter de urgência e se destinem a evitar dano irreparável.

A suspensão determina, igualmente, a interrupção dos prazos em curso, que só continuam a correr quando ela cessar nos termos do art. 284.º. Relativamente ao aproveitamento ou não da parte do prazo já decorrido, há que distinguir: se a suspensão é determinada pelo falecimento ou extinção de alguma das partes, ou pelo falecimento do advogado, nos casos em que é obrigatória a sua constituição, nada se aproveita do prazo, que se começa a contar de novo, a partir do momento em que cessar a suspensão; em todas as outras hipóteses aproveita-se a parte do prazo que tenha decorrido anteriormente à suspensão. É fácil de compreender a razão da diversidade de tratamentos. A substituição da parte, ou a do seu mandatário técnico, coloca o sucessor, ou o novo advogado, perante uma situação que desconhece, e não seria razoável conceder-lhe, para a defesa dos respectivos direitos, um prazo incompleto ou quase totalmente esgotado; nas outras hipóteses, o motivo da suspensão não impede que se prepare, entretanto, a intervenção que se julgue conveniente, logo que seja removido o obstáculo que surgiu ao desenvolvimento posterior da instância.

2. É novo o preceito do n.º 3 deste artigo.

Quis deixar-se claro que a suspensão da instância não impede que esta se entinga por desistência, confissão ou transacção. Era já

— 47 —

ART. 284.º   *Livro III, Título I — Das disposições gerais*

a opinião sustentada por Alberto dos Reis [58], mesmo no silêncio da lei a esse respeito. Mas a solução não era inteiramente líquida à face dos princípios, por isso que, significando qualquer daquelas formas de extinção da instância uma disposição da relação jurídica processual, era lícito pleitear a dúvida quanto à sua admissibilidade, no momento em que essa mesma relação jurídica se encontrava paralizada, inerte, em razão de um facto impeditivo do seu normal desenvolvimento. Querendo adoptar-se a solução que vingou, a disposição legal expressa afigura-se-nos que era necessária.

É claro que a disposição do n.º 3 não dispensa qualquer dos requisitos legais a que a confissão, desistência ou transacção devem satisfazer. Por isso, se o *motivo* da suspensão for igualmente impeditivo da desistência, da confissão ou da transacção, estas não poderão ter lugar. Isso sucederá, por exemplo, quando a suspensão ocorrer por falecimento do autor; nesse caso é manifesto que não poderá haver desistência válida, visto se desconhecer, até ao julgamento da habilitação, a identidade do titular do direito respectivo. Mas observe-se: na hipótese figurada, o facto impeditivo da desistência (ou da transacção) não é a suspensão da instância, mas a indeterminação quanto ao sujeito activo da relação jurídica processual.

3. A dedução de pedido de apoio judiciário determina a suspensão da instância [59].

ARTIGO 284.º

(Como e quando cessa a suspensão)

1 — A suspensão cessa:

a) **No caso da alínea** *a)* **do n.º 1 do artigo 276.º, quando for notificada a decisão que considere habilitado o sucessor da pessoa falecida ou extinta;**

b) **No caso da alínea** *b)*, **quando a parte contrária tiver conhecimento judicial de que está constituído novo advogado, ou de que a parte já tem outro representante,**

---

[58] *Comentário ao Código de Processo Civil,* vol. 3.º, pág. 294.

[59] Acs. Rel. Porto, de 4/5/92, no *B.M.J.,* n.º 417, pág. 815; da Rel. Lxa., de 14/4/94, na *Col. Jur.,* ano XIX, t. 2, pág. 112.

Capítulo II — Da instância **ART. 284.º**

ou de que cessou a impossibilidade que fizera suspender a instância;

c) No caso da alínea *c)*, quando estiver definitivamente julgada a causa prejudicial ou quando tiver decorrido o prazo fixado;

d) No caso da alínea *d)*, quando findar o incidente ou cessar a circunstância a que a lei atribui o efeito suspensivo.

2 — Se a decisão da causa prejudicial fizer desaparecer o fundamento ou a razão de ser da causa que estivera suspensa, é esta julgada improcedente.

3 — Se a parte demorar a constituição de novo advogado, pode qualquer outra parte requerer que seja notificada para o constituir dentro do prazo que for fixado. A falta de constituição dentro deste prazo tem os mesmos efeitos que a falta de constituição inicial.

4 — Pode também qualquer das partes requerer que seja notificado o Ministério Público para promover, dentro do prazo que for designado, a nomeação de novo representante ao incapaz, quando tenha falecido o primitivo ou a sua impossibilidade se prolongue por mais de 30 dias. Se ainda não houver representante nomeado quando o prazo findar, cessa a suspensão, sendo o incapaz representado pelo Ministério Público.

1. Ao contrário do que acontece com o início da suspensão, o seu termo final não depende de despacho do juiz a ordenar o prosseguimento dos autos. A verificação de qualquer dos factos referidos no presente artigo é, por si, eficaz para pôr fim à suspensão.

2. A habilitação a que se refere a alínea *a)* do n.º 1 constitui o incidente regulado nos arts. 371.º a 375.º. Qualquer das partes o pode promover. A suspensão cessa, neste caso, quando a sentença de habilitação está em condições de ser executada, ou porque transitou, ou porque o recurso dela interposto foi recebido com efeito meramente devolutivo.

3. O «conhecimento judicial» a que alude a alínea *b)* do n.º 1 é dado à parte contrária por meio de notificação.

— 49 —

ART. 284.º   *Livro III, Título I — Das disposições gerais*

A faculdade conferida pelo n.º 3 pode ser exercida pela parte contrária ou por qualquer comparte, e tanto nos casos de falecimento como nos de impossibilidade, permanente ou temporária, do advogado. A falta de constituição do novo advogado dentro do prazo fixado tem o efeito previsto no art. 33.º.

A providência prevista no n.º 3 não é de aplicação oficiosa.

4. A alínea *c)* do n.º 1 prevê como termina a suspensão da instância ordenada pelo tribunal. Se a suspensão se baseia na pendência de causa prejudicial, ela cessa quando essa causa deixa de estar pendente, ou porque houve julgamento, com trânsito, quer do mérito, quer da instância, ou porque esta se extinguiu.

O n.º 2 dita uma regra talvez demasiado rígida. Se a decisão da causa prejudicial fizer desaparecer o fundamento ou a razão de ser da causa suspensa, manda-se julgar esta improcedente, isto é, absolver o réu do pedido. Nem sempre será fácil delimitar os casos de aplicação da norma.

Figuremos a hipótese de se ter proposto acção de divisão de cousa comum estando pendente acção anulatória do acto de onde o autor faz emergir a sua qualidade de comproprietário. Entende-se que a acção anulatória é prejudicial da acção de divisão e suspende-se a instância nesta, por esse motivo. Se a acção de anulação for julgada procedente, parece que se cai no âmbito de aplicação do n.º 2 do art. 284.º. O juiz terá de julgar a acção improcedente. Repare-se, porém, que a consequência normal da decisão será a de retirar ao autor interesse directo no litígio, devendo, portanto, conduzir ao reconhecimento da sua ilegitimidade, nos termos do art. 26.º, e, consequentemente à absolvição dos réus da instância. O fundamento ou razão de ser da causa (o estado de indivisão) pode persistir em relação a outros comproprietários, o que nos leva a pensar que é inaplicável ao caso suposto o preceito em análise.

Alberto dos Reis, no seu *Comentário,* vol. 3.º; págs. 314, dava como exemplo das situações previstas no n.º 2, a procedência da acção de anulação de casamento, prejudicial de acção de divórcio intentada posteriormente. Mas mesmo a aplicação do preceito a esta hipótese, que em face do código de 1939 era de flagrante justeza, parece hoje contemplada na alínea *e)* do art. 287.º como causa de extinção da instância.

Por tudo isto parece-nos que teria sido preferível suprimir o n.º 2 deste artigo, deixando ao jogo dos princípios gerais o efeito a

Capítulo II — Da instância **ART. 285.º**

produzir na causa suspensa pela decisão definitiva da causa prejudicial.

5. O preceituado no n.º 4 deve entender-se aplicável somente quando não houver mandatário constituído, pois, havendo-o, o facto de o representante do incapaz falecer ou se impossibilitar não determina a suspensão da instância, como resulta da parte final do disposto na alínea *b)* do n.º 1 do art. 276.º.

SECÇÃO III

Interrupção da instância

ARTIGO 285.º

(Factos que a determinam)

A instância interrompe-se, quando o processo estiver parado durante mais de um ano por negligência das partes em promover os seus termos ou os de algum incidente do qual dependa o seu andamento.

1. Dentre as crises de que é susceptível a vida da instância, a sua *interrupção* ocupa um lugar situado entre a *suspensão* e a *extinção;* aproxima-se, porém, estruturalmente, muito mais daquela do que desta. Na verdade, ambas representam uma paralização da instância e em ambas ela prossegue automaticamente, uma vez removido o obstáculo que se opôs à marcha do processo. Na extinção, pelo contrário, a instância sofre um colapso definitivo, morre, acaba, desaparece; só através de uma nova acção poderá fazer-se reconhecer o direito material respectivo.

É pelas suas causas e pelos seus efeitos que se distingue a suspensão da interrupção. As causas de suspensão são as enunciadas pelo art. 276.º; a interrupção só tem como causa a negligência da parte em promover os termos do processo. Quanto aos efeitos da interrupção nos prazos de caducidade veja-se o art. 332.º, n.º 2 do Código Civil.

Na expressão «negligência das partes» deve compreender-se a dos seus sucessores, a partir do momento em que possam deduzir a sua habilitação [60].

---

[60] Ac. S.T.J., de 2/12/49, no *B.M.J.,* n.º 16, pág. 208.

ART. 285.º   *Livro III, Título I — Das disposições gerais*

2. A negligência a que se refere o preceito não é qualquer atitude da parte reveladora de menos interesse ou menor vigilância no desenvolvimento da lide; ela há-de caracterizar-se pela omissão de um acto que é necessário ao prosseguimento do processo *e que lhe pertença praticar.* É nesse sentido que se deve, a nosso ver, interpretar a expressão: «negligência das partes em promover os seus termos ou os de algum incidente de que dependa o seu andamento». Se, por hipótese, o processo estiver parado, na secção, por mais de um ano, em consequência de incúria do respectivo escrivão, numa fase em que o seu andamento não esteja dependente de qualquer acto das partes, não é aplicável o n.º 1 deste art. 285.º, ainda que os interessados não tenham reagido contra a demora do tribunal ([61]).

A negligência da parte que produz a interrupção da instância pode ter lugar estando esta suspensa; isso sucederá em todos os casos em que o obstáculo que determinou a suspensão deva ser removido por acto de qualquer das partes, como sucede, designadamente, na hipótese da alínea *a)* do n.º 1 do art. 276.º, com a dedução do respectivo incidente de habilitação.

3. Só os actos que façam prosseguir o processo na sua senda normal têm eficácia para pôr termo à interrupção da instância.

4. Os preceitos dos arts. 285.º e 286.º, dado o seu carácter genérico, são aplicáveis à acção executiva, sem prejuízo do que especialmente dispõe o art. 847.º, n.º 2 quanto à caducidade da penhora também por negligência do exequente.

5. O artigo contém uma ligeira alteração.

A expressão: «em consequência da inércia das partes» foi substituída pela de: «por negligência das partes em promover os seus termos ou os de algum incidente de que dependa o seu andamento» na redacção do n.º 1.

Teve-se o propósito de esclarecer «que a negligência das partes se pode reflectir não só no andamento do processo, como no de algum incidente de que dependa a marcha deste».

([61]) No sentido do texto: Ac. Rel. Coimbra, de 3/5/55, na *Jur. Rel.,* 1.º, pág. 676, e Ac. Rel. Lxa, de 19/6/85, no B.T.E., 2.ª, 5-6, pág. 993. Em sentido contrário: Alberto dos Reis, *Comentário,* vol. 3.º, pág. 322.

Capítulo II — Da instância **ART. 287.º**

6. Este preceito não é aplicável aos processos emergentes de acidentes de trabalho visto neles não recair sobre as partes o ónus do impulso processual [62].

ARTIGO 286.º

(Como cessa)

Cessa a interrupção, se o autor requerer algum acto do processo ou do incidente de que dependa o andamento dele, sem prejuízo do disposto na lei civil quanto à caducidade dos direitos.

Simplificou-se muito o modo de fazer cessar a interrupção da instância.

A cessação, que no código anterior dependia de declaração feita no processo, passa a ser consequência automática do requerimento feito pela parte. Apresentado o requerimento, cessa a interrupção.

SECÇÃO IV

Extinção da instância

ARTIGO 287.º

(Causas de extinção da instância)

A instância extingue-se com:

***a)* O julgamento;**
***b)* O compromisso arbitral;**
***c)* A deserção;**
***d)* A desistência, confissão ou transacção;**
***e)* A impossibilidade ou inutilidade supervenientes da lide.**

1. A instância, que se inicia com a propositura da acção, cessa normalmente quando é proferida sentença definitiva que conheça do mérito da causa. Não é, porém, a essa forma de cessação da instância que se refere o presente artigo. O que ele prevê são

---

[62] Ac. S.T.J., de 27/11/81, no *B.M.J.,* n.º 311, pág. 308; de 9/1/91, B.T.E., 2.ª, pág. 93; de 30/11/94, na *Col. Jur. / S.T.J.,* ano II, t. 3, pág. 301.

— 53 —

ART. 287.º   *Livro III, Título I — Das disposições gerais*

exactamente os casos em que, sem julgamento do fundo da causa, a instância se extingue ou desaparece. Quer dizer: o que o preceito encara é a extinção da instância por facto anormal, que não permite todo o desenvolvimento da relação jurídica processual até que, por acto do juiz, se decida o litígio [63]. Isso se aprende bem, aproximando o disposto na alínea *a)* com o que preceituam os arts. 288.º e 289.º.

2. O *julgamento* a que se refere a alínea *a)*, como causa de extinção da instância, é, pelo que dissemos no número anterior, somente o julgamento de forma, e mesmo assim, apenas aquele que pronunciar a absolvição da instância. O art. 288.º refere os casos em que deve ser emitido esse julgamento.

3. O código actual incluiu entre as causas de extinção anormal da instância a impossibilidade ou inutilidade superveniente da lide.

Foi a Comissão Revisora que propôs a inovação, que justifica assim: «A lide pode, porém, tornar-se inútil ou impossível, depois de instaurada. É o que sucede se, na pendência de embargos de terceiro, ficar sem efeito o despacho ou a diligência que os motivou; é o que sucede se, pendendo acção de divórcio, falecer alguma das partes. Nesses casos e nos semelhantes a instância não pode deixar de extinguir-se» [64].

A relação processual tem como elementos os seus sujeitos (partes) e o seu objecto (pedido e causa de pedir). Se, por facto posterior ao início da instância (propositura da acção), desaparecer uma das partes e não for juridicamente admissível a sua substituição, por ser estritamente pessoal o direito substancial por ela invocado ou que lhe era atribuído, ou se a coisa de que, por exemplo, se pede a entrega, perecer e for infungível, ou se a causa de pedir se extinguir por qualquer outro motivo estranho à composição da lide, a relação jurídica processual, desprovida de um dos seus elementos vitais, sucumbe, porque se tornou impossível, ou porque já é inútil a decisão final sobre a demanda.

A situação é nova na lei de processo, mas já havia sido versada na doutrina portuguesa por Alberto Reis no seu *Comentário* ao

---

[63] Ac. da Rel. Porto, de 11/11/1955 (*Jur. Rel.,* 1.º-1024).
[64] *Projectos de Revisão,* III, pág. 56.

— 54 —

Capítulo II — Da instância **ART. 287.º**

código de 1939 [65] e dera lugar a algumas aplicações da jurisprudência [66]. Preveniu-se, no código actual, o efeito produzido por esse caso de extinção quanto a custas [67]. Persiste, porém, um problema que nos parece interessante, que é o de saber que espécie de decisão há-de o juiz proferir quando defronte uma situação destas. O nosso grande processualista, criticando Carnelutti, cuja solução era a da emissão de uma pronúncia negativa, escreve no lugar citado: «A pronúncia negativa, equivalente à absolvição do réu da instância, só tem razão de ser, segundo a técnica processual adoptada pelo Código, quando fica aberto o caminho para nova acção sobre o mesmo objecto (art. 294.º) [68]. Não é o que sucede na hipótese em exame. A instância extingue-se, porque se tornou impossível a *continuação* da lide; não faz, portanto, sentido que se profira uma simples absolvição da instância. A absolvição tem de ser do pedido, visto que o direito material ou substancial se extinguiu. A acção, que tinha porventura condições para proceder no momento em que se propôs, improcede por virtude de facto *superveniente*».

Que o caso não é de absolvição da instância, parece líquido em face dos argumentos que acima se deixam reproduzidos. Mas sê-lo-á de absolvição do pedido, como propõe o mesmo comentador? É no exame deste aspecto que nasce a nossa dúvida.

Onde nos parece que peca a construção em análise é em considerar indispensável a emissão de uma sentença absolutória da instância ou do pedido. A situação não é essa. A instância extingue-se, nesta hipótese, por causa extraordinária, e cremos que o juiz não terá que fazer mais do que declarar extinta a instância, sem necessidade de absolver ou condenar qualquer das partes, a não ser no encargo no pagamento das custas, de harmonia com o disposto no art. 447.º. A extinção da instância é nesses termos, consequência de um facto diferente da pronúncia judicial, facto que até a impede, e por isso a decisão deve ser puramente declarativa dessa extinção.

O legislador de 1961 parece ter aderido a esta posição, ao redigir a alínea *e)* do art. 287.º, porque, se entendesse que cabia,

---

[65] Págs. 367 e seguintes.

[66] Ac. da Rel. Porto, de 9-3-1956 (*Jur. Rel.,* 2.º-386); Ac. do Sup. Trib. Just., de 28/11/1961 (*Rev. Trib.,* 80.º-59; *Bol. Min. Just.,* 11.º-508).

[67] Art. 447.º, n.º 1.

[68] Hoje seria, na lógica do mesmo pensamento, de citar o art. 289.º.

ART. 288.º *Livro III, Título I — Das disposições gerais*

no caso, absolvição da instância, não abriria alínea nova, dado o que já se dispunha na alínea *a)*, e incluiria, quando muito, a regra formulada, no texto do art. 288.º; se entendesse que cabia absolvição do pedido, não se referiria, sequer à hipótese, porque a instância cessaria como necessária consequência da decisão do mérito da causa. Ora a verdade é que o facto extintivo ocorre depois da propositura da acção mas antes da declaração judicial, e é inteiramente independente dela.

ARTIGO 288.º

(Casos de absolvição da instância)

1 — O juiz deve abster-se de conhecer do pedido e absolver o réu da instância:

a) **Quando julgue procedente a excepção de incompetência absoluta do tribunal;**

b) **Quando anule todo o processo;**

c) **Quando entenda que alguma das partes é destituída de personalidade judiciária ou que, sendo incapaz, não está devidamente representada ou autorizada;**

d) **Quando considere ilegítima alguma das partes;**

e) **Quando julgue procedente alguma outra excepção dilatória.**

2 — Cessa o disposto no número anterior quando o processo haja de ser remetido para outro tribunal e quando a falta ou irregularidade tenha sido sanada.

3 — As excepções dilatórias só subsistem enquanto a respectiva falta ou irregularidade não for sanada, nos termos do n.º 2 do artigo 265.º; ainda que subsistam, não terá lugar a absolvição da instância quando, destinando-se a tutelar o interesse de uma das partes, nenhum outro motivo obste, no momento da apreciação da excepção, a que se conheça do mérito da causa e a decisão deva ser integralmente favorável a essa parte.

1. O artigo refere os casos em que deve ser proferida a absolvição da instância: a anulação de todo o processo e a procedência de qualquer excepção dilatória, menos quanto à incompetência

Capítulo II — Da instância **ART. 288.º**

relativa, que só determina a remessa do processo para o tribunal competente.

Parece, por isso, ociosa a referência feita a algumas excepções dilatórias nas alíneas *a), c)* e *d)*. A menção expressa que a estas se faz só pode ser entendida, por um lado como propósito de indicar a ordem pela qual o juiz deve conhecer das questões prejudiciais (art. 660.º), por outro lado para dar destaque ou relevo às mais importantes.

2. Quanto à alínea *a)* veja-se o art. 101.º e correspondente anotação.

3. Deve aproximar-se o disposto na alínea *b)* do que preceituam os arts. 193.º (ineptidão da petição inicial) e 199.º (certos casos de anulação por erro na forma do processo). A nulidade por ineptidão da petição inicial só é de declarar quando não houve rejeição liminar; havendo-a, como não chegou a ser citado o réu, não tem este de ser absolvido da instância.

4. Da personalidade judiciária tratam os arts. 5.º a 8.º. A violação de tais regras conduz necessariamente à absolvição da instância. Sobre representação dos incapazes veja-se o disposto nos arts. 10.º, 11.º, 12.º, 14.º, 15.º, 16.º e 22.º. A irregularidade da representação ou a incapacidade judiciária podem ser supridas pela intervenção do representante legítimo, a requerimento ou oficiosamente, e com ratificação posterior (arts. 23.º e 24.º). A excepção só se verifica quando a falta ou irregularidade não for devidamente sanada.

5. Sobre legitimidade veja-se o art. 26.º, e correspondente anotação. A ilegitimidade pode ser sanada na hipótese prevista no art. 269.º.

6. O art. 494.º faz, a título exemplificativo, referência a outras excepções dilatórias. A procedência de qualquer delas, ou de outras não previstas no texto legal mas que integrem o respectivo conceito, conduzem, igualmente, à absolvição da instância (art. 493.º, n.º 2).

7. O n.º 3 do preceito anotado foi acrescentado ao artigo pelo Dec.-Lei n.º 180/96, de 25 de Setembro.

ART. 289.º   *Livro III, Título I — Das disposições gerais*

Trata-se de uma inovação importante.

Por razões de economia processual dispõe-se que a simples ocorrência de uma excepção dilatória não suprida não conduza necessariamente à absolvição da instância; isto sucederá quando o pressuposto em falta se destine a tutelar o interesse de uma das partes e a decisão de mérito a proferir imediatamente seja inteiramente favorável a essa parte. Evita-se, assim, que a tutela *formal* dispensada a uma das partes redunde em seu desfavor *material*.

ARTIGO 289.º

(Alcance e efeitos da absolvição da instância)

1 — A absolvição da instância não obsta a que se proponha outra acção sobre o mesmo objecto.

2 — Sem prejuízo do disposto na lei civil relativamente à prescrição e à caducidade dos direitos, os efeitos civis derivados da proposição da primeira causa e da citação do réu mantêm-se, quando seja possível, se a nova acção for intentada ou o réu for citado para ela dentro de 30 dias, a contar do trânsito em julgado da sentença de absolvição da instância.

3 — (Revogado pelo Dec.-Lei n.º 329.º-A/95, de 12 de Dezembro).

4 — Se o réu tiver sido absolvido por qualquer dos fundamentos compreendidos na alínea e) do n.º 1 do artigo 288.º, na nova acção que corra entre as mesmas partes podem ser aproveitadas as provas produzidas no primeiro processo e têm valor as decisões aí proferidas.

1. A absolvição da instância diz respeito apenas à relação processual. É uma pronúncia negativa quanto ao conhecimento do fundo da causa. O tribunal não pode conhecer deste por falta de qualquer pressuposto necessário a esse conhecimento. As decisões desse tipo só têm força obrigatória dentro do processo, isto é, quando transitadas, constituem casos julgados formais (art. 672.º). Nada impede, portanto, que, com o mesmo objecto, se proponha outra acção. Nem seria preciso que este artigo o dissesse.

2. Cfr. arts. 327.º, n.ºs 2 e 3, e 332.º do Código Civil.

— 58 —

Capítulo II — Da instância   ART. 289.º

3. Contém o n.º 2 do art. 289.º a expressão «quando seja possível», que é algo enigmática. Parece ter de inferir-se dela que a propositura da nova acção ou a citação do réu, dentro do prazo estipulado, nem sempre mantêm os efeitos civis a que o preceito alude.

Explicava Alberto dos Reis [69] «que o efeito civil da proposição da acção não pode aproveitar-se quando o autor seja declarado parte ilegítima; a nova acção, a ser proposta, há-de sê-lo por pessoa diversa e esta não pode aproveitar-se de uma actividade que foi exercida por outrem. Do mesmo modo, os efeitos civis derivados da citação do réu não podem aproveitar-se quando este seja absolvido por ilegitimidade e a nova acção deva ser intentada contra pessoa diferente».

Esta explicação foi vivamente criticada por Barbosa de Magalhães.

Escrevia ele: «A explicação é inadmissível, porque supõe que a *nova* acção pode ser intentada por pessoa diferente do autor da primeira acção. Só se pode dizer que há *nova* acção, isto é, acção *idêntica*, novamente proposta em juízo, quando tiver as 3 identidades, que são requisitos da litispendência e do caso julgado. A *nova acção* não é uma acção qualquer — é uma acção *repetida* [70]».

Embora seja de reconhecer, em face dos princípios, a justeza desta crítica, a verdade é que nos convencemos de que a intenção do legislador foi exactamente essa que se tem por inadmissível, isto é, a de que a nova acção prevista no preceito pode ter como partes pessoas que não intervieram na primeira acção. O n.º 4 do art. 289.º, correspondente ao § 2.º do art. 294.º do código anterior, prevê claramente a hipótese de a nova acção correr entre as mesmas partes, o que representa, por necessidade lógica, a admissão de que ela pode correr entre partes diferentes.

Ora, sendo assim, quando se deve considerar abrangida a nova acção pelo preceituado no n.º 2?

Se a nova acção tem o mesmo objecto e corre entre as mesmas partes, não há qualquer dúvida quanto à aplicabilidade integral do preceito: os efeitos civis derivados da proposição da primeira, ou da citação do réu, mantêm-se sempre, desde que a acção seja intentada ou a citação levada a cabo dentro do prazo estabelecido por lei.

---

[69] *Cód. Proc. Civ. Exp.*, pág. 185.
[70] Loc. cit., pág. 273.

— 59 —

ART. 290.º   *Livro III, Título I — Das disposições gerais*

Se a nova acção tem um autor diferente, nunca esses efeitos se mantêm.

Se a nova acção é dirigida, pelo mesmo autor, contra um réu diferente haverá que distinguir: os efeitos civis derivados da citação não se mantêm em caso algum; os efeitos derivados da propositura da acção deverão manter-se. Era a opinião de Alberto dos Reis [71], que não repugna aceitar dentro da interpretação do texto que se deixou feita [72].

4. O n.º 4 refere-se ao aproveitamento das provas produzidas e à eficácia das decisões proferidas na primeira acção, quando a absolvição da instância resulte da procedência de excepção dilatória não compreendida nas alíneas *a), c)* e *d)* do artigo 288.º.

Se as partes são diferentes numa e noutra das acções, nada se aproveita; sendo as mesmas, *podem* aproveitar-se as provas produzidas e *devem* acatar-se as decisões interlocutórias proferidas na primeira acção. A utilização da prova anterior fica ao arbítrio das partes.

ARTIGO 290.º

(Compromisso arbitral)

1 — Em qualquer estado da causa podem as partes acordar em que a decisão de toda ou parte dela seja cometida a um ou mais árbitros da sua escolha.

2 — Lavrado no processo o termo de compromisso arbitral ou junto o respectivo documento, examinar-se-á se o compromisso é válido em atenção ao seu objecto e à qualidade das pessoas; no caso afirmativo, a instância finda e as partes são remetidas para o tribunal arbitral, sendo cada uma delas condenada em metade das custas, salvo acordo expresso em contrário.

3 — No tribunal arbitral não podem as partes invocar actos praticados no processo findo, a não ser aqueles de que tenham feito reserva expressa.

1. Hoje a arbitragem é fundamentalmente regida pela Lei n.º 31/86, de 29 de Agosto, tendo permanecido neste Código de Pro-

---

[71] *Cód. Proc. Civ. An.*, vol. 1.º, pág. 397.

[72] Em sentido contrário: Ac. Rel. Porto, de 21/10/1959 (*Jur. Rel.*, 5.º-772).

Capítulo II — Da instância   **ART. 290.º**

cesso apenas os arts. 1525.º a 1528.º referentes ao tribunal arbitral necessário.

É lícito às partes confiarem a decisão de qualquer controvérsia a árbitros.

A convenção em que tal se estabelece toma o nome de *cláusula compromissória* quando se refira a litígios eventuais emergentes de uma determinada relação jurídica contratual ou extracontratual; designa-se por *compromisso arbitral* quando tem por objecto um litígio actual ainda que se encontre afecto a tribunal judicial.

O compromisso arbitral, quando julgado válido, é causa de extinção da instância, como expressamente preceitua a alínea *b)* do art. 287.º, e confirma, talvez desnecessariamente, o n.º 2 deste preceito.

O compromisso tem de ser feito por escrito (Cit. Lei, art. 2.º), no processo ou fora dele; no primeiro caso toma a forma de termo; no segundo basta que conste de documento particular assinado pelas partes, ou de troca de cartas, telex, telegramas ou outros meios de comunicação de que fique prova escrita, quer esses documentos contenham directamente a convenção, quer deles conste cláusula de remissão para algum documento em que uma convenção esteja contida.

O compromisso deve individualizar com precisão o litígio a decidir, isto é, tem de indicar o objecto ou parte do objecto da causa (*res petita*) que passa a dever ser conhecido pelo tribunal arbitral, respectivos sujeitos e causa de pedir (*causa petendi*), assim como deve indicar também o árbitro ou árbitros a quem é cometida a decisão. Estes são requisitos formais do compromisso, pelo que a falta de qualquer deles determina a nulidade deste.

2. A expressão «em qualquer estado da causa», que se lê no n.º 1, tem de ser entendida como significado qualquer momento desde a propositura da acção (art. 267.º) até ao trânsito da decisão que ponha termo à instância.

3. Como o compromisso pode dizer respeito apenas a uma parte do litígio, a extinção da instância nem sempre operará em toda a relação jurídica processual; só a parte submetida ao conhecimento do tribunal arbitral fará perecer a correspondente fracção da instância.

A inclusão, aqui, do n.º 3 deste preceito só se explica pela referência final à reserva expressa que o compromisso deve conter,

ART. 291.º   *Livro III, Título I — Das disposições gerais*

para que possam ser aproveitados alguns actos praticados no processo a que o mesmo compromisso arbitral pôs termo.

Veja-se, sobre esta matéria, o disposto no art. 522.º.

4. A lei manda que o juiz, depois de lavrado o termo ou junto o documento em que o compromisso se contenha, examine se ele é válido em atenção ao objecto e à qualidade das pessoas. Mas este enunciado legal não exclui que o julgador tome conhecimento e aprecie a existência de qualquer irregularidade ou vício, que afecte a validade da convenção, que até pode já ter caducado (Cit. Lei, art. 4.º). Usou-se fórmula igual à que é empregada pelo art. 300.º, n.º 3, talvez devido à similitude que realmente existe, em certos aspectos, entre o compromisso arbitral e a autocomposição, especialmente a autocomposição transaccional. Uma vez que a validade do compromisso produz a extinção da instância, isso mesmo deve ser reconhecido e declarado por despacho.

5. Quanto aos outros aspectos do tribunal arbitral necessário, vejam-se os arts. 1525.º a 1528.º e correspondente anotação.

ARTIGO 291.º

(Deserção da instância e dos recursos)

1 — Considera-se deserta a instância, independentemente de qualquer decisão judicial, quando esteja interrompida durante dois anos.

2 — Os recursos são julgados desertos pela falta de alegação do recorrente ou quando, por inércia deste, estejam parados durante mais de um ano.

3 — Tendo surgido algum incidente com efeito suspensivo, o recurso é julgado deserto se decorrer mais de um ano sem que se promovam os termos do incidente.

4 — A deserção é julgada no tribunal onde se verifique a falta, por simples despacho do juiz ou do relator.

1. Ocupa-se este artigo do fenómeno da deserção.

A nossa legislação processual anterior ao Código de 1939 não conhecia a figura da deserção.

Foi o Ministro Manuel Rodrigues quem propôs a inovação, por uma razão de ordem prática: não ser conveniente que os processos,

Capítulo II — Da instância

ART. 291.º

cuja instância estivesse interrompida, ficassem pendentes nas secções por tempo indefinido.

A inércia das partes produz a interrupção da instância nos termos do art. 285.º (por um ano e dia); essa interrupção, qualificada pela circunstância de durar cinco anos, determina a extinção da instância por deserção.

A razão então invocada já não seria hoje inteiramente válida dado que o art. 24.º, n.º 1, alínea c) de L.O.S.R., dispõe que se consideram findos, para efeitos de arquivo, os processos em que se verifique a interrupção da instância. Mas o preceito mantém-se e a deserção continua a ser causa de extinção da instância.

2. São importantes as modificações introduzidas no correspondente preceito do código anterior.

Realmente, hoje a deserção, na 1.ª instância, opera de direito, como efeito necessário do escoamento do respectivo prazo, ao contrário do que sucedia no Código de 1939, em que dependia de declaração judicial por despacho.

Foi o Relator da Comissão Revisora desta parte do código quem propôs a inovação, sem todavia ter logrado convencer os restantes membros da mesma Comissão, a quem parecia inconveniente deixar em aberto a questão de saber se a instância se extinguira ou não [73].

Na revisão ministerial triunfou a proposta do Relator, pela consideração de ser o prazo fixado pela nossa lei de processo para a deserção da instância mais longo do que o estabelecido no comum das legislações para o mesmo instituto ou instituto correspondente [74].

O código brasileiro (art. 201.º, V) prevê que a instância se extinga quando, por não promover os actos e diligências que lhe cumprir, o autor abandonar a causa por mais de trinta dias, o que parece um regime muito mais rigoroso do que o nosso; deve, porém, ponderar-se que essa extinção depende de requerimento do réu e só se efectiva por decisão judicial que absolva este da instância.

No direito italiano também se prevê a extinção do processo por inactividade das partes por 1 ano (art. 307.º), mas a extinção deve ser excepcionada pela parte interessada e depende de declaração

---

[73] *Projectos de Revisão*, III, pág. 58.
[74] *Bol. Min. Just.*, n.º 122, pág. 93.

ART. 291.º   *Livro III, Título I — Das disposições gerais*

judicial. O facto de, no respectivo preceito, se ter disposto que «a extinção opera de direito», só tem o propósito de significar que a ineficácia dos actos praticados no processo se produz desde o momento em que se verifica a causa da extinção, e não desde o momento em que ela foi declarada [75].

No direito espanhol admite-se a caducidade da instância, por inactividade voluntária das partes, por 4 anos, se o processo se encontrar na primeira instância; durante 2 anos se se encontrar na segunda; e por 1 ano, se estiver em recurso de cassação. Não depende de requerimento, mas tem de ser declarada judicialmente, depois de prévia informação do funcionário respectivo (secretário).

O sistema português, agora adoptado, de fazer extinguir a instância sem decisão judicial, declarativa ou constitutiva, é, tanto quanto nos foi possível averiguar, inteiramente original.

Em boa verdade preferíamos a solução anterior.

Sem decisão, com trânsito, a declarar extinta a instância, há-de pairar sempre a incerteza sobre a sobrevivência daquela relação processual.

Se o autor da primeira acção propuser outra contra o mesmo réu, não será impossível, nem sequer improvável, que veja esta prejudicada pela invocação da excepção da litispendência, fundada em que a inactividade das partes, que teria produzido a suposta deserção, foi, afinal, devida a facto independente da vontade dos litigantes, e teremos, deste modo, aberta de novo, e com decisão imprevisível, uma questão que podia, e devia, ter ficado definitivamente arrumada a seu tempo.

Quanto a custas, o problema, que era relativamente árduo em face da antiga regulamentação, deixou agora de ter interesse. Uma vez que não há decisão, não haverá lugar a condenação em custas. Depois de o processo ter estado parado durante 3 meses por inércia das partes, será remetido à conta, nos termos do n.º 2 do art. 51.º do Código das Custas; quando chegar o momento da deserção já o processo estará no arquivo e não há custas a apurar.

3. O acórdão do Supremo Tribunal de Justiça, de 15 de Julho de 1969 (*Bol. Min. Just.,* 189.º-232), decidiu que se a deserção tiver lugar após o oferecimento da contestação e não obtiver a aceitação do réu, tudo se passa como se o autor houvesse desistido do pedido.

---

[75] Carnelutti, *Instituciones,* vol. 2.º, pág. 177.

Capítulo II — Da instância **ART. 291.º**

Para chegar a esta conclusão o aresto citado argumentou assim: «a deserção não é senão uma desistência tácita da instância e, por isso, deve estar sujeita às mesmas regras legais da desistência expressa, sob pena de grave incongruência da lei que permitiria por via indirecta aquilo que não permite directamente. Na verdade, o n.º 1 do art. 296.º do Código de Processo Civil não admite a desistência da instância após o oferecimento da contestação sem acordo do réu e, por isso, depois desse momento só pode desistir-se do pedido, se o réu não aceitar a desistência da instância, como no caso. Deste modo, como a interrupção da instância durante mais de dois anos origina necessariamente a deserção e esta equivale à desistência, segue-se que, se tiver lugar após o oferecimento da contestação e não obtiver a aceitação do réu, tudo se passa como se o autor houvesse desistido do pedido. No art. 300.º do Código de Processo Civil de 1939 estava expresso que, se a desistência da instância tivesse lugar passados oito dias sobre a notificação do despacho saneador, teria o mesmo efeito que a desistência do pedido. Não se permitindo agora a desistência da instância depois do oferecimento da contestação sem a aceitação do réu, toda e qualquer desistência sem essa aceitação após aquele momento, ainda que tácita, tem de equivaler à desistência do pedido».

Não nos parece aceitável esta proposição.

Em primeiro lugar porque se nos afigura errónea a doutrina que vê na deserção uma renúncia presumida ou tácita à lide. O fundamento da deserção é o facto *objectivo* da inactividade prolongada, e a sua razão de ser é o interesse do Estado em libertar os seus órgãos jurisdicionais de se pronunciarem sobre a demanda e da obrigação de praticarem os demais actos que decorrem da existência de uma relação processual que, durante determinado prazo, está paralisada por falta de impulso da parte interessada no seu desenvolvimento; a desistência da instância pressupõe, pelo contrário, uma declaração de vontade dirigida a pôr fim à relação processual sem emissão de uma sentença de fundo, isto é, de um facto marcadamente subjectivo.

E que foi exactamente propósito do legislador português consagrar a tese de que o fundamento da deserção tem carácter objectivo, resulta do que, a esse respeito, escreveu o ilustre autor do Projecto do Código de 1939: «Pouco importa (...) a vontade real ou presumida das partes; para que se produza o efeito atribuído à deserção basta o *facto objectivo* da inércia durante o período de tempo fixado na lei». «... ao justificar a sua proposta para a criação

ART. 291.º *Livro III, Título I — Das disposições gerais*

da figura da deserção, o Ministro da Justiça, fê-lo (...) nestes termos: «a razão está em não ser conveniente *para a boa ordem dos serviços* que no tribunal existam processos sem solução alguma e por espaço tão longo». Não é, pois, a presunção de abandono o fundamento da deserção; é o interesse do serviço» [76].

Resulta do exposto que sendo a *deserção* e a *desistência da instância* fenómenos processuais diferentes, com natureza própria e finalidades distintas, não é lícito tratar um deles com a regulamentação que o legislador ditou para o outro.

Mesmo, porém, que assim não fosse, isto é, ainda que se pudesse admitir o tratamento analógico em que se fundou aquela decisão, a verdade é que a aplicação do n.º 1 do art. 296.º à hipótese da deserção só levaria a concluir que a deserção verificada depois do oferecimento da contestação seria inoperante, e nunca a de que ela equivaleria ou significaria desistência do *pedido*. Com efeito se, com apoio em tal preceito, a desistência da instância, a partir desse momento, *depende* da aceitação do réu, o que significa que só produz efeitos com a aquiescência deste, é claro que dar à deserção, operada nas mesmas circunstâncias, o valor de desistência do pedido, é emprestar-lhe um efeito novo, que nenhum preceito legal consente, revogado como se encontra o art. 300.º do código de 1939.

A verdade é que a deserção é uma das causas de extinção da instância e só desta; os efeitos que produz só se reflectem directamente na relação jurídica processual, sem produzir qualquer efeito no direito material controvertido. Os próprios casos de caducidade e de prescrição, a que alude o acórdão em referência, não são afectados pelo facto da deserção; o decurso dos prazos respectivos é que pode sofrer influência do estado da *interrupção* da instância, mas trata-se então, como parece manifesto, de situações completamente diferentes.

4. Os n.os 2, 3 e 4 ocupam-se da deserção da instância operada na fase de recurso.

As suas causas são: a falta de alegação do recorrente, e a inércia das partes que determinem a paragem do processo por mais de um ano.

As modificações sofridas pela norma, relativamente ao Código de 39, consistiram na inclusão da falta (total) da alegação do recorrente como causa da deserção da instância e na declaração

---

[76] *Comentário,* vol. III, pág. 439.

Capítulo II — Da instância   **ART. 292.º**

expressa de que esse julgamento se deve fazer no tribunal onde a falta se verifique, regulamentação que faltava no código anterior, o que levava a mandar subir agravos sem alegação, na certeza antecipada de que seriam julgados desertos, por esse fundamento, no tribunal superior.

Do confronto destes números com o número um revela-se, desde logo, uma diferença importante: enquanto na primeira instância a deserção não depende de declaração jurisdicional, na fase de recurso é necessário despacho que a declare.

As custas da deserção ficam sempre a cargo do recorrente. Ver, quanto a taxas, os arts. 19.º, n.º 1 e 85.º, n.º 3 do Cód. Custas.

5. Onde se apresenta muito diferenciado o regime da deserção verificada na primeira instância ou na fase de recurso é quanto aos efeitos que produz. No primeiro caso a deserção determina a extinção da instância, como é expressa em declará-lo a alínea *c)* do art. 287.º; no segundo caso o único efeito que se produz é o do abandono do recurso, obtendo trânsito em julgado a decisão recorrida. A razão desta diferença está em que, embora conceitualmente a instância seja uma só em relação a cada demanda, o legislador considera que a parte do desenvolvimento processual respeitante ao recurso se apresenta, para efeitos de deserção, como um novo ramo independente da instância processual. A deserção do recurso equivale, nestes termos, à falta da sua interposição. Há, porém, uma hipótese, figurada por Alberto dos Reis, em que a aplicação deste enunciado simplista encontra sérias dificuldades. Convém examiná-lo. É o caso de o Supremo ter anulado o acórdão da Relação, mandando baixar o processo, de harmonia com o disposto no n.º 2 do art. 731.º, para se fazer a reforma, e nessa fase ocorrer a deserção. Parece que, em tal caso, a deserção não deve atingir o acórdão do Supremo, que já transitou; e como de tal trânsito resulta a anulação do julgado em 2.ª instância e a nova pendência da causa na Relação, tudo se passa como se a deserção operasse antes de ser conhecido pela primeira vez o recurso. A decisão que se mantém é, então, a da primeira instância.

ARTIGO 292.º

(Renovação da instância)

1 — Quando haja lugar a cessação ou alteração da obrigação alimentar judicialmente fixada, é o respectivo

ART. 293.º *Livro III, Título I — Das disposições gerais*

pedido deduzido como dependência da causa principal, seguindo-se, com as adaptações necessárias, os termos desta, e considerando-se renovada a instância.

2 — O disposto no número anterior é aplicável aos casos análogos, em que a decisão proferida acerca de uma obrigação duradoura possa ser alterada em função de circunstâncias supervenientes ao trânsito em julgado, que careçam de ser judicialmente apreciadas.

Este preceito é novo. Foi introduzido no código pelo Dec.-Lei n.º 329-A/95, com redacção do Dec.-Lei n.º 180/96. Mas a ideia é antiga e foi tratada no art. 671.º, n.º 2 do diploma original, a propósito do princípio da imutabilidade do caso julgado, a que abrem excepção as decisões que se entende valerem apenas enquanto se conservarem os pressupostos de facto que as justificam. É paradigmático o caso da acção de alimentos. Segundo dispõe o art. 2012.º do Código Civil se, depois de fixados os alimentos pelo tribunal ou por acordo dos interessados, as circunstâncias determinantes da sua fixação se modificarem, podem os alimentos taxados serem reduzidos ou aumentados conforme os casos. É para hipóteses como esta que se redigiu o preceito em apreço: o interessado na alteração da decisão não tem de propor uma *nova demanda*, vem deduzir esse pedido por apenso à causa onde os alimentos foram concedidos, e a instância só com isso considera-se *renovada*.

É de aplaudir esta solução que, todavia, não me parece que possa abranger o caso de as alterações produzirem mudança do obrigado a cumprir.

ARTIGO 293.º

(Liberdade de desistência, confissão e transacção)

1 — O autor pode, em qualquer altura, desistir de todo o pedido ou de parte dele, como o réu pode confessar todo ou parte do pedido.

2 — É lícito também às partes, em qualquer estado da instância, transigir sobre o objecto da causa.

1. Segundo dispõe a alínea *d)* do art. 287.º a desistência, a confissão e a transacção funcionam como causas de extinção da instância.

Capítulo II — Da instância **ART. 293.º**

A desistência pode ser da instância ou do pedido (art. 295.º); no primeiro caso significa a renúncia do autor ao meio processual que empregou; no segundo, a renúncia à própria pretensão apresentada, o reconhecimento de não lhe pertencer o direito material que invocara em juízo.

A confissão do pedido consiste no reconhecimento, feito pelo réu, do direito que o autor pretende fazer valer por meio da acção. Não deve confundir-se a confissão do pedido com a confissão-meio de prova a que alude o art. 352.º do Código Civil.

Tanto a desistência do pedido como a confissão deste são actos jurídicos unilaterais. A desistência da instância, requerida depois do oferecimento da contestação é um negócio jurídico bilateral (art. 296.º, n.º 1).

A transacção é, na definição do nosso Código Civil, o contrato pelo qual as partes previnem ou terminam um litígio mediante recíprocas concessões (art. 1248.º, n.º 1).

Todas as formas acima referidas podem produzir extinção total ou parcial do pedido ou da instância, ou a sua modificação.

2. A expressão «em qualquer altura», significa em qualquer estado da causa, enquanto não houver sentença com trânsito que ponha termo à instância ([77]).

3. Será este preceito aplicável à acção executiva?

Parece que há necessidade de fazer uma distinção. Se a actuação do direito que se diz violado, e cuja reparação se procura, for impugnada, designadamente pela via dos embargos, não parece duvidoso que na instância executiva se enxerta outra instância, de carácter declarativo; então o problema resolve-se por si mesmo, uma vez que a incerteza do direito é em tudo análoga à da acção declarativa. Se a execução se mantiver, porém, dentro da sua finalidade específica — a da reparação do direito já declarado — a dificuldade há-de resolver-se atendendo à natureza das próprias desistência, confissão e transacção.

Dissemos que a desistência representa a renúncia, por parte do autor, ao meio processual usado (da instância) ou à pretensão (do pedido). Em face deste conceito nada impede que o exequente use de tal faculdade, quer em relação à instância, quer em relação ao

---

([77]) Acs. S.T.J., de 23/7/74, no *B.M.J.*, n.º 239, pág. 158; e de 17/6/87, no *B.M.J.*, n.º 368, pág. 508.

ART. 294.º   *Livro III, Título I — Das disposições gerais*

pedido. O actual código é expresso em reconhecer esta solução, como se vê no art. 918.º, embora faça depender da aceitação do embargante a desistência da instância, quando esta for requerida depois de deduzidos os embargos.

Relativamente à confissão do pedido e à transacção as coisas apresentam-se de modo inteiramente diferente.

Na acção executiva o direito que o exequente pretende fazer valer resulta do título que serve de suporte à execução; arredado o caso de oposição por embargos, o reconhecimento que o executado faça da existência desse direito é perfeitamente redundante; a confissão do pedido não pode ser admitida.

De igual forma, quer-nos parecer que é inaplicável à execução propriamente dita a figura da transacção judicial. Esta pressupõe a existência de pretensões ainda não judicialmente reconhecidas, em relação às quais a autocomposição das partes vai funcionar como substitutivo da sentença de mérito da acção declarativa. Este figurino não se ajusta à relação processual nascida já na fase posterior à da declaração do direito e que visa só à sua reparação. Dir-se-á que, na prática, o exequente pode estar interessado em renunciar a parte do seu direito em troca de certas vantagens, como a de um pagamento imediato, a da entrega de certas coisas ou a da satisfação de determinados encargos. É verdade. O exequente e o executado poderão contratar, entre si, o que lhes aprouver quanto ao cumprimento da obrigação, modificando-a, transformando-a ou extinguindo-a; simplesmente não estarão, nesse caso, compondo um litígio, e esse é que é, a nosso ver, o verdadeiro objecto da transacção.

ARTIGO 294.º

(Efeito da confissão e da transacção)

A confissão e a transacção modificam o pedido ou fazem cessar a causa nos precisos termos em que se efectuem.

Os efeitos da desistência vêm referidos no art. 295.º.

Quanto à confissão e à transacção desde sempre se entendeu que, uma vez homologadas, têm a força de caso julgado ([78]); o que

---

([78]) Pereira e Sousa, *Primeiros Linhas,* §§ 129 e 203; Coelho da Rocha, *Instituições,* §§ 177 e 748.

Capítulo II — Da instância   **ART. 295.º**

as partes acordarem ou o réu confessar tem a eficácia e o âmbito de uma decisão judicial sobre o litígio.

ARTIGO 295.º

(Efeitos da desistência)

1 — A desistência do pedido extingue o direito que se pretendia fazer valer.

2 — A desistência da instância apenas faz cessar o processo que se instaurara.

1. O artigo refere os efeitos que decorrem da desistência. Se a desistência é do pedido, como ela significa renúncia à pretensão do autor, fica extinto o direito material que este pretendia fazer valer. A renúncia do autor preenche aqui o espaço normalmente ocupado pela actividade judicial na averiguação dos factos e na aplicação do direito. Em suma: a acção improcede porque o autor reconhece não lhe assistir direito à sentença de mérito que pretendia. É claro que, nestes termos, para ser admissível a desistência do pedido é necessário que não tenha carácter de indisponível o direito material controvertido. Se o direito é indisponível, a desistência não é de admitir, como claramente resulta do disposto no n.º 1 do art. 299.º.

Também se não aplica o preceito quando a acção tem por objecto não o reconhecimento de um direito, mas permitir a um determinado interessado o exercício do seu próprio direito, como acontece na notificação para preferência [79].

Quanto ao reflexo sobre a reconvenção, veja-se o art. 296.º, n.º 2.

2. A desistência da instância representa o abandono, por parte do autor, da relação processual, mas não da pretensão apresentada, que continua a poder fazer valer noutro processo com idêntico conteúdo. Daí resulta que o seu efeito se faz repercutir apenas no processo *instaurado*.

O Código de 1939 prescrevia, no artigo correspondente a este, que a desistência da instância que tivesse lugar mais de 8 dias passados sobre a notificação do despacho saneador tinha o mesmo efeito que a desistência do pedido.

---

[79] A. dos Reis, *Comentário,* vol. 3.º, págs. 478.

ART. 296.º *Livro III, Título I — Das disposições gerais*

Desapareceu — e bem — a distinção, que era artificiosa e que nem a razão histórica já justificava.

A desistência da instância é livre até ao oferecimento da contestação; depois desse acto depende da aceitação do réu (art. 296.º, n.º 1). Sempre que for de admitir, produz o mesmo efeito: a cessação do processo. Se depender de aceitação do réu e este a não aceitar, não poderá ser considerada.

ARTIGO 296.º

(Tutela dos direitos do réu)

1 — A desistência da instância depende da aceitação do réu, desde que seja requerida depois do oferecimento da contestação.

2 — A desistência do pedido é livre, mas não prejudica a reconvenção, a não ser que o pedido reconvencional seja dependente do formulado pelo autor.

1. O artigo delimita a repercussão da desistência, quer a da instância, quer a do pedido, em atenção aos direitos processuais da parte contrária.

A desistência da instância é livre até ao momento da contestação; oferecida esta, depende de aceitação do réu.

Porquê esta distinção? A razão está na natureza de relação jurídica processual, na qual ocupam a posição de sujeitos tanto o autor como o réu, interessando a ambos a obtenção de uma sentença de mérito. O que parece, de harmonia com o disposto no n.º 2 do art. 267.º, é que a exigência da aceitação devia fazer-se logo a partir da citação do réu. O nosso legislador deve-se ter deixado influenciar por razões de ordem prática, que todavia não parecem inteiramente atendíveis. Não é de excluir a hipótese de a falta de contestação do réu resultar exactamente da circunstância de este ter verificado que o autor elaborara a petição por forma que comprometeria insanavelmente a sua posição no pleito; permitir ao autor a desistência livre da instância é consentir-lhe remediar o erro, com desvantagem para o seu antagonista.

2. A desistência do pedido deixa intacta a reconvenção; só a afecta quando o pedido reconvencional é dependente do pedido formulado pelo autor.

— 72 —

Capítulo II — Da instância **ART. 297.º**

O art. 301.º do código anterior prescrevia: A desistência do pedido é livre, mas não prejudica, em regra, a reconvenção.

Entendeu-se preferível agora dizer «explicitamente qual é o condicionalismo que arrasta na queda do pedido, resultante da desistência, o próprio pedido reconvencional» ([80]).

Deve entender-se que o pedido reconvencional é dependente do pedido do autor quando aquele só puder ser conhecido no caso deste proceder.

3. A desistência do pedido da acção impedirá o conhecimento do pedido de indemnização, formulado contra o autor, como litigante de má fé? Cremos que não, desde que o processo já forneça todos os elementos para tal necessários.

ARTIGO 297.º

(Desistência, confissão ou transacção das pessoas colectivas, sociedades, incapazes ou ausentes)

Os representantes das pessoas colectivas, sociedades, incapazes ou ausentes só podem desistir, confessar ou transigir nos precisos limites das suas atribuições ou precedendo autorização especial.

A desistência, a confissão e a transacção são livremente permitidas, dentro das limitações legais, aos titulares dos direitos da acção. Essa permissão pressupõe, porém, capacidade jurídica para contratar. Logicamente, os representantes das pessoas colectivas e dos incapazes que sejam partes principais no processo só são admitidos a praticar tais actos quando eles estejam abrangidos nas suas atribuições; sendo necessária autorização é preciso que ela se mostre concedida.

É assim, por exemplo, que o tutor não pode negociar transacção relativa aos actos referidos nas alíneas a) a i) do n.º 1 do art. 1887.º do Código Civil, sem autorização do tribunal [Cód. Civ., art. 1938.º, n.º 1, a)].

([80]) *B.M.J.,* n.º 122, pág. 95.

ART. 299.º   *Livro III, Título I — Das disposições gerais*

ARTIGO 298.º

(Confissão, desistência e transacção no caso de litisconsórcio)

1 — No caso de litisconsórcio voluntário, é livre a confissão, desistência e transacção individual, limitada ao interesse de cada um na causa.

2 — No caso de litisconsórcio necessário, a confissão, desistência ou transacção de algum dos litisconsortes só produz efeitos quanto a custas.

1. Sobre *litisconsórcio* veja-se o que escrevemos no 1.º volume, em anotação aos arts. 27.º a 29.º.

2. O preceito do art. 298.º faz uma aplicação directa do que estabelece o art. 29.º.

Como no litisconsórcio voluntário há uma simples acumulação de acções, conservando cada litigante uma posição de independência em relação aos seus compartes, a autocomposição que estabeleça com a parte contrária diz respeito somente à acção que separadamente podia ter proposto. Neste caso, por isso, a desistência e a confissão produzem sempre uma redução no objecto da causa, ocasionando-a, também, normalmente, a transacção.

No litisconsórcio necessário, porque há uma única acção com pluralidade de sujeitos, a desistência e a confissão de um dos compartes, assim como a transacção com ele efectuada, não produzem quaisquer efeitos, quer sobre a relação jurídica material, quer mesmo quanto à subsistência da relação processual. O único efeito é este: o desistente, transigente ou confitente deixa de ter qualquer responsabilidade pelas custas dos actos subsequentes.

ARTIGO 299.º

(Limites objectivos da confissão, desistência e transacção)

1 — Não é permitida confissão, desistência ou transacção que importe a afirmação da vontade das partes relativamente a direitos indisponíveis.

2 — É livre, porém, a desistência nas acções de divórcio e de separação de pessoas e bens.

1. A *desistência* a que se refere o preceito é a desistência do pedido. A desistência da instância, reflectindo os seus efeitos apenas sobre o *processo*, escapa inteiramente a esta regulamentação.

— 74 —

Capítulo II — Da instância **ART. 299.º**

2. Há relações jurídicas subtraídas ao domínio da vontade das partes, ou por expressa disposição da lei ou por sua própria natureza. Da primeira espécie são exemplificativos os casos previstos nos arts. 182.º, 1103.º, 1556.º, 1564.º e 2042.º do Código Civil; da segunda, as questões que afectam o estado civil das pessoas. É ao direito substantivo que tem de pedir-se a regra ou o conceito que há-de decidir da indisponibilidade dos direitos em causa.

É manifesto que não podendo os interessados obter, por via negocial, a modificação de qualquer dos direitos considerados indisponíveis, era forçoso proibir-lhes a obtenção do mesmo resultado através do processo indirecto da desistência do pedido, da confissão ou da transacção judicial. Foi isso o que se pretendeu alcançar com a formulação da presente norma.

3. A aplicação do correspondente artigo do código anterior, a acções tendo por objecto relações jurídicas indisponíveis por natureza, deu lugar a algumas dúvidas, que interessa considerar em face do preceito actual.

A primeira consistia em saber se seria juridicamente válida a desistência do pedido em acção de divórcio. O art. 18.º da chamada Lei do Divórcio (Dec. de 3 de Novembro de 1910) permitia a desistência do pedido nestas acções, mas entendia-se, e bem, que o preceito, nessa parte, se devia julgar revogado pelo art. 3.º do Decreto-Lei n.º 29 637, que aprovara o Código de 1939. No entanto, permitindo a mesma lei (citado artigo) a reconciliação dos cônjuges, a maioria dos sufrágios era no sentido de que a desistência do pedido era, nessas acções, admissível [81]. Foi a solução legislativa que veio a ser consagrada no n.º 2 deste art. 299.º.

Outra questão que se tem posto é a de saber se o autor poderá desistir do pedido nas acções de investigação de paternidade. Parece-nos claro que não pode. Neste sentido se tem manifestado a maior parte da doutrina portuguesa [82]. Desistindo do pedido o autor renunciaria ao direito de investigar a paternidade, que é, por

---

[81] A. Reis, *Comentário,* vol. 3.º, pág. 521; Andrade, *Lições,* pág. 531; Ac. da Rel. Porto, de 8/2/1957, *in Jur. Rel.,* 3.º-200.

[82] Vaz Serra, *A investigação de paternidade ilegítima,* pág. 122; Cunha Gonçalves, *Tratado,* vol. 2.º, pág. 126; Simões Correia, *Da investigação de paternidade ilegítima,* pág. 181; Vítor Nunes, *Comentário à lei de protecção dos filhos,* 2.ª ed., pág. 601; Andrade, *Lições,* pág. 556; Alberto dos Reis, *Comentário,* vol. 3.º, pág. 523.

ART. 299.º   *Livro III, Título I — Das disposições gerais*

natureza indisponível, isto é, obteria, por via judicial, um efeito que a sua vontade, por acto extrajudicial não era capaz de produzir.

A solução contrária foi incidentalmente sustentada pela *Revista de Legislação e de Jurisprudência* [83] e teve o seu mais destacado propugnador em Paulo Cunha [84]. Não obstante a autoridade de onde emana, não parece de seguir. O argumento da *Revista* decana, no sentido de que a vindicação do estado, sendo um acto que só ao filho interessa, e que só este pode exercer, pode por ele ser renunciado tacitamente pela não propositura da acção, e daí que também o possa renunciar expressamente, depois da acção proposta, impressiona mediocremente. Confunde exercício do direito de acção e renúncia de direitos. Não propondo a acção, o interessado não se aproveita de uma faculdade legal; renunciando ao direito ao estado, pretende operar uma modificação numa relação jurídica que está subtraída, por natureza, aos efeitos operantes da sua vontade. De resto, a admissão desse argumento, uma vez que o exercício do direito de acção é sempre, para os particulares, facultativo, conduziria, em linha recta, à absurda conclusão de que a desistência do pedido seria sempre de admitir e que o art. 299.º ficaria, nessa parte, esvaziado de conteúdo. Por sua vez a distinção que, com o mesmo propósito, faz Paulo Cunha entre *estado e acção,* para concluir que sendo a acção apenas a disposição de um meio técnico, de uma via prática para a eventual determinação de um estado civil actualmente inexistente, renunciar à acção não é renunciar ao estado, é demasiado especiosa e está em oposição directa ao nosso sistema legal, que dá, em todos os casos, à desistência do pedido virtualidade extintiva do direito material que se pretendia fazer valer.

Não obstante o valor, que nos parece incontroverso, dos argumentos que ficam esboçados, a verdade é que os nossos tribunais superiores chegaram a deixar-se impressionar pela tese da admissibilidade da desistência nas acções desta natureza [85]. Sempre combatemos esse entendimento [86]. Depois vimos, com satisfação, firmar-se a jurisprudência do Supremo no sentido que temos propugnado, declarando inadmissível a desistência do pedido nas

---

[83] Ano 42.º, pág. 279.

[84] *O Direito,* ano 65.º, págs. 226 e segs.

[85] Acs. da Relação do Porto, de 24 de Fevereiro de 1951 e de 11 de Novembro de 1953, na *Rev. Trib.,* ano 69.º, pág. 220 e ano 73.º, pág. 54.

[86] *Escritos Forenses,* pág. 71.

Capítulo II — Da instância ART. 300.º

acções de investigação de paternidade ilegítima [87]. Esta posição não exclui a admissibilidade da desistência da instância, ou mesmo do pedido quando esta for restrita aos efeitos exclusivamente patrimoniais, desde que o facto não envolva renúncia a herança de pessoa viva.

E quanto à confissão? Poderá o réu confessar o pedido? Há que distinguir. Se a acção é movida contra o pretenso pai, uma vez que a este é lícito, em qualquer momento, fazer o reconhecimento extrajudicial do autor, perfilhando-o, não se vê razão alguma para não o admitir a confessar a acção. Aqui o meio judicial não faculta a produção de um resultado que não possa ser conseguido pela simples manifestação da vontade [88]. Se, porém, a acção estiver pendente contra os herdeiros ou representantes do pretenso pai, como a esses representantes não é permitido fazer a perfilhação, também eles não devem ser admitidos a confessar o pedido.

ARTIGO 300.º

(Como se realiza a confissão, desistência ou transacção)

1 — A confissão, desistência ou transacção pode fazer-se por documento autêntico ou particular, sem prejuízo das exigências de forma da lei substantiva, ou por termo no processo.

2 — O termo é tomado pela secretaria a simples pedido verbal dos interessados.

3 — Lavrado o termo ou junto o documento, examinar-se-á se, pelo seu objecto e pela qualidade das pessoas que nela intervieram, a confissão, desistência ou transacção é válida, e, no caso afirmativo, assim será declarado por sentença, condenando-se ou absolvendo-se nos seus precisos termos.

4 — A transacção pode também fazer-se em acta, quando resulte de conciliação obtida pelo juiz. Em tal caso, limitar-se-á este a homologá-la por sentença ditada para a acta, condenando nos respectivos termos.

---

[87] Acs. de 25 de Janeiro de 1963 (*Bol. Min. Just.,* 123.º-536; *Rev. Leg. Jur.,* 96.º-251); de 8 de Fevereiro de 1963 (*Bol. Min. Just.,* 128.º-505.º); de 9 de Julho de 1963 (*Rev. Leg. Jur.,* 98.º-118; *Bol. Min. Just.,* 129.º-376); de 6 de Junho de 1967 (*Bol. Min. Just.,* 168.º-289).

[88] *B.M.J.,* n.º 122, pág. 97.

ART. 300.º   *Livro III, Título I — Das disposições gerais*

1. A confissão, a desistência ou a transacção podem fazer-se no processo a que respeitarem, ou fora dele. No primeiro caso revestem a forma de termo, devendo observar-se o que preceituam os arts. 161.º a 164.º; no segundo caso hão-de constar de documento autêntico ou particular, sem prejuízo das leis de forma substantiva.

Operou-se, nesta matéria, uma simplificação útil. No Código de 1939 estava previsto que a parte devia manifestar ao juiz, em requerimento, o seu desejo de desistir, confessar ou transigir e era o juiz que designava o prazo dentro do qual deveria ser tomado o termo. Agora os desistentes, transaccionantes ou confitentes, dirigir-se-ão directamente à secretaria, onde o funcionário judicial, logo que possa lavrará o correspondente termo. Não tem o funcionário judicial que se preocupar com a qualidade dos intervenientes, nem com a substância da declaração feita. Só ao juiz incumbe pronunciar-se sobre a validade do acto.

O que o funcionário tem, desde logo, que acautelar é a observância dos requisitos formais.

A validade em relação ao objecto consiste em não haver infracção do disposto no art. 299.º; em relação à qualidade das pessoas depende de serem estas os titulares dos respectivos direitos, agindo com capacidade, ou não o sendo, do facto de estarem devidamente representados, e os representantes habilitados com as autorizações legais necessárias para a prática do acto.

Sendo válida a confissão, desistência ou transacção, o juiz assim o declarará por *sentença de mérito,* nesse sentido se devendo compreender a referência feita pelo preceito a condenar ou a absolver. Somente, neste caso, o juiz está estritamente ligado à vontade expressa pelas partes; o conteúdo da sentença tem de coincidir, em tudo, com essa vontade, declarada no termo ou na escritura. Nem por isso, contudo, tais actos devem ser considerados exclusivamente negociais e a actividade do juiz puramente administrativa. São actos também processuais, e a influência que exercem no direito substantivo resulta directamente da declaração jurisdicional operada pela sentença.

A declaração, no processo, da nulidade da confissão, desistência ou transacção faz-se por simples despacho.

2. O n.º 4 contém igualmente uma ligeira modificação.

Entendia-se, à face do código velho, que estariam dispensadas de homologação as transacções obtidas pelo juiz nas audiências preparatórias em que fosse de tentar a conciliação das partes.

— 78 —

Capítulo II — Da instância   **ART. 301.º**

Razões dessa prática: em primeiro lugar considerar-se absurdo que o juiz aderisse, mandando-a consignar na acta, a uma transacção que não fosse válida pelo seu objecto ou pela qualidade das pessoas; em segundo lugar o argumento extraído da conciliação prévia, expressamente regulada por esse código, que se realizava sob a presidência do juiz de paz e para a eficácia da qual a lei não exigia homologação.

Estes argumentos deixaram hoje de ser invocáveis.

A transacção, mesmo obtida pelo juiz, carece de ser homologada, por sentença, que este ditará imediatamente para a acta da audiência, ou para o auto da diligência no decurso da qual venha, por ventura, a verificar-se (inspecção ao local, arbitramento, etc.).

ARTIGO 301.º

(Nulidade e anulabilidade da confissão, desistência ou transacção)

1 — A confissão, a desistência e a transacção podem ser declaradas nulas ou anuladas como os outros actos da mesma natureza, sendo aplicável à confissão o disposto no n.º 2 do artigo 359.º do Código Civil.

2 — O trânsito em julgado da sentença proferida sobre a confissão, desistência ou transacção não obsta a que se intente a acção destinada à declaração de nulidade ou à anulação de qualquer delas, sem prejuízo da caducidade do direito a esta última.

3 — Quando a nulidade provenha unicamente da falta de poderes do mandatário judicial ou da irregularidade do mandato, a sentença homologatória é notificada pessoalmente ao mandante, com a cominação de, nada dizendo, o acto ser havido por ratificado e a nulidade suprida; se declarar que não ratifica o acto do mandatário, este não produzirá quanto a si qualquer efeito.

1. A confissão, a desistência e a transacção, como já frisámos, são verdadeiros actos jurídicos sujeitos, na sua natureza, à disciplina do direito substantivo. A sua anulação pode, pois, obter-se nos mesmos termos em que pode conseguir-se a dos outros actos jurídicos, como expressamente se determina neste preceito (Cód. Civ., arts. 285.º a 295.º).

ART. 301.º *Livro III, Título I — Das disposições gerais*

A Comissão Revisora propusera a fixação de um prazo de ano para a propositura da acção de revogação, a partir do conhecimento do vício. A proposta não foi aceite. Entendeu-se que a fixação do início do prazo para a anulação não era necessária, sendo caso de aplicar os princípios gerais.

2. Declarada nula ou anulada a confissão, a desistência ou a transacção em que a sentença se funda, a decisão transitada que tal decida serve de base ao recurso de revisão, nos termos da alínea *d)*, do art. 771.º.

Esse preceito, porém, considera igualmente fundamento desse recurso, na sua alínea *e)*, a nulidade da confissão, desistência ou transição, por violação dos arts. 37.º e 297.º, sem prejuízo do disposto no n.º 3 do art. 301.º.

Esta duplicação de causas ou fundamentos do recurso de revisão deu lugar, na doutrina, a algumas divergências, que com a redacção actual dos preceitos aplicáveis se julga terem sido dissipadas.

Convém fazer a distinção.

A validade da confissão, desistência ou transacção é afectada pela existência de qualquer dos vícios que determinam a nulidade ou a anulação dos negócios jurídicos? A nulidade tem de ser declarada por meio de acção, e só depois de obtida a sentença, com trânsito, é que se pode, com base nela, requerer a revisão [art. 301.º, n.º 1, e art. 771.º, alínea *d)*].

A nulidade da confissão, desistência ou transacção resulta da inobservância do disposto nos arts. 37.º (falta de poderes especiais do mandatário judicial) e 297.º (falta de poderes do representante da parte)?. O meio a empregar para anulação é directamente o recurso de revisão, mas a nulidade, quando resulta da falta ou irregularidade do mandato (art. 37.º) considera-se suprida quando, tendo a sentença homologatória sido notificada ao mandante, este nada disser (art. 301.º, n.º 3).

CAPÍTULO III
Dos incidentes da instância

SECÇÃO I
Disposições gerais

ARTIGO 302.º
(Regra geral)

Em quaisquer incidentes inseridos na tramitação de uma causa observar-se-á, na falta de regulamentação especial, o que vai disposto nesta secção.

1. Os arts. 302.º a 304.º contêm regras gerais aplicáveis a todos os incidentes da instância.

2. É doutrinalmente incerto o conceito de *incidente* e mais indeterminado ainda o critério a que deve obedecer a classificação dos vários incidentes de processo ou causas incidentais.

No nosso antigo direito o *artigo,* como então se denominava, não constituía uma figura processual própria, sendo tratado a propósito das sentenças interlocutórias, considerando-se assim aquelas que o decidiam. Os *artigos*, por sua vez, classificavam-se em *incidentes,* quando ocorriam antes da litiscontestação, e em *emergentes* quando ocorriam depois dela [89]. O termo *incidente* veio gradualmente a ganhar maior âmbito de aplicação e a identificar--se quase por completo com o de *questão incidental,* isto é, questão surgida durante o desenvolvimento da lide e que sendo embora distinta da questão principal se mostrava relacionada com esta, pela projecção que a sua resolução teria na relação jurídica processual ou no próprio direito material. Da existência de questões incidentais nasceu a necessidade de estabelecer a regulamentação adequada à sua decisão prévia, sem o que se embaraçaria desnecessariamente a marcha do processo e se estabeleceria o caos no desenvolvimento normal deste.

Incidente, pois, na técnica moderna, é, como nota Guasp, qualquer questão anormal que surge na pendência de uma causa, ligada aos termos que nele se discutem, e que, por sua natureza, exige uma decisão prévia e especial.

---

[89] Pereira e Sousa, *ob. cit.,* nota 562.

ART. 304.º   *Livro III, Título I — Das disposições gerais*

A nossa lei de processo regula alguns incidentes que podem surgir em todas as causas e outros que são próprios de certas acções.

ARTIGO 303.º
(Indicação das provas e oposição)

1 — No requerimento em que se suscite o incidente e na oposição que lhe for deduzida, devem as partes oferecer o rol de testemunhas e requerer os outros meios de prova.

2 — A oposição é deduzida no prazo de 10 dias.

3 — A falta de oposição no prazo legal determina, quanto à matéria do incidente, a produção do efeito cominatório que vigore na causa em que o incidente se insere.

O art. 308.º do Código de 1939 mandava deduzir, sem dependência de artigos, os incidentes regulados neste capítulo.

Por proposta da respectiva Comissão Revisora [90] eliminou-se essa regra, mantendo-se, no mais, o texto anterior.

Quanto à forma que há-de revestir o requerimento inicial tem de observar-se o que dispõe o n.º 2 do art. 151.º.

ARTIGO 304.º
(Limite do número de testemunhas — Registo dos depoimentos)

1 — A parte não pode produzir mais de três testemunhas sobre cada facto, nem o número total das testemunhas, por cada parte, será superior a oito.

2 — Os depoimentos prestados antecipadamente ou por carta são gravados ou registados nos termos do artigo 522.º-A.

3 — Quando sejam prestados no tribunal da causa, os depoimentos produzidos em incidentes que não devam ser instruídos e julgados conjuntamente com a matéria daquela são gravados se, comportando a decisão a

---

[90] Projectos de Revisão, I, pág. 171.

Capítulo III — Dos incidentes da instância **ART. 305.º**

proferir no incidente recurso ordinário, alguma das partes tiver requerido a gravação.

4 — O requerimento previsto no número anterior é apresentado conjuntamente com o requerimento e oposição a que aludem os artigos 302.º e 303.º.

5 — Finda a produção da prova, o juiz declara quais os factos que julga provados e não provados, observando, com as devidas adaptações, o disposto no n.º 2 do artigo 653.º.

1. No n.º 1 substituiu-se a fórmula «não poderão ser inquiridas mais de três testemunhas a cada facto» pela de «a parte não pode produzir mais de três testemunhas sobre cada facto». Fica, assim, excluída do limite legal a inquirição a que deva proceder-se, por iniciativa do tribunal, nos termos do art. 645.º. No número das testemunhas *produzidas pela parte* não se contarão as que tenham declarado nada saber, por analogia do que se dispõe na parte final do art. 633.º.

2. Pode haver incidentes (*v.g.,* arts. 313.º, 316.º, 678.º, n.ᵒˢ 2 e 3) cuja decisão seja susceptível de recurso ordinário em causas com decisão que não o admita. É por esse aspecto que se revela a utilidade da disposição. A gravação a que se refere o n.º 3 depende de requerimento de alguma das partes.

SECÇÃO II

Verificação do valor da causa

ARTIGO 305.º

(Atribuição de valor à causa e sua influência)

1 — A toda a causa deve ser atribuído um valor certo, expresso em moeda legal, o qual representa a utilidade económica imediata do pedido.

2 — A este valor se atenderá para determinar a competência do tribunal, a forma do processo comum e a relação da causa com a alçada do tribunal.

3 — Para o efeito das custas e demais encargos legais, o valor da causa é fixado segundo as regras estabelecidas na legislação respectiva.

— 83 —

ART. 305.º   *Livro III, Título I — Das disposições gerais*

1. Os arts. 305.º a 319.º ocupam-se do incidente da verificação do valor da causa, embora só os últimos seis desses preceitos se destinem propriamente a regular o processo desse incidente. Os arts. 305.º a 313.º enunciam os critérios a que se deve atender para a fixação desse valor.

Começa a lei, neste art. 305.º, por formular a regra geral de que a toda a causa deve ser atribuído um valor certo, expresso em moeda legal, regra de que se fazem aplicações directas na alínea *e)* do n.º 1 do art. 467.º e no n.º 2 do art. 501.º, a propósito da petição inicial e da reconvenção.

A palavra «causa» é empregada em sentido amplo, abrangendo, portanto, a acção propriamente dita, a reconvenção, os incidentes e os procedimentos cautelares.

Como calcular esse valor?

Segundo um plano normativo do agrado do legislador de 1939, formula-se primeiro uma solução muito genérica (arts. 305.º, n.º 1 e 306.º) e indicam-se depois critérios particulares a observar na fixação do valor de certas causas (arts. 307.º, 309.º a 313.º).

O procedimento a adoptar perante um caso concreto será, por conseguinte, este: verificar se ele cabe em alguma das regras especiais enunciadas; em caso negativo submetê-lo à disciplina da regra geral.

2. O valor da causa representa a «utilidade económica imediata do pedido», no dizer deste art. 305.º.

O código anterior aludia à «utilidade económica imediata que com a acção se pretende obter».

Preferimos a actual redacção. É pelo pedido que se conhece o efeito jurídico que com a demanda se tem em vista alcançar; acresce que o legislador de 1939, empregando cautelosamente no corpo do preceito o termo genérico de *causa,* usava, em seguida, injustificadamente, a palavra *acção,* de conteúdo muito mais restrito.

Na doutrina italiana a solução é um pouco diferente. Para Chiovenda, por exemplo, o valor da demanda tem de aferir-se não só do pedido, como também da causa de pedir. Esse valor não é o valor do objecto imediato da demanda, nem o da *causa petendi,* isoladamente considerados, mas o valor daquilo que se pede, considerado em atenção à causa de pedir [91].

_____
[91] *Instituciones,* vol. 2.º, pág. 244.

Capítulo III — Dos incidentes da instância   **ART. 305.º**

Concordamos com estas considerações, mas atendendo a que no nosso sistema legal o *pedido* não se limita a enunciar o objecto imediato da demanda, mas tem de referir o efeito jurídico que se procura obter, como resulta do disposto no n.º 3 do art. 498.º, continuamos a supor correcta a solução adoptada pelo legislador de 1961 ([92]).

3. O valor da causa, fixado nos termos da lei de processo, não é válido para todos os efeitos. Só interessa para a determinação da competência do tribunal, para escolha da forma do processo comum a adoptar e para a averiguação de estar ou não compreendida a causa dentro da alçada do tribunal ([93]). Para efeitos de tributação, isto é, para saber se há ou não isenção de custas e, sendo estas devidas, qual o montante do imposto de justiça, e a medida de certos encargos, o valor da causa é calculado de harmonia com o disposto nos arts. 5.º a 12.º do Código das Custas Judiciais (Dec.--Lei n.º 224-A/96, de 26 de Novembro).

Temos, assim, que, para cada causa, haverá, sempre que ter em conta dois valores: um valor fiscal, dependente da aplicação das regras contidas no Código das Custas; um *valor processual* determinado pelos preceitos do Código de Processo agora em anotação. Podem esses valores eventualmente coincidir, ou serem muito diferentes. Em todos os casos são autónomos. O valor que a parte tem de indicar na petição é sempre, e apenas, o valor processual.

As formas de processo a que o preceito se refere são as previstas nos arts. 462.º e 465.º para o processo comum de declaração ou de execução: processo ordinário, sumário e sumaríssimo. Nos processos especiais o valor não tem influência na forma.

O termo *alçada* era empregado no nosso antigo direito para designar o tribunal ou comissão, instituído pelo soberano, para fazer justiça aos povos, ou para corrigir os abusos da administração da justiça local, em regime ambulatório. Presentemente a mesma expressão significa o limite de valor até ao qual o tribunal julga sem recurso. É nesse sentido que a Lei de Organização e Funcionamento dos Tribunais Judiciais (Lei n.º 3/99, de 13 de Janeiro) dispõe no seu art. 24.º, n.º 1, que em matéria cível a alçada dos

---

([92]) *Bol. Min. Just.*, n.º 122, pág. 99.

([93]) Acs. S.T.J., de 25/1/77, no *B.M.J.*, n.º 263, pág. 218; de 5/11/80, no *B.M.J.*, n.º 301, pág. 355; de 20/2/80, no *B.M.J.*, n.º 304, pág. 329.

ART. 306.º *Livro III, Título I — Das disposições gerais*

tribunais da Relação é de 3.000 000$00 e a dos tribunais de 1.ª instância é de 750 000$00.

O n.º 3 desse mesmo artigo preceitua que, para admissibilidade dos recursos o valor da alçada é a que estiver em vigor ao tempo em que foi instaurada a acção.

ARTIGO 306.º

(Critérios gerais para a fixação do valor)

1 — Se pela acção se pretende obter qualquer quantia certa em dinheiro, é esse o valor da causa, não sendo atendível impugnação nem acordo em contrário; se pela acção se pretende obter um benefício diverso, o valor da causa é a quantia em dinheiro equivalente a esse benefício.

2 — Cumulando-se na mesma acção vários pedidos, o valor é a quantia correspondente à soma dos valores de todos eles; mas quando, como acessório do pedido principal, se pedirem juros, rendas e rendimentos já vencidos e os que se vencerem durante a pendência da causa, na fixação do valor atende-se somente aos interesses já vencidos.

3 — No caso de pedidos alternativos, atender-se-á unicamente ao pedido de maior valor e, no caso de pedidos subsidiários, ao pedido formulado em primeiro lugar.

1. Formulam-se os critérios gerais para a fixação do valor.

Se o pedido é o de condenação em quantia certa, o valor da acção tem de ser igual ao montante do pedido; se é o do reconhecimento de outra vantagem de ordem económica, o valor é o correspondente, em dinheiro, a essa vantagem.

Havendo cumulação de pedidos (art. 470.º) o valor da causa será, em regra, o da soma dos pedidos; se, porém, se pedirem, acessoriamente, interesses vencidos e os que se vencerem na pendência da acção, só o valor daqueles acrescerá, para esse efeito, ao do pedido principal. Esta restrição não está em desarmonia com o preceituado no art. 309.º, aplicável às obrigações de trato sucessivo, e que pressupõe a formulação de um pedido *autónomo,*

Capítulo III — Dos incidentes da instância   **ART. 306.º**

que não faz extinguir, antes visa a fazer reconhecer a subsistência de uma obrigação desse tipo. Se tiver sido estabelecida pena convencional, parece-nos que o seu valor se terá de somar ao do pedido principal, quando se pretenda a condenação nela; é a solução do código brasileiro (art. 42.º), que não se vê razão para não admitir perante a nossa lei de processo.

Se os pedidos forem alternativos (art. 468.º), só se atenderá ao de valor mais alto; sendo subsidiários (art. 469.º) o valor que interessa é o do pedido formulado em primeiro lugar.

2. A modificação introduzida nos correspondentes preceitos do código anterior obedeceu ao propósito de fazer uma melhor sistematização das matérias por eles tratadas, o que, na verdade, se conseguiu.

Escreveu-se a esse respeito:

«A ideia de juntar no mesmo artigo, subordinado à epígrafe de «critérios gerais para a fixação do valor» da causa, o princípio válido para o caso (normal) do pedido único e os princípios aplicáveis às hipóteses dos pedidos cumulativos, alternativos e subsidiários parece corresponder a uma sistematização mais perfeita do que a anteriormente adoptada, por força da qual apareciam formulados no mesmo preceito o princípio *geral*, válido para a hipótese do pedido simples, e (como parágrafo) o critério *especial* aplicável às acções de despejo» [94].

3. Quanto à influência do pedido reconvencional no valor da causa, veja-se o n.º 2 do art. 308.º.

4. O valor do processo de expropriação, regulador da sua relação com a alçada do tribunal, determina-se em conformidade com as regras estabelecidas no Código de Processo Civil, como julgou o *assento* do Supremo Tribunal de Justiça, de 9 de Dezembro de 1964 [95]. Para efeitos tributários é aplicável a estes processos o disposto na alínea *s)* do art. 6.º do Código das Custas.

---

[94] *B.M.J.*, n.º 122, pág. 101.
[95] *B.M.J.*, n.º 142, pág. 219.

ART. 307.º *Livro III, Título I — Das disposições gerais*

ARTIGO 307.º
(Critérios especiais)

1 — Nas acções de despejo, o valor é o da renda anual, acrescido das rendas em dívida e da indemnização requerida.

2 — Nas acções de alimentos definitivos e nas de contribuição para despesas domésticas o valor é o quíntuplo da anuidade correspondente ao pedido.

3 — Nas acções de prestação de contas, o valor é o da receita bruta ou o da despesa apresentada, se lhe for superior.

1. Enuncia-se agora, no n.º 1 deste artigo, para determinação do valor processual da acção de despejo, uma regra simultaneamente mais completa e mais singela do que a contida no § único dc art. 311.º do código anterior. Mais completa, porque tornou clara a possibilidade de cumular com o pedido de despejo o do pagamento das rendas em dívida e o de indemnização. Mais singela, porque se abandonou o critério de atender ao prazo do arrendamento, distinção de muito limitada projecção teórica ou prática.

A regra é aplicável a toda a espécie de acções de despejo, sendo irrelevante o acordo das partes em contrário [96]. Se, portanto, o autor atribuir à causa, na petição, um valor diferente do resultante da aplicação deste preceito, e ainda que superior a ele, o juiz deve fixar o valor legal, não obstante a falta de impugnação da parte contrária.

Mas algumas dúvidas podem pôr-se.

Supondo que há divergência entre o senhorio e o inquilino quanto ao montante da renda, a qual dos quantitativos se deve atender para calcular a renda anual? Parece que para efeitos processuais não poderá deixar de dar-se prevalência à renda indicada pelo autor. A demanda é sua. A utilidade económica imediata do pedido que formulou há-de aferir-se de harmonia com os elementos da relação jurídica material que invocou [97].

Mais difícil se afigura o problema de saber como calcular o valor da acção destinada a fazer cessar a parceria agrícola. A lei pream-

---

[96] Ac. do Sup. Trib. Just., de 30/6/64, no *B.M.J.*, n.º 138, pág. 320.

[97] Ac. do Sup. Trib. Just., de 9/11/1948 (*Bol. Min. Just.*, 10.º-214; *Rev. Leg. Jur.*, 82.º-91).

Capítulo III — Dos incidentes da instância **ART. 307.º**

bular do Código Civil (art. 11.º), manda-lhe aplicar a regulamentação estabelecida para o arrendamento rural. A dificuldade está em que na parceria não há uma renda estabelecida, que possa servir de base ao cálculo. Substituir, nesse cálculo, a renda pelo valor da quota-parte dos frutos que o parceiro cultivador pagou, em média, ao proprietário? Era a solução de Alberto dos Reis ([98]), mas solução frágil, logo comprometida nos casos em que o despedimento ocorrer no primeiro ano do contrato. Parece-nos preferível subtrair o caso ao domínio da regra especial. Sem estipulação de renda qualquer equiparação resultará arbitrária.

Outra questão: será aplicável o disposto no n.º 1 do art. 307.º à determinação do valor de uma acção em que a autora pede que lhe seja reconhecido o direito de habitar um andar de certo prédio na qualidade de arrendatária?

O Supremo, no seu acórdão de 31 de Março de 1950 ([99]), decidiu afirmativamente, fundando-se em que o referido preceito não é excepcional, mas especial e, portanto, susceptível de aplicação analógica ([100]).

Para efeito de custas o valor da acção de despejo para denúncia do contrato de arrendamento urbano (arts. 69.º a 71.º da R.A.U.) é o das rendas de dois anos e meio ou o da indemnização acordada, se for superior [Cód. Custas, art. 6.º, n.º 1, e)]. Outro caso a que deve aplicar-se este artigo é o da acção para denúncia do contrato de arrendamento com o fim de aumentar a capacidade habitacional prevista na Lei n.º 2088, de 3 de Junho de 1957. Nos demais casos de despejo o valor para efeito de custas é igual ao fixado para efeitos processuais de harmonia com o n.º 1 do preceito em anotação.

2. O Código de 1939 não continha preceito correspondente ao actual n.º 2 deste artigo.

Uns inclinavam-se para a solução de que o valor dos alimentos definitivos devia ser calculado de harmonia com a regra do n.º 3 do então vigente art. 607.º (vinte vezes a quantia anual pedida); outros defendiam a aplicação analógica do n.º 12 do art. 6.º do então vigente Código das Custas (quíntuplo da anuidade pedida).

([98]) *Comentário*, vol. 3.º, pág. 613.

([99]) *B.M.J.*, n.º 18, pág. 300; *Rev. Trib.*, ano 68.º, pág. 248.

([100]) No mesmo sentido decidiu a Rel. de Coimbra, no seu acordão de 8/11/83, na *Col. Jur.*, ano VIII, t. 4, pág. 47.

ART. 307.º   *Livro III, Título I — Das disposições gerais*

Consagrou-se depois legislativamente que o valor *processual* da acção de alimentos definitivos é o do quíntuplo da anuidade correspondente ao pedido, e como no Código das Custas não há hoje regra especial para esta hipótese o valor da acção para efeitos de custas é também calculado de harmonia com o n.º 2 do preceito em apreço.

O Dec.-Lei n.º 47 690 acrescentou ao texto primitivo do n.º 2 deste artigo a expressão «e das de contribuição para despesas domésticas», abrangendo, deste modo, as acções previstas no art. 1416.º e a que se refere o n.º 2 do art. 1676.º do Código Civil.

Para o processo de alimentos provisórios há regra própria — a da alínea *a)* do n.º 3 do art. 313.º.

3. O n.º 3 ocupa-se do valor das acções de prestação de contas.

Na ausência de regulamentação expressa, que se não continha no código anterior, reinava, neste domínio, grande incerteza quanto ao critério a adoptar para determinação da utilidade económica imediata que com a acção se pretendia obter.

À primeira vista apresentava-se como relativamente sedutora a ideia de fazer coincidir aquela utilidade económica com o montante do saldo pedido ou oferecido, mas essa solução era inexequível, não só porque acarretaria a consequência de deixar sem valor todas as acções dessa espécie em que o volume das despesas fosse igual ao das receitas, como também por ser manifesta a utilidade económica, para quem prestava contas, de ver aprovadas despesas que poderiam compensar receitas de enorme montante.

Na prática adoptara-se o critério fiscal, então expresso no n.º 13 do art. 6.º do Código das Custas, de atribuir a estas acções o valor da receita bruta, ou o da despesa apresentada, quando esta fosse superior.

Na elaboração do projecto do novo código aceitou-se esta solução, mas pareceu insuficientemente regulada a hipótese.

Escrevia-se a esse propósito: «Esta disposição, porém, se é suficiente para o caso de prestação espontânea de contas, não é bastante para o de prestação provocada. Quando a acção não é proposta por quem tem de prestar as contas, o autor só poderá indicar o valor presumido da receita ou da despesa. Por isso se acrescenta outra regra: no caso de prestação forçada de contas, o valor será o *provável* da receita bruta ou da despesa» ([101]).

([101]) *Projectos de Revisão*, I, pág. 176.

Capítulo III — Dos incidentes da instância   **ART. 308.º**

Após a revisão ministerial ainda se mantinha essa redacção, mas o preceito veio, a final, a ter redacção idêntica à do n.º 13 do art. 6.º do antigo Código das Custas, que o havia inspirado.

Renasce, por isso, a dúvida: que valor deve atribuir à causa o requerente da prestação forçada de contas? Não se vê outro caminho senão o de aceitar a indicação de um montante que o requerente suponha corresponder à receita bruta, embora esse valor venha a ser corrigido de harmonia com o disposto no n.º 3 do art. 308.º. Até que essa correcção se faça, o único valor a atender é o atribuído na petição, designadamente nos casos em que, pela procedência das questões prévias a que se refere o art. 1014.º, as contas não cheguem a ser prestadas.

ARTIGO 308.º

(Momento a que se atende para a determinação do valor)

1 — Na determinação do valor da causa, deve atender--se ao momento em que a acção é proposta.

2 — Exceptua-se o caso de o réu deduzir reconvenção ou de haver intervenção principal, em que o valor do pedido formulado pelo réu ou pelo interveniente, quando distinto do deduzido pelo autor, se soma ao valor deste; mas este aumento de valor só produz efeitos no que respeita aos actos e termos posteriores à reconvenção ou à intervenção.

3 — Nos processos de liquidação ou noutros em que, analogamente, a utilidade económica do pedido só se define na sequência da acção, o valor inicialmente aceite será corrigido logo que o processo forneça os elementos necessários.

1. O valor da causa fixado inicialmente, de harmonia com os critérios legais, conserva-se, em princípio, imutável até findar a instância.

É a regra formulada pelo n.º 1 deste artigo, que prevalece mesmo nos casos de ser alterada a relação jurídica processual. É indiferente, para este efeito, que o autor reduza, modifique ou amplie o pedido ou que o réu confesse uma parte deste ou, ainda, que a condenação venha a ser a de quantia inferior à pedida; o

ART. 308.º   *Livro III, Título I — Das disposições gerais*

valor, tendo sido correctamente fixado, permanece o mesmo para efeitos processuais ([102]).

A esta regra abre a lei duas excepções directas no n.º 2 do mesmo preceito, limitando, porém, os seus efeitos aos actos e termos posteriores à verificação da sua ocorrência.

Cabe advertir que nem sempre a dedução do pedido reconvencional produzirá mudança no valor da acção; para que tal suceda é necessário que o pedido reconvencional seja distinto do pedido formulado pelo autor. É que há, efectivamente, casos em que o réu reconvinte pretende o mesmo efeito jurídico que o autor visa obter com a acção, residindo a sua discordância apenas quanto à titularidade reconhecida pelo direito material de fazer declarar esse efeito. Acontece isso no pedido reconvencional de divórcio, hipótese que claramente influenciou a explicitação feita nesta parte da norma. O pedido reconvencional não tem, nesse caso, valor autónomo. O que parece é que, de harmonia com esse entendimento, deveria também ter-se modificado o comando contido no n.º 2 do art. 501.º, que manda sempre declarar o valor da reconvenção no respectivo articulado.

Deduzindo-se intervenção principal o valor da causa corresponde à soma dos valores dos pedidos da acção e da intervenção. A esse valor se atenderá mesmo que a acção finde por transacção ([103]).

Também no caso de reconvenção, fixado o valor pela soma dos valores dos pedidos da acção e da reconvenção, esse valor mantém-se para efeito da alçada ainda que no recurso se não questione a reconvenção, ou que esta seja julgada improcedente ([104]).

2. A disposição do n.º 3 foi inovação do Código de 1961.

Não pode dizer-se, com propriedade, que ela constitua uma excepção à regra do n.º 1.

Aqui não há uma modificação do valor significativa de qualquer alteração sofrida pela relação jurídica processual, o que acontece é que na ocasião em que se propõe a acção não há elementos de *certeza* para determinar a utilidade económica do pedido; levado

---

([102]) No sentido do texto veio a decidir o ac. do Sup. Trib. Just., de 11 de Julho de 1969 (*Bol. Min. Just.,* 189.º-226), não nos parecendo que a argumentação desenvolvida pelo douto juiz vencido possa prevalecer sobre a terminante disposição do n.º 1 deste preceito, a cuja observância estão ligados os importantíssimos efeitos referidos no n.º 2 do art. 305.º.

([103]) *B.M.J.,* n.º 122, pág. 103.

([104]) Ac. S.T.J., de 7/7/88, no *B.M.J.,* n.º 329, pág. 480.

Capítulo III — Dos incidentes da instância　　**ART. 309.º**

pela necessidade de se determinar logo inicialmente um valor, para efeitos da competência, forma do processo e admissibilidade de recursos, o legislador aceita a fixação de um valor provável, que manda corrigir quando o apuramento dos necessários elementos o permita. É, digamos, um valor *provisório*, com tendência para converter-se, logo que possível, em valor *definitivo*. Daí que tal norma constitua um complemento, não uma excepção, ao preceituado no n.º 1.

É o caso das acções de indemnização por acidente de viação em que, além de pedir quantia certa, o autor, usando da faculdade que lhe é conferida pelo art. 569.º do Código Civil, formule pedido genérico (art. 471.º Cód. Proc. Civ.), em que o valor da causa inicialmente indicado é depois corrigido ([105]).

3. Quando deve entender-se que a reconvenção produz alteração do valor da causa?

A letra da lei consente o entendimento de que o acréscimo se dá com a apresentação do pedido reconvencional, não dependendo, portanto, do julgamento da sua admissibilidade; também ao seu espírito não repugna esta solução. Realmente, desde que o pedido é formulado, a utilidade económica desse pedido tem que ser considerada, ainda que ele venha a fracassar. O que não produz é efeito em relação ao articulado em que for apresentado. Daí em diante o valor é único.

Se, portanto, em acção sumária for deduzido pedido reconvencional que, pela soma dos valores, transforme o processo em ordinário, passará imediatamente a haver lugar a réplica e tréplica; do mesmo modo, se em consequência da reconvenção passar a haver recurso, em processo inicialmente compreendido na alçada do tribunal, essa faculdade mantém-se mesmo que, julgado improcedente o pedido reconvencional, o recurso se destine unicamente a apreciar o pedido do autor.

ARTIGO 309.º

(Valor da acção no caso de prestações vincendas)

Se na acção se pedirem, nos termos do artigo 472.º, prestações vencidas e prestações vincendas, tomar-se-á em consideração o valor de umas e outras.

([105]) Ac. S.T.J., de 8/11/79, no *B.M.J.,* n.º 291, pág. 403.

ART. 310.º   *Livro III, Título I — Das disposições gerais*

1. O artigo aplica-se ao caso de a acção ter por objecto próprio o pagamento de prestações periódicas. Distingue-se com clareza da hipótese figurada na segunda parte do n.º 2 do art. 306.º, em que o pedido de pagamento de juros, rendas e rendimentos figura como acessório de outro pedido principal. Por isso os critérios mandados seguir, em cada um desses casos, são inteiramente diferentes.

2. O preceito actual difere do anteriormente vigente pela inclusão da expressão «nos termos do art. 472.º», que nele se lê.

Foi propósito do legislador esclarecer que a norma aqui formulada «é aplicável aos casos em que, com base em relações de carácter duradouro ou de trato sucessivo, o autor pede o cumprimento não só de prestações já vencidas, mas também de prestações que só vêm a tornar-se exigíveis no desenvolvimento da relação contratual subjacente» ([106]).

ARTIGO 310.º

(Valor da acção determinado pelo valor do acto jurídico)

1 — Quando a acção tiver por objecto a apreciação da existência, validade, cumprimento, modificação ou resolução de um acto jurídico, atender-se-á ao valor do acto determinado pelo preço ou estipulado pelas partes.

2 — Se não houver preço nem valor estipulado, o valor do acto determinar-se-á em harmonia com as regras gerais.

3 — Se a acção tiver por objecto a anulação do contrato fundada na simulação do preço, o valor da causa é o maior dos dois valores em discussão entre as partes.

1. O critério mandado observar pelo presente artigo sobrepõe-se ao que resulta da aplicação da regra geral contida no art. 305.º.

Desde que o objecto da causa seja a apreciação da existência, validade, cumprimento, modificação ou resolução de um acto jurídico, não há que atender à utilidade económica imediata que da procedência do pedido resulte para o autor; o valor do acto é o valor da acção. Umas vezes o acto tem um valor próprio, que é elemento seu, como acontece com o preço no contrato de compra e

---

([106]) Acs. S.T.J., de 16/11/62, no *B.M.J.,* n.º 121, pág. 220; e de 7/6/74, no *B.M.J.,* n.º 238, pág. 184; de 13/11/86, no *B.M.J.,* n.º 361, pág. 496.

Capítulo III — Dos incidentes da instância   **ART. 311.º**

venda; outras vezes, não existindo esse elemento, são as partes que fixam o valor que atribuem ao acto, geralmente para efeitos fiscais.

A expressão «preço» tem de ser tomada num sentido muito lato, abrangendo toda e qualquer quantia em dinheiro que uma das partes fique obrigada a pagar à outra como retribuição das vantagens que pelo contrato obtém.

As regras gerais a que se manda atender na falta de preço ou de valor estipulado pelas partes são as regras de direito material aplicáveis ao acto, e não as regras processuais referentes ao valor da acção. Assim, se se tratar da anulação de um testamento, em que não há preço nem valor fixado, o critério a seguir é o de atribuir à acção o valor correspondente aos bens a que o testamento se referir (valor do acto de disposição segundo o direito substantivo) e não o valor da quota-parte do interessado na anulação (valor correspondente à utilidade económica imediata do pedido).

2. Desde sempre se entendeu que o valor da causa, na acção de anulação por simulação, correspondia ao valor do acto anulando, estando, por isso, o caso abrangido na disciplina do correspondente artigo do código anterior ([107]). Acontece, porém, que essa acção pode fundar-se exactamente em simulação de preço, hipótese em que seria lícito entrar-se em dúvida sobre se o preço a ter em conta seria o real ou o declarado. O n.º 3 deste artigo antecipa-se a essa dúvida, mandando atender, dos dois, ao que for mais elevado.

ARTIGO 311.º
(Valor da acção determinado pelo valor da coisa)

1 — Se a acção tiver por fim fazer valer o direito de propriedade sobre uma coisa, o valor desta determina o valor da causa.

2 — Tratando-se de outro direito real, atender-se-á ao seu conteúdo e duração provável.

A regra do n.º 1 é aplicável sempre que se pretenda fazer valer, para qualquer efeito, o direito de propriedade sobre uma coisa, ainda que se não peça a entrega dela.

([107]) Acs. do Sup. Trib. Just., de 13/5/1949 (*Bol. Min. Just.,* 13.º-157); de 27/2/1951 (*Bol. Min. Just.,* 23.º-248); de 8/7/1958 (*Bol. Min. Just.,* 79.º-451).

ART. 312.º   *Livro III, Título I — Das disposições gerais*

O valor a que se refere o artigo é o *valor real* da coisa, tal como resulta do rendimento que efectivamente produzir, ou, não tendo rendimento, em atenção à sua matéria, utilidade e estado de conservação.

Se o reconhecimento do direito que se pretende fazer valer disser respeito apenas a parte de uma coisa, o valor da acção é o valor dessa parte, e não o do todo. Assim, queixando-se o autor de que o réu usurpou parte de um prédio e pedindo que o réu seja condenado a reconhe- cê-lo como dono do prédio e a restituir a parte usurpada, não se discutindo a propriedade do prédio, mas apenas a sua extensão, o valor da acção é o do terreno pretensamente usurpado [108], embora se tenha de considerar como imperfeição técnica o pedido do reconhecimento integral do domínio, que, na realidade, não está em litígio.

ARTIGO 312.º

(Valor das acções sobre o estado das pessoas ou sobre interesses imateriais)

As acções sobre o estado de pessoas ou sobre interesses imateriais consideram-se sempre de valor equivalente à alçada da Relação e mais 1$.

Acções sobre o estado de pessoas são aquelas cuja procedência projecta efeitos sobre o estado civil de alguém: divórcio, separação de pessoas e bens, investigação de paternidade ou maternidade, negação de paternidade, impugnação de legitimidade, interdição, etc..

Acções sobre interesses imateriais são as que têm por objecto valores jurídicos não redutíveis a uma expressão pecuniária, como acontece com a acção destinada a obter o reconhecimento da dominialidade pública [109].

O valor processual de umas e outras é actualmente o de 3.000.001$00.

Para efeitos tributários o valor destas acções é o fixado pelo juiz tendo em atenção a repercussão económica da acção para o res-

---

[108] Ac. Rel. Coimbra, de 20/3/84, na *Col. Jur.,* ano IX, t. 2, pág. 43; Ac. Rel. Coimbra, de 12/5/87, no *B.M.J.,* n.º 367, pág. 582.

[109] Ac. Rel. Coimbra, de 20/7/82, no *B.M.J.,* n.º 321, pág. 450.

Capítulo III — Dos incidentes da instância　　**ART. 313.º**

ponsável pelas custas ou, subsidiariamente, a situação económica deste, não podendo, porém, ser inferior a 40 UC: alínea *a)* do n.º 1 do art. 6.º do Código das Custas.

ARTIGO 313.º
(Valor dos incidentes e dos procedimentos cautelares)

1 — O valor dos incidentes é o da causa a que respeitam, salvo se o incidente tiver realmente valor diverso do da causa, porque neste caso o valor é determinado em conformidade dos artigos anteriores.

2 — O valor do processo ou incidente de caução é determinado pela importância a caucionar.

3 — O valor dos procedimentos cautelares é determinado nos termos seguintes:

a) **Nos alimentos provisórios e no arbitramento de reparação provisória, pela mensalidade pedida, multiplicada por 12;**

b) **Na restituição provisória de posse, pelo valor da coisa esbulhada;**

c) **Na suspensão de deliberações sociais, pela importância do dano;**

d) **No embargo de obra nova e nas providências cautelares não especificadas, pelo prejuízo que se quer evitar;**

e) **No arresto, pelo montante do crédito que se pretende garantir;**

f) **No arrolamento, pelo valor dos bens arrolados.**

1. Quando é que o incidente tem *realmente* valor diverso do da causa? Quando for diferente a utilidade económica imediata derivada do pedido principal e do pedido incidental.

2. A caução deixou de pertencer à categoria dos procedimentos cautelares, e daí o seu tratamento à parte.

3. A alínea *a)* do n.º 3 regula o valor processual dos alimentos provisórios. O valor da acção de alimentos definitivos é actualmente calculado de harmonia com o preceituado no n.º 2 do art. 307.º que veio preencher uma omissão do código anterior.

ART. 314.º   *Livro III, Título I — Das disposições gerais*

4. A restituição provisória da posse tem lugar no caso de esbulho violento (art. 393.º). O valor processual do procedimento é igual ao valor da coisa esbulhada.

5. É requisito da *suspensão* das deliberações sociais tomadas contra disposição expressa da lei ou dos estatutos, a alegação e prova de que da sua execução pode resultar *dano* apreciável (art. 396.º, n.º 1). É a importância desse dano previsível que deve determinar a fixação do valor da causa.

Para o cálculo do valor da acção de *anulação* de deliberações sociais rege o n.º 1 do art. 310.º.

ARTIGO 314.º

(Poderes das partes quanto à indicação do valor)

1 — No articulado em que deduza a sua defesa, pode o réu impugnar o valor da causa indicado na petição inicial, contanto que ofereça outro em substituição. Nos articulados seguintes podem as partes acordar, em qualquer valor.

2 — Se o processo admitir unicamente dois articulados, tem o autor a faculdade de vir declarar que aceita o valor oferecido pelo réu.

3 — Quando a petição inicial não contenha a indicação do valor e, apesar disso, haja sido recebida, deve o autor ser convidado, logo que a falta seja notada e sob cominação de a instância se extinguir, a declarar o valor; neste caso, dar-se-á conhecimento ao réu da declaração feita pelo autor; e, se já tiverem findado os articulados, pode o réu impugnar o valor declarado pelo autor.

4 — A falta de impugnação por parte do réu significa que aceita o valor atribuído à causa pelo autor.

1. A petição ou requerimento inicial deve conter a indicação do valor da causa [(art. 467.º, n.º 1, alínea *e*)] [110].

Se o autor (ou requerente) indicou, na petição, o valor, o réu, querendo impugná-lo, há-de deduzir a impugnação no articulado de defesa, mas, nesse caso, tem de indicar o valor que oferece em

---

[110] A lei exceptua desta regra os incidentes: art. 316.º.

Capítulo III — Dos incidentes da instância   ART. 315.º

substituição, sem o que essa impugnação será irrelevante, como resulta da própria letra da lei.

Poderá o réu (ou requerido), que não queira contestar o pedido, limitar-se a impugnar o valor da causa? Da redacção dada ao preceito parece dever concluir-se que não, mas esta conclusão é, talvez, apressada. Muito provavelmente o legislador nem sequer terá encarado a hipótese. No entanto é de ponderar que o réu pode ter um interesse legítimo em fazê-lo porque, *reconhecendo embora a obrigação* pode ser condenado em custas muito superiores ao devido, se o autor atribuiu à acção um valor muito maior do que lhe correspondia segundo os critérios legais.

Parece-nos, pois, que o n.º 1 deste artigo deve ser entendido com a necessária extensão, de modo a abranger as hipóteses em que não haja oposição ao pedido. De resto este entendimento facilita a solução a dar às dúvidas que a norma poderia suscitar na sua aplicação a certos processos, como o de inventário, em que a oposição não é regra. Em todos esses casos o prazo para a impugnação deve entender-se referido ao prazo concedido para a defesa ou para qualquer forma de oposição ao pedido.

2. Impugnado o valor, o autor *pode* aceitá-lo no articulado imediato àquele em que a impugnação foi feita. Se o processo não comportar, porém, réplica ou resposta, o autor tem a faculdade de vir a fazer essa aceitação, por requerimento, nos 10 dias seguintes ao recebimento do articulado em que foi impugnado o valor (art. 153.º). O acordo do autor ao novo valor proposto tem de ser *expresso*; o simples silêncio significa que mantém o valor que inicialmente atribuiu à causa.

ARTIGO 315.º

(A vontade das partes e a intervenção do juiz na fixação do valor)

1 — O valor da causa é aquele em que as partes tiverem acordado, expressa ou tacitamente, salvo se o juiz, findos os articulados, entender que o acordo está em flagrante oposição com a realidade, porque neste caso fixará à causa o valor que considere adequado.

2 — Se o juiz não tiver usado deste poder, o valor considera-se definitivamente fixado, na quantia acordada, logo que seja proferido despacho saneador.

— 99 —

ART. 315.º   *Livro III, Título I — Das disposições gerais*

3 — Nos casos a que se refere o n.º 3 do artigo 308.º e naqueles em que não haja lugar a despacho saneador, o valor da causa considera-se definitivamente fixado logo que seja proferida sentença.

Prevê-se, neste artigo, a hipótese de haver acordo das partes quanto ao valor: ou porque o réu não impugnou o que foi atribuído à causa, pelo autor, na petição, ou porque o autor aceitou expressamente o valor oferecido pelo réu em impugnação. Em qualquer desses casos é, em princípio, esse o valor processual da causa.

Poderá suceder, porém, que o valor assim fixado esteja *em flagrante oposição com a realidade*, o que acontecerá sempre que tiver havido directa violação de qualquer preceito legal (*v.g.*, se sendo a acção sobre o estado das pessoas se acordou em valor diferente do indicado no art. 312.º). Então o juiz tem o dever de se sobrepor ao acordo, fixando o valor adequado.

Quando deve o juiz intervir, fixando o valor correcto?

O Código de 1939 prescrevia já que essa intervenção só podia ter lugar depois de *findos os articulados*, mas era omisso quanto ao momento até ao qual podia o juiz exercer esse poder legal. Os n.os 2 e 3 deste artigo destinam-se a preencher essa omissão.

É logo depois de findos os articulados que o juiz deve fazer uso do poder, que este preceito lhe confere, de corrigir o valor manifestamente errado em que as partes tiverem acordado. Se não o fizer nesse momento, haverá que ter em conta se há ou não lugar a proferir despacho saneador; havendo, é aí a última oportunidade de exercer tal poder; não havendo despacho saneador é até à sentença que o valor pode ser oficiosamente corrigido.

Referimo-nos, sempre ao *valor processual*, já que o *valor para efeito de custas* depende de outro condicionalismo.

Ficou, assim, expressamente excluída a possibilidade de os tribunais de recurso usarem da faculdade do art. 315.º, como aliás se vinha já entendendo ([111]).

Quando a lei se refere ao caso de não haver lugar a despacho saneador não quer referir-se apenas aos processos que o não

---

([111]) Acs. do Sup. Trib. Just., de 22 de Junho de 1956 (*Bol. Min. Just.*, 58.º-478); de 29 de Abril de 1958 (*Bol. Min. Just.*, 76.º-407) e de 25 de Março de 1969 (*Bol. Min. Just.*, 185.º-239); de 20 de Fevereiro de 1981 (*Bol. Min. Just.*, n.º 304-329); de 29 de Outubro de 1992 (*Bol. Min. Just.*, n.º 420-484); de 29 de Setembro de 1994 (*Col. Jur./S.T.J.*, XIX, t. 3-274).

Capítulo III — Dos incidentes da instância **ART. 317.º**

admitam na sua estrutura normal, mas a todos os casos em que não há lugar à sua emissão, como acontece nas acções de processo sumário não contestadas pelo réu. Nas condenações chamadas *de preceito* a proferir em tais acções o juiz está a tempo, sempre que for caso disso, para corrigir o valor.

O caso do n.º 3 do art. 308.º é excepcional. Aí a fixação posterior é sempre admissível até à sentença.

ARTIGO 316.º

(Valor dos incidentes)

1 — Se a parte que deduzir qualquer incidente não indicar o respectivo valor, entende-se que aceita o valor dado à causa; a parte contrária pode, porém, impugnar o valor com fundamento em que o incidente tem valor diverso do da causa, observando-se, com as necessárias adaptações, o disposto nos artigos 315.º, 317.º e 318.º.

2 — A impugnação é igualmente admitida quando se haja indicado para o incidente valor diverso do da causa e a parte contrária se não conforme com esse valor.

Ao contrário do que dispõe para a acção o art. 467.º a parte que deduz um incidente não é obrigada a indicar o valor processual que lhe atribui. Como o valor do incidente (em sentido genérico) é, normalmente, o da causa a que disser respeito (art. 313.º), a não indicação de valor autónomo significa que se lhe atribui o da acção.

O requerido é sempre admitido a impugnar o valor expresso ou tacitamente atribuído pelo requerente ao incidente. Os termos processuais são os mesmos que a lei estabelece para a impugnação do valor da acção.

ARTIGO 317.º

(Determinação do valor quando não sejam suficientes a vontade das partes e o poder do juiz)

Quando as partes não tenham chegado a acordo ou o juiz o não aceite, a determinação do valor da causa faz-se em face dos elementos do processo ou, sendo estes insuficientes, mediante as diligências indispensáveis, que as partes requererem ou o juiz ordenar.

ART. 317.º   *Livro III, Título I — Das disposições gerais*

1. No art. 315.º previu-se o caso de haver acordo das partes.

O presente preceito regula a hipótese inversa: a de haver discordância entre as partes, ou a de o seu acordo não ser eficaz.

De que elementos deve o juiz lançar mão para atribuir, nesse caso, valor à causa?

O Código anterior continha, nos arts. 320.º e 321.º, uma regulamentação desta matéria demasiado complexa.

Simplificou-se — e bem — o enunciado da norma, embora não resultando daí modificação substancial do procedimento a adoptar. Se o processo fornecer logo os elementos necessários, o juiz fixa imediatamente o valor adequado; se os não fornecer, o juiz, oficiosamente ou a requerimento das partes, ordenará as diligências de prova que entender convenientes e depois fixa o valor.

2. As decisões proferidas sobre o valor da causa estão sujeitas, quanto a recursos, a um regime particular. Delas cabe sempre recurso, nos termos do n.º 3 do art. 678.º, desde que do seu provimento resulte a fixação de um valor que exceda a alçada do tribunal de que se recorre.

3. A que valor deve atender-se, para efeito de alçada, havendo impugnação, antes da fixação definitiva?

Exemplifiquemos. O autor atribuiu à causa o valor de 100 000$00. O réu impugnou esse valor, oferecendo, em substituição, o de 800 000$00. Antes de decidido o incidente é proferido um despacho de que se pretende recorrer. Sabendo-se que a alçada do tribunal de 1.ª instância é de 750 000$00, será admissível recurso?

Na vigência do código de 1876 o Supremo decidiu, em assento de 21 de Junho de 1931 [112], que o valor da acção, quando impugnado e não tendo sido fixado em harmonia com os preceitos legais, era o constante da petição inicial, por ele devendo ser determinadas as alçadas.

Alberto dos Reis criticava esta jurisprudência.

Em seu entender, uma vez que houve impugnação, se o juiz não lavra, como deve, oportunamente, despacho a fixar o valor, a causa não tem valor fixado e assim, logo que se note essa falta, o que há a fazer é remediá-la ou supri-la.

Parece razoável.

---

[112] *Rev. Leg. Jur.,* ano 64.º, pág. 182.

Capítulo III — Dos incidentes da instância   **ART. 319.º**

ARTIGO 318.º

(Fixação do valor por meio de arbitramento)

Se for necessário proceder a arbitramento, será este feito por um único perito nomeado pelo juiz, não havendo neste caso segundo arbitramento.

1. O código anterior, no preceito correspondente, proibia às partes deduzirem qualquer impedimento ou recusa, ao perito nomeado pelo juiz para proceder a arbitramento no incidente da impugnação do valor da causa.

A Comissão Revisora propôs que se eliminasse tal proibição, que na verdade nada justificava. Seguem-se, por conseguinte, nesta matéria, as regras gerais.

2. Duvidou-se, em face do art. 321.º do código velho, se às partes seria lícito requerer segundo arbitramento, no caso de discordarem do laudo do perito nomeado pelo juiz. Entendia-se geralmente que o segundo arbitramento era incompatível com o regime estabelecido por aquele artigo ([113]). Deixou-se agora legislativamente consagrada essa solução.

ARTIGO 319.º

(Consequências da decisão do incidente do valor)

1 — Quando se apure, pela decisão definitiva do incidente da verificação do valor da causa, que o tribunal é incompetente, são os autos oficiosamente remetidos ao tribunal competente.

2 — Se da fixação definitiva do valor resultar ser outra a forma de processo correspondente à acção, mantendo-se a competência do tribunal, é mandada seguir a forma apropriada, sem se anular o processado anterior e corrigindo-se, se for caso disso, a distribuição efectuada.

1. O valor processual interessa, como expressamente dispõe o n.º 2 do art. 305.º, para a determinação da *competência* do tribunal

---

([113]) Ac. S.T.J., de 13/5/41, no *B.M.J.,* ano 1.º, pág. 275; Alberto dos Reis, *Comentário,* vol. III, pág. 704.

— 103 —

ART. 319.º *Livro III, Título I — Das disposições gerais*

em razão do valor, da *forma* do processo comum a adoptar e da admissibilidade dos *recursos* ordinários.

Se o valor se altera, em consequência de impugnação ou de fixação oficiosa, quais os reflexos que dessa alteração se projectam nos três aspectos acima considerados?

Quanto à admissão dos recursos não se julgou necessário formular qualquer regra especial; a partir da fixação definitiva é ao valor fixado que terá de atender-se nas suas relações com a alçada do tribunal.

Quanto à competência e forma do processo é que se entendeu conveniente uma regulamentação especial, que é a que se contém no presente preceito.

2. Quando pela decisão definitiva do incidente se verificar que o tribunal é incompetente a lei dita um único efeito: a remessa dos autos para o tribunal competente. Era o que se dispunha a esse respeito no Código de 39. Em 61, com a consideração de que esse tratamento legal estaria em contradição com o disposto no art. 109.º ([114]), segundo o qual a incompetência em razão do valor depende de arguição do réu, criou-se uma solução dupla: remessa cficiosa quando a alteração proviesse de impugnação do valor; remessa só a requerimento da parte quando o novo valor fosse fixado por iniciativa do juiz. A reforma de 95/96 voltou ao texto primitivo: remessa em qualquer dos casos. Acho que fica melhor. Não se vê inconveniente em abrir essa pequena excepção ao regime de arguição da incompetência relativa constante do art. 109.º.

3. Também quanto à influência da mudança do valor na forma do processo se modificou ligeiramente o regime adoptado pelo código anterior. Modificou-se para melhor. Previa-se, no Código de 1939, que quando da decisão definitiva do incidente resultasse ser outra a forma do processo, seria mandada seguir essa forma, sem nada se anular, mas quando a mudança fosse de uma forma processual menos solene para outra mais solene, poderia o juiz, a requerimento da parte e quando julgasse que tinha havido prejuízo para o réu na sua defesa, permitir que este apresentasse nova ccntestação. Este sistema, considerado «complexo e nada razoável» foi abolido. Agora aproveitam-se os termos do processado anterior

---

([114]) Lopes Cardoso, *Manual dos Incidentes da Instância,* pág. 70, e Alberto dos Reis, *Comentário,* vol. III, pág. 707.

Capítulo III — Dos incidentes da instância　　**ART. 320.º**

e segundo a forma apropriada, com correcção da distribuição nos termos do art. 220.º, se for caso disso.

SECÇÃO III

Intervenção de terceiros

SUBSECÇÃO I

Intervenção principal

DIVISÃO I

Intervenção espontânea

ARTIGO 320.º

(Quando tem lugar)

Estando pendente uma causa entre duas ou mais pessoas, pode nela intervir como parte principal:

***a)* Aquele que, em relação ao objecto da causa, tiver um interesse igual ao do autor ou do réu, nos termos dos artigos 27.º e 28.º;**

***b)* Aquele que, nos termos do artigo 30.º, pudesse coligar-se com o autor, sem prejuízo do disposto no artigo 31.º.**

1. A instância, após a citação do réu, mantém-se em geral a mesma. A lei permite, porém, que em certos casos ela se modofique quanto aos sujeitos (modificações subjectivas), ou quanto ao objecto (modificações objectivas).

As modificações subjectivas da instância só podem ocorrer por sucessão das partes, ou pelos incidentes da intervenção de terceiros. A estes últimos se referem os arts. 320.º a 359.º, agrupando-os basicamente em três modalidades distintas, conforme o motivo justificativo da intervenção: *intervenção principal, intervenção acessória* e *oposição.*

O esquema actual representa uma simplificação do modo como esta matéria era tratada no texto primitivo deste Código, onde se admitiam especificadamente mais três modalidades de intervenção: a *nomeação à acção,* o *chamamento à demanda,* e o *chamamento à autoria.*

— 105 —

ART. 320.º   *Livro III, Título I — Das disposições gerais*

A nomeação à acção foi eliminada, pura e simplesmente, por se entender que à face do disposto no art. 1311.º do Código Civil desapareceu o pressuposto base essencial em que assentava tal incidente. O chamamento à demanda foi incluído no âmbito da intervenção principal provocada passiva (art. 329.º). Quanto ao chamamento à autoria, «optou-se por acautelar os eventuais interesses legítimos que estão na base e fundam o chamamento, nos quadros da intervenção acessória, admitindo, deste modo, em termos inovadores, que esta possa comportar, ao lado da 'assistência', também uma forma de intervenção (acessória) provocada ou suscitada pelo réu da causa principal» ([115]).

2. Os arts. 320.º a 329.º ocupam-se da *intervenção principal*, espontânea e provocada, como uma das modalidade dos incidentes da instância, caracterizados pela intervenção, como partes, de terceiros numa lide já iniciada. Os restantes processos incidentais nesta matéria são actualmente a *intervenção acessória* (arts. 330.º a 334.º), a *assistência* (arts. 335.º a 341.º) e a *oposição* (arts. 342.º a 359.º).

3. A intervenção principal não é mais do que a projecção em causas já pendentes, das situações previstas nos arts. 27.º (litisconsórcio voluntário), 28.º (litisconsórcio necessário) e no art. 30.º (coligação activa). É, pois, uma forma sucessiva de litisconsórcio ou de coligação de autores.

Figuremos algumas situações.

A e *B* são conjuntamente credores de *C*. Se *A* intenta acção para haver de *C* a quota-parte que lhe pertence receber, pode *B* intervir, como parte principal, para ver declarado o seu direito ao crédito da parte correspondente. A conexão faz-se em atenção ao objecto da causa (o crédito de ambos em relação a *C*). Estamos, então, no domínio da alínea *a)* deste artigo.

Supunhamos agora que *A* e *B*, filhos de pai incógnito, têm por mãe *C*. *A* propõe acção de investigação de paternidade contra *D*; *B*, que também atribui a sua paternidade a *D*, pode vir coligar-se com o irmão desde que não haja obstáculo à coligação nos termos do art. 31.º. Estamos, nesse caso, no domínio de aplicação da alínea *b)* deste preceito.

([115]) Do relatório que precede o Dec.-Lei n.º 329-A/95.

Capítulo III — Dos incidentes da instância **ART. 322.º**

4. Quanto à alínea *b)* há a notar uma importante modificação operada do Código de 39 para o de 61. O primeiro desses códigos permitia a intervenção dos que, nos termos dos arts. 29.º e 30.º daquele diploma pudessem ter sido demandados juntamente com o réu. A Comissão Revisora ([116]) insurgiu-se vivamente contra esta faculdade; pressupondo a conjunção (coligação de réus) a formulação de pedidos diferentes, salientava-se o absurdo que resultaria de permitir ao interveniente passivo associar-se ao réu para se defender de um pedido diverso do deduzido contra este, isto é, para se defender de um pedido que não fora formulado. A crítica era procedente e foi bem atendida. Actualmente, portanto, só podem intervir como partes principais no decurso da acção aqueles que poderiam ter-se coligado com o autor no momento da sua propositura.

ARTIGO 321.º

(Posição do interveniente)

O interveniente principal faz valer um direito próprio, paralelo ao do autor ou do réu, apresentando o seu próprio articulado ou aderindo aos apresentados pela parte com quem se associa.

Esta regra marca a diferença entre a *intervenção principal* e a *oposição*, nas suas formas espontânea e provocada. Realmente sem esta regra confundir-se-iam estas duas figuras da intervenção de terceiros. O que verdadeiramente as distingue é este traço específico: o opoente pretende fazer reconhecer um direito próprio que é não só *contrário* ao direito invocado pelo autor, como até o reconhecimento daquele exclui a possibilidade deste ser atendido (as pretensões são incompatíveis); o interventor principal, embora invocando também um direito próprio, associa-se, ou é associada, na lide a uma das partes, na qualidade, ele também, de parte principal, por invocação de um direito que é *paralelo* ao do autor ou ao do réu.

ARTIGO 322.º

(Oportunidade da intervenção)

1 — A intervenção fundada na alínea *a)* do artigo 320.º é admissível a todo o tempo, enquanto não estiver defi-

---

([116]) Projectos de Revisão, I, pág. 197.

ART. 322.º *Livro III, Título I — Das disposições gerais*

nitivamente julgada a causa; a que se baseia na alínea *b)* só é admissível enquanto o interveniente possa deduzir a sua pretensão em articulado próprio.

2 — O interveniente aceita a causa no estado em que se encontrar, sendo considerado revel quanto aos actos e termos anteriores; mas goza de todos os direitos de parte principal a partir do momento da sua intervenção.

O correspondente preceito do Código de 39 declarava admissível a intervenção principal a todo o tempo.

A Comissão Revisora, pela pena do seu ilustrado Relator, criticou vivamente o modo absoluto com que se proclamava tal regra, escrevendo a esse respeito: «O art. 358.º declara, sem restrições, que a intervenção principal é admissível a todo o tempo, enquanto a causa não estiver definitivamente julgada. Também esta regra não é inteiramente exacta. Logo em seguida o art. 359.º dispõe que o interveniente só pode oferecer articulado próprio quando intervenha antes de findar o período dos articulados. Ora, a intervenção em coligação, implicando um pedido diferente do formulado pelo autor, só pode necessariamente ser deduzida em articulado próprio. O interveniente nunca poderá limitar-se a aderir aos articulados do primitivo autor. Rectifica-se, por conseguinte, aquele art. 358.º. Ficará a considerar em separado as duas hipóteses: para a do n.º 1 do art. 356.º subsiste a regra actual; para a do n.º 2, passa a dispor que a intervenção só é admissível enquanto possa ser deduzida em articulado próprio» ([117]).

Achou-se bem fundada a crítica, e daí a redacção dada a este artigo.

Que o intuito do legislador foi o de satisfazer a proposta da Comissão vê-se claramente das observações que acompanharam o texto do projecto: «A pequena modificação que o artigo sofreu, representa uma rectificação necessária e cabida da redacção anterior. Dizia-se que a intervenção era admissível a todo o tempo, enquanto não estivesse definitivamente julgada a causa. Mas logo do disposto no art. 359.º se concluía que afinal a intervenção baseada na alínea *b)* do art. 356.º (que, pela força das circunstâncias, necessita de ser deduzida em articulado próprio) só poderia ser requerida no período dos articulados. Era precisamente nesse

---

([117]) *Projectos de Revisão,* I, pág. 198.

Capítulo III — Dos incidentes da instância　**ART. 322.º**

sentido que A. dos Reis (*ob.* e *vol. cits.*, pág. 520) interpretava já o direito vigente. E é essa a doutrina que, adaptada à solução que o art. 359.º perfilha, agora se consagra de modo explícito» ([118]).

Hoje, portanto, há que distinguir, quanto ao momento até ao qual se pode requerer a intervenção, os casos previstos na alínea *a)* do art. 320.º, dos previstos na alínea *b)* do mesmo preceito. Se a intervenção se funda na alínea *a)* pode ser deduzida até ao trânsito da decisão que ponha termo à instância, no tribunal de comarca ou em qualquer dos tribunais de recurso; se se funda na alínea *b)* só pode ser requerida enquanto o interveniente puder deduzir a sua pretensão em articulado próprio, isto é, nos tempos previstos nos n.os 1 e 2 do art. 323.º.

A solução encontrada não se revela, no entanto, totalmente eficaz.

Partiu-se do princípio de que só nos casos da alínea *b)* do art. 320.º (coligação activa) havia necessidade de o pedido do interveniente ser apresentado em articulado próprio. Ora isto não é exacto. Na maioria das intervenções requeridas ao abrigo da alínea *a)* daquele preceito (litisconsórcio voluntário sucessivo) haverá lugar à formulação de um pedido que alargará o âmbito da demanda e colocará a parte adversa na necessidade de produzir defesa contra o novo pedido.

Supunhamos que se verifica a situação figurada em primeiro lugar na nota 3 ao art. 320.º. Admitamos que *A* e *B* são conjuntamente credores de *C* pela importância de 100 contos, pertencendo a cada um deles metade desse crédito. *A* acciona *C* pedindo a condenação deste a pagar-lhe a quantia de 50 contos. *C* contesta o pedido. Poderá *B a todo o tempo,* requerer a sua intervenção como parte principal vindo pedir, já depois de proferido o despacho saneador, que *C* seja igualmente condenado a satisfazer-lhe os 50 contos do seu crédito? Pela regra do n.º 1 do artigo em anotação pode fazê-lo, porque o caso é, indubitavelmente, de litisconsórcio voluntário e, portanto, a intervenção se funda no disposto na alínea *a).* O réu, porém, inutilizará, em quase todos os casos, a intervenção, nos termos do n.º 2 do art. 355.º, alegando que o estado da causa já lhe não permite fazer valer a defesa que tiver contra o novo pedido (*v.g.,* pela invocação de excepções como a compensação, a prescrição e o pagamento), e dado que o juiz não

---

([118]) *Bol. Min. Just.,* n.º 122, pág. 129.

— 109 —

ART. 323.º   *Livro III, Título I — Das disposições gerais*

pode entrar, nesse momento, na apreciação da substância dessa defesa, terá de julgar, em regra, inadmissível a intervenção deduzida para além da fase dos articulados.

Deste modo, a regra enunciada pela primeira parte do n.º 1 deste preceito sofre uma grande limitação, e bem avisado andará o interessado que, querendo intervir como parte principal em causa já pendente, o faça no tempo processual em que, segundo o n.º 1 do art. 323.º, lhe é permitido usar articulado próprio.

ARTIGO 323.º

(Dedução da intervenção)

1 — Quando a intervenção tenha lugar antes de proferido o despacho saneador, o interveniente pode deduzi-la em articulado próprio, formulando a sua própria petição, se a intervenção for activa, ou contestando a pretensão do autor, se se tratar de intervenção passiva.

2 — Quando o processo não comportar despacho saneador, a intervenção nos termos previstos no número anterior pode ter lugar até ser designado dia para discussão e julgamento em 1.ª instância, ou até ser proferida sentença em 1.ª instância, se não houver lugar nem a despacho saneador, nem a audiência final.

3 — Sendo a intervenção posterior aos momentos processuais referidos nos números anteriores, o interveniente deduzi-la-á em simples requerimento, fazendo seus os articulados do autor ou do réu.

1. Veja-se a anotação ao artigo anterior.

2. O código de 1939 só admitia a intervenção em articulado próprio durante o período dos articulados, isto é, até expirar o prazo em que o último deles podia ser oferecido.

Por proposta da Comissão Revisora alargou-se o prazo, que hoje só termina quando se mostrar proferido o despacho saneador, e ainda, portanto, que o processo já esteja concluso, ao juiz, para esse efeito. Se o processo não comportar despacho saneador, o prazo irá até à designação de dia para discussão e julgamento em 1.ª instância, e quando não houver lugar a audiência final poderá mesmo ir até ser *proferida* sentença em 1.ª instância.

Capítulo III — Dos incidentes da instância   **ART. 324.º**

A reforma de 95/96 acrescentou ao preceito que quando a intervenção for activa o interveniente que possa usar de articulado próprio formulará nele o seu pedido, e se a intervenção for passiva apresentará no articulado a sua defesa, o que tudo parece óbvio.

ARTIGO 324.º

(Oposição das partes)

1 — Requerida a intervenção, o juiz, se não houver motivo para a rejeitar liminarmente, ordena a notificação de ambas as partes primitivas para lhe responderem, podendo estas opor-se ao incidente com o fundamento de que não se verifica nenhum dos casos previstos no artigo 320.º.

2 — A parte com a qual o interveniente pretende associar-se deduz a oposição em requerimento simples e no prazo de 10 dias; a parte contrária deve deduzi-la nos mesmos termos, se o interveniente não tiver apresentado articulado próprio, podendo a oposição neste caso fundar-se também em que o estado do processo já não permite a essa parte fazer valer defesa especial que tenha contra o interveniente.

3 — Se o interveniente tiver apresentado articulado próprio, a parte contrária cumulará a oposição ao incidente com a que deduza contra o articulado do interveniente, seguindo-se os demais articulados admissíveis.

4 — O juiz decide da admissibilidade da intervenção no despacho saneador, se o processo o comportar e ainda não tiver sido proferido ou, no caso contrário, logo após o decurso do prazo para a oposição.

1. Os casos de indeferimento liminar são os indicados no art. 234.º-A.

2. Ao contrário do que se previa no Código de 39, em que apenas a parte contrária ao requerente podia deduzir oposição ao pedido, hoje também a parte com a qual o interveniente pretende associar-se pode fazê-lo. O regime processual varia conforme se trata de uma ou de outra dessas oposições. A oposição deduzida pela parte com quem o interveniente quer associar-se é sempre de fazer em requerimento simples, no prazo de dez dias. A oposição da parte

ART. 325.º *Livro III, Título I — Das disposições gerais*

contrária ao interveniente depende de o interveniente ter apresentado ou não articulado próprio; no primeiro caso a oposição ao incidente far-se-á cumulativamente com a que for deduzida contra o articulado do interveniente; no segundo caso a oposição será também apresentada em requerimento, no prazo de 10 dias, mas nessa hipótese, além de se poder fundar em não se verificar algum dos casos previstos no art. 320.º, a oposição pode ter por fundamento não admitir já o estado do processo que a parte faça valer defesa especial que tenha contra o interveniente.

3. Quando a intervenção puder ser feita sem ser em articulado próprio, sê-lo-á em simples requerimento, onde o requerente terá de fazer seus os articulados do autor ou do réu, conforme a posição que assumir.

4. Quanto ao regime dos recursos vejam-se os arts. 234.º, n.º 5; 739.º, n.º 1, a).

DIVISÃO II

Intervenção provocada

ARTIGO 325.º

(Âmbito)

1 — Qualquer das partes pode chamar a juízo o interessado com direito a intervir na causa, seja como seu associado, seja como associado da parte contrária.

2 — Nos casos previstos no artigo 31.º-B, pode ainda o autor chamar a intervir como réu o terceiro contra quem pretenda dirigir o pedido.

3 — O autor do chamamento alega a causa do chamamento e justifica o interesse que, através dele, pretende acautelar.

1. O Código de 39, autorizando o réu a provocar a intervenção principal tanto de novos autores como de novos réus, limitava essa faculdade para o autor, que só podia chamar a intervir, por este incidente, novos autores. Acabou-se em 61 com essa dualidade de tratamento. E bem. As razões em que se fundava a distinção não eram, na verdade, decisivas [119].

---

[119] Alberto dos Reis, *Código de Processo Civil Anotado,* vol. I, pág. 525.

Capítulo III — Dos incidentes da instância   **ART. 327.º**

2. A reforma de 95/96 introduziu na redacção do preceito correspondente (art. 356.º) duas inovações: a primeira consistiu no aditamento do n.º 2, que permite ao autor chamar um terceiro contra quem pretenda formular pedido idêntico ao já formulado nos autos contra o réu, ou outro pedido diferente desse; a segunda, de interesse meramente formulário, traduziu-se no acrescentamento do actual n.º 3.

ARTIGO 326.º

(Oportunidade do chamamento)

1 — O chamamento para intervenção só pode ser requerido, em articulado da causa ou em requerimento autónomo, até ao momento em que podia deduzir-se a intervenção espontânea em articulado próprio, sem prejuízo do disposto no artigo 269.º, no n.º 1 do artigo 329.º e no n.º 2 do artigo 869.º.

2 — Ouvida a parte contrária, decide-se da admissibilidade do chamamento.

É num dos articulados ou em requerimento autónomo que o chamamento se faz, conforme o momento em que é feito.

O prazo é o que a lei fixa para a dedução espontânea em articulado próprio (art. 323.º), excepto nos dois casos especiais que o preceito refere.

Deve ter-se em conta o que o art. 303.º dispõe quanto aos incidentes da instância em geral.

ARTIGO 327.º

(Termos em que se processa)

1 — Admitida a intervenção, o interessado é chamado por meio de citação.

2 — No acto de citação, recebem os interessados cópias dos articulados já oferecidos, apresentados pelo requerente do chamamento.

3 — O citado pode oferecer o seu articulado ou declarar que faz seus os articulados do autor ou do réu, dentro de prazo igual ao facultado para a contestação, observando-se, com as necessárias adaptações, o disposto para a intervenção espontânea.

— 113 —

ART. 328.º   *Livro III, Título I — Das disposições gerais*

4 — Se intervier no processo passado o prazo a que se refere o número anterior, tem de aceitar os articulados da parte a que se associa e todos os actos e termos já processados.

1. O emprego da citação para chamar o interessado está em perfeito acordo com o que dispõe a segunda parte do n.º 1 do art. 228.º.

2. Os interessados devem receber, no acto da citação, cópia dos articulados oferecidos até aí *por ambas as partes,* cópia que deve ser apresentada pelo requerente do chamamento.

3. O prazo concedido ao chamado para apresentar o seu articulado, ou para declarar que faz seus os articulados da parte a que se considera associado, é o prazo concedido à defesa na forma de processo de que se tratar.

ARTIGO 328.º

(Valor da sentença quanto ao chamado)

1 — Se o chamado intervier no processo, a sentença apreciará o seu direito e constituirá caso julgado em relação a ele.

2 — Se não intervier, a sentença só constitui, quanto a ele, caso julgado:

a) Nos casos da alínea a) do artigo 320.º, salvo tratando-se de chamamento dirigido pelo autor a eventuais litisconsortes voluntários activos;

b) Nos casos do n.º 2 do artigo 325.º.

Se o interveniente espontâneo for admitido a intervir é claro que passa a ocupar no processo a posição de parte principal e não haverá que fazer qualquer restrição quanto à eficácia do caso julgado em relação a ele.

Se a intervenção é admitida mas o interessado intervém a chamamento de uma das partes, uma de duas: ou intervém no processo, e a sua situação é, quanto ao julgado, idêntica à do interveniente espontâneo, ou não intervém, e então o caso julgado só o abrange se o chamamento foi feito nos termos da alínea *a)* do art. 320.º, excluindo, porém, os chamados para fins de litisconsórcio voluntário activo.

Capítulo III — Dos incidentes da instância   **ART. 329.º**

ARTIGO 329.º

(Especialidades da intervenção passiva suscitada pelo réu)

1 — O chamamento de condevedores ou do principal devedor, suscitado pelo réu que nisso mostre interesse atendível, é deduzido obrigatoriamente na contestação ou, não pretendendo o réu contestar, no prazo em que esta deveria ser apresentada.

2 — Tratando-se de obrigação solidária e sendo a prestação exigida na totalidade a um dos condevedores, pode o chamamento ter ainda como fim a condenação na satisfação do direito de regresso que lhe possa vir a assistir.

3 — Na situação prevista no número anterior, se apenas for impugnada a solidariedade da dívida e a pretensão do autor puder de imediato ser julgada procedente, é o primitivo réu logo condenado no pedido no despacho saneador, prosseguindo a causa entre autor do chamamento e chamado, circunscrita à questão do direito de regresso.

1. Estão abrangidos neste preceito os casos que o texto primitivo do Código considerava de chamamento à demanda: *a)* o do fiador que quizesse fazer intervir o devedor, nos termos do n.º 1 do art. 641.º do Código Civil, e *b)* o do devedor solidário que, demandado pela totalidade da dívida, quizesse fazer intervir os outros devedores.

2. Como se sabe, ao fiador é lícito recusar o cumprimento enquanto o credor não tiver excutido todos os bens do devedor sem obter a satisfação do seu crédito (Cód. Civ., art. 638.º, n.º 1), vantagem que se designa por *benefício da excussão*. Apesar deste benefício o credor pode demandar só o fiador, mas este tem, em tal caso, a faculdade de fazer intervir o devedor para com ele se defender ou ser conjuntamente condenado (Cód. Civ., art. 641.º, n.º 1). É o exercício dessa faculdade que o preceito em anotação regula, para essa situação e para outras semelhantes, em que haja um devedor subsidiário e outro principal, gozando aquele do benefício da excussão. Se o problema se suscitar na execução movida contra o devedor subsidiário, regula o art. 828.º deste

— 115 —

ART. 329.º   *Livro III, Título I — Das disposições gerais*

Código. Aí não é aplicável o requerimento para intervenção principal passiva, mas, sendo a execução movida apenas contra o devedor subsidiário, se este invocar o benefício da excussão prévia, o exequente pode requerer, no próprio processo, execução contra o devedor principal.

3. O art. 518.º do Código Civil dispõe que ao devedor solidário demandado não é lícito opor o benefício da divisão, e ainda que chame os outros devedores à demanda, nem por isso se libera da obrigação de efectuar a prestação por inteiro. Este preceito foi redigido quando ainda se encontrava em vigor o art. 330.º do Código de Processo que, como se disse, autorizava o devedor solidário demandado pela totalidade da dívida a chamar à demanda os outros condevedores, para intervirem na lide. A lei não dizia, porém, qual o efeito, para os chamados, no caso da procedência da acção. Alberto dos Reis entendia que deviam ser todos condenados, ficando assim o primitivo réu com título executivo contra eles, para o caso de pagar a totalidade da dívida. «Supunhamos — escrevia ele — que o credor demanda, pela totalidade, um dos devedores solidários; o réu pode chamar à demanda os outros devedores solidários. Que utilidade tem o chamamento?». E responde: «Em primeiro lugar, o demandado consegue trazer para o processo novos réus, que podem ajudá-lo na defesa; em segundo lugar, condenados todos os réus, pode dar-se o caso de o credor mover execução contra todos, e não unicamente contra o réu primitivo; finalmente, se o demandado houver de pagar a totalidade, fica em melhor posição para exercer o direito de regresso contra os co-devedores; pode exercê-lo com base na sentença de condenação, sem necessidade de propor contra eles acção declarativa» [120].

Antunes Varela tinha, porém, em relação ao texto primitivo do Código, outra opinião. Em seu entender não referia a lei os *fins* para que o condevedor pode ser chamado a intervir. De entre esses fins destacava os seguintes: «*a)* defender-se com o demandado contra a pretensão do autor; *b)* ser reconhecida a responsabilidade solidária do chamado na dívida, para o caso de o demandado vir a ser condenado; *c)* ser o chamado condenado desde logo a pagar ao réu parte ou a totalidade da dívida se este vier a efectuar a prestação integral». E acrescentava: «Os termos da decisão a proferir no final

---

[120] *Código de Processo Civil Anotado*, vol. I, pág. 453.

Capítulo III — Dos incidentes da instância ART. 329.º

da acção serão naturalmente diferentes consoante a opção que o autor do chamamento tiver efectuado e a pretensão que ele tiver formulado, ao requerer a intervenção do condevedor» ([121]).

A reforma de 95/96 tomou posição nesta divergência ao determinar, no n.º 2 do artigo em anotação, que «tratando-se de obrigação solidária e sendo a prestação exigida na totalidade a um dos condevedores, pode o chamamento ter ainda como fim a condenação na satisfação do direito de regresso que lhe possa vir a assistir».

Parece-nos que este enxerto, na acção primitiva, de uma outra acção destinada a apreciar condicionalmente o direito de regresso, não seria necessário e descaracteriza a figura processual de que estamos a tratar.

Realmente, a intervenção *provocada* não deixa de ser *principal,* isto é, um incidente da instância que permite a um terceiro vir ocupar, numa lide já iniciada, a posição de *parte principal,* como titular de um direito próprio, *paralelo* ao do autor ou do réu.

Neste caso, a posição do chamado é o de condevedor na obrigação accionada, e daí que não possa ocupar, na lide, outra posição que não seja a de réu, ao lado do réu primitivo.

Uma vez que a acção seja julgada procedente são todos os réus condenados e conforme aquele que for escolhido pelo credor para cumprir, funcionará o art. 524.º, resultando daí determinar-se a favor de quem existirá o direito de regresso e em que medida. O legislador da reforma julgou que isto não seria o suficiente e, como se vê do uso do vocáculo «ainda», empregado no n.º 2, faculta ao réu primitivo o exercício de uma acção declarativa destinada a reconhecer o direito de regresso que existirá se certo pagamento for efectuado.

4. Se tanto o primitivo réu como o chamado a intervir nada tiverem a opor quanto ao cumprimento da obrigação invocada pelo autor e, entre eles, apenas se discutir a questão da solidariedade, o réu primitivo é logo condenado no pedido, no despacho saneador, e a acção prossegue para apurar o direito de regresso.

([121]) Na *Rev. Leg. Jur.,* ano 115.º, pág. 349, em comentário ao Ac. do Supremo, de 28 de Julho de 1981.

ART. 331.º *Livro III, Título I — Das disposições gerais*

SUBSECÇÃO II

Intervenção acessória

DIVISÃO I

Intervenção provocada

ARTIGO 330.º

(Campo de aplicação)

1 — O réu que tenha acção de regresso contra terceiro para ser indemnizado do prejuízo que lhe cause a perda da demanda pode chamá-lo a intervir como auxiliar na defesa, sempre que o terceiro careça de legitimidade para intervir como parte principal.

2 — A intervenção do chamado circunscreve-se à discussão das questões que tenham repercussão na acção de regresso invocada como fundamento do chamamento.

Transitou para aqui o antigo chamamento à autoria, que tinha como antecedente remoto a *litis denuntiatio,* do direito romano.

Supunhamos que um devedor *a quem a lei reconheça direito de regresso (v.g.,* arts. 497.º, n.º 2, 521.º, 524.º e 1226.º Cód. Civil) é demandado pela totalidade da obrigação. Querendo ele fazer intervir os seus condevedores usará normalmente das faculdades que lhe são conferidas pelo art. 329.º; se, porém, o chamado carecer de legitimidade para intervir como parte principal, pode o devedor chamá-lo a intervir como assistente, para o auxiliar na defesa, ao abrigo do preceito em anotação. É a intervenção acessória provocada.

A faculdade consentida por este artigo pode ser, por sua vez, usada pelo chamado. Pode dar-se, assim, o chamamento sucessivo das pessoas contra quem os chamados possam exercer, respectivamente, direito de regresso, mas sempre no caso de contra eles não poder usar-se do incidente da intervenção principal provocada.

ARTIGO 331.º

(Dedução do chamamento)

1 — O chamamento é deduzido pelo réu na contestação ou, não pretendendo contestar, no prazo em que esta deveria ser apresentada.

— 118 —

Capítulo III — Dos incidentes da instância **ART. 332.º**

2 — O juiz, ouvida a parte contrária, deferirá o chamamento quando, face às razões alegadas, se convença da viabilidade da acção de regresso e da sua conexão com a causa principal.

O chamamento é deduzido na contestação ou no prazo em que esta devia ser apresentada (arts. 486.º, n.º 1, 783.º e 794.º).

O autor é ouvido sobre a existência do direito de regresso e sua conexão com a causa principal. Se se convencer de que podem existir o direito de regresso e a conexão referida, o juiz manda citar pessoalmente o chamado, nos termos do art. 332.º, sendo aplicável ao caso as disposições gerais sobre incidentes da instância constantes dos arts. 302.º a 304.º.

ARTIGO 332.º

(Termos subsequentes)

1 — O chamado é citado, correndo novamente a seu favor o prazo para contestar e passando a beneficiar do estatuto de assistente, aplicando-se, com as necessárias adaptações, o disposto nos artigos 337.º e seguintes.

2 — Não se procede à citação edital, devendo o juiz considerar findo o incidente quando se convença da inviabilidade da citação pessoal do chamado.

3 — Os chamados podem suscitar sucessivamente o chamamento de terceiros seus devedores em via de regresso, nos termos previstos nas disposições antecedentes.

4 — A sentença constitui caso julgado quanto ao chamado, nos termos previstos no artigo 341.º, relativamente às questões de que dependa o direito de regresso do autor do chamamento, por este invocável em ulterior acção de indemnização.

A citação tem de ser pessoal e a partir dela o chamado passa a ter o estatuto de assistente (arts. 337.º a 341.º).

Ver anotação a esses artigos.

ART. 334.º   *Livro III, Título I — Das disposições gerais*

ARTIGO 333.º

(Tutela dos direitos do autor)

Passados três meses sobre a data em que foi inicialmente deduzido o incidente sem que se mostrem realizadas todas as citações a que este haja dado lugar, pode o autor requerer o prosseguimento da causa principal, após o termo do prazo de que os réus já citados beneficiarem para contestar.

O preceito destina-se a evitar os casos em que o réu possa requerer esta intervenção com propósitos dilatórios; vai no mesmo sentido a proibição das citações editais do chamado.

DIVISÃO II

Intervenção acessória do Ministério Público

ARTIGO 334.º

(Como se processa)

1 — Sempre que, nos termos da respectiva Lei Orgânica, o Ministério Público deva intervir acessoriamente na causa, ser-lhe-á oficiosamente notificada a pendência da acção, logo que a instância se considere iniciada.

2 — Compete ao Ministério Público, como interveniente acessório, zelar pelos interesses que lhe estão confiados, exercendo os poderes que a lei processual confere à parte acessória e promovendo o que tiver por conveniente à defesa dos interesses da parte assistida.

3 — O Ministério Público é notificado para todos os actos e diligências, bem como de todas as decisões proferidas no processo, nos termos em que o devam ser as partes na causa, tendo legitimidade para recorrer quando o considere necessário à defesa do interesse público ou dos interesses da parte assistida.

4 — Até à decisão final e sem prejuízo das preclusões previstas na lei de processo, pode o Ministério

Capítulo III — Dos incidentes da instância **ART. 335.º**

Público, oralmente ou por escrito, alegar o que se lhe oferecer em defesa dos interesses da pessoa ou entidade assistida.

O Ministério Público intervém nos processos acessoriamente quando, não se verificando caso em que deva intervir como parte principal, sejam interessados na causa as regiões autónomas, as autarquias locais, outras pessoas colectivas públicas, pessoas colectivas de utilidade pública, incapazes ou ausentes, e nos demais casos previstos na lei (Lei Org. M.º P.º, art. 5.º, n.º 4).

Sobre a falta de vista ou exame ao Ministério Público como parte acessória vejam-se os arts. 200.º a 202.º e correspondente anotação.

DIVISÃO III

Assistência

ARTIGO 335.º

(Conceito e legitimidade da assistência)

1 — Estando pendente uma causa entre duas ou mais pessoas, pode intervir nela como assistente, para auxiliar qualquer das partes, quem tiver interesse jurídico em que a decisão do pleito seja favorável a essa parte.

2 — Para que haja interesse jurídico, capaz de legitimar a intervenção, basta que o assistente seja titular de uma relação jurídica cuja consistência prática ou económica dependa da pretensão do assistido.

1. A assistência é a intervenção de terceiro no processo para auxiliar um dos litigantes.

O assistente não pretende fazer valer uma pretensão própria, e nisso se distingue a assistência de todas as outras formas de intervenção de terceiros; o seu desígnio é fazer triunfar a tese do assistido; é uma intervenção *ad adjuvandum* como diziam os praxistas.

2. O assistente, para ser admitido, tem de demonstrar *interesse jurídico* em que a decisão do pleito seja favorável à parte que se propõe auxiliar, isto é, interesse tutelado pelo direito. Está, portanto,

ART. 335.º   *Livro III, Título I — Das disposições gerais*

naturalmente fora de causa o interesse puramente afectivo, do familiar ou do amigo, que, por razões de exclusiva amizade, desejem o triunfo de um dos litigantes, ou o do doutrinário que visa apenas a satisfação de ver consagrada uma tese que defendeu no campo da ciência. Para legitimar a intervenção do assistente é necessário que a disputa sobre o direito do assistido possa vir a afectar um direito ou um interesse legítimo daquele.

Dias Ferreira expressava esta mesma ideia com bastante clareza. É assistente — dizia ele — o que vem a juízo auxiliar uma das partes em pleito cuja decisão pode vir a influir nos seus interesses; e por isso ninguém pode ser admitido como assistente sem ter interesse na causa, e interesse ligado a alguma das partes que litigam (122).

A expressão *interesse jurídico,* que já se lia no art. 340.º do código anterior, deu lugar, durante a vigência deste, a uma divergência de interpretação. Pensavam uns (123) que o terceiro interveniente só teria interesse jurídico que o legitimasse como assistente quando a decisão da causa pendente pudesse comprometer o seu próprio direito; pensavam outros que esse interesse existia logo que aquela decisão, sem se projectar directamente no direito do terceiro, pudesse vir a afectar a sua consistência ou realização prática (124). Concretamente a questão punha-se quanto à admissibilidade como assistente do credor nas questões patrimoniais do devedor; ele poderia ser completamente estranho ao litígio, mas da decisão deste podia resultar reforço ou diminuição do património do devedor, e nessa medida estaria o seu interesse em auxiliá-lo no pleito. O legislador de 1961 tomou posição na divergência, consagrando expressamente, no n.º 2 do art. 335.º, a segunda das interpretações referidas. Entendeu-se ser essa a solução que melhor permite a defesa de justos e legítimos interesses, sem que com ela se cause prejuízo ou embaraço apreciável na marcha do processo.

---

(122) *Ob. cit.,* vol. 1.º, pág. 422.

(123) Alberto dos Reis, *Cód. Proc. Civ. An.,* vol. 1.º, págs. 467 e seguintes.

(124) Manuel de Andrade, *Lições,* págs. 464 e seguintes.

Capítulo III — *Dos incidentes da instância* **ART. 337.º**

ARTIGO 336.º

(Intervenção e exclusão do assistente)

1 — O assistente pode intervir a todo o tempo, mas tem de aceitar o processo no estado em que se encontrar.

2 — O pedido de assistência pode ser deduzido em requerimento especial ou em articulado ou alegação que o assistido estivesse a tempo de oferecer.

3 — Não havendo motivo para indeferir liminarmente o pedido de intervenção, ordenar-se-á a notificação da parte contrária à que o assistente se propõe auxiliar; haja ou não oposição do notificado, decidir-se-á imediatamente, ou logo que seja possível, se a assistência é legítima.

1. A expressão «a todo o tempo» significa que a intervenção pode ser requerida enquanto não houver decisão com trânsito que ponha termo à instância.

2. Com o requerimento, articulado ou alegação em que for deduzido o pedido indicar-se-ão logo os meios de prova de que se quer fazer uso no incidente, por força do que preceitua o art. 302.º.

3. A parte contrária à que o assistente se propõe auxiliar dispõe do prazo de 10 dias (art. 303.º) para deduzir oposição. A falta de oposição não produz qualquer efeito na decisão do incidente. O juiz tem de decidir sempre sobre a legitimidade da intervenção. A restrição «logo que seja possível» refere-se aos casos em que haja necessidade de produzir prova sobre a matéria do incidente.

ARTIGO 337.º

(Posição do assistente — Poderes e deveres gerais)

1 — Os assistentes têm no processo a posição de auxiliares de uma das partes principais.

2— Os assistentes gozam dos mesmos direitos e estão sujeitos aos mesmos deveres que a parte assistida, mas a sua actividade está subordinada à da parte principal, não podendo praticar actos que esta tenha perdido o direito de praticar nem assumir atitude que esteja em oposição com a do assistido; havendo divergência insa-

ART. 338.º   *Livro III, Título I — Das disposições gerais*

nável entre a parte principal e o assistente, prevalece a vontade daquela.

3 — Pode requerer-se o depoimento do assistente como parte.

1. O artigo regula a actividade processual do assistente quando o assistido intervém no processo. Se este é revel, há que ter em conta o regime especial estabelecido pelo art. 338.º.

Do princípio de que o assistente não sustenta na causa uma pretensão própria resulta a sua posição de *parte acessória*.

2. A regra do n.º 2 encontra uma limitação no disposto no art. 680.º: o assistente não pode recorrer senão das decisões que *directamente* o afectem, como são as que o não admitam a usar dos direitos processuais que este preceito lhe reconhece.

3. O depoimento de parte do assistente nunca tem o valor de confissão. É avaliado livremente pelo julgador, que terá, no entanto, em atenção as circunstâncias e a posição na causa de quem o presta e de quem o requereu (art. 555.º).

ARTIGO 338.º

(Posição especial do assistente)

Se o assistido for revel, o assistente é considerado como seu substituto processual, mas sem lhe ser permitida a realização de actos que aquele tenha perdido o direito de praticar.

1. Regula a posição processual do assistente no caso de revelia do assistido (arts. 255.º, 483.º e 485.º). Ao contrário do que acontece na hipótese figurada no art. 337.º, aqui o assistente procede como gestor de negócios do assistido, e nessa qualidade é admitido a usar de todos os direitos processuais reconhecidos àquele, incluindo o de recorrer de quaisquer decisões desfavoráveis para a parte principal a quem auxiliar.

2. A gestão de negócios vem regulada nos arts. 464.º a 472.º do Código Civil.

— 124 —

Capítulo III — Dos incidentes da instância　**ART. 340.º**

O Código de Processo refere-se ao patrocínio judiciário exercido a título de gestão no art. 41.º. Este preceito não é aplicável à hipótese do art. 338.º, pelo que nunca há necessidade de ratificação.

3. Cessando a revelia do assistido, a posição do assistente passa a ser a de parte acessória, conforme o disposto no art. 337.º.

ARTIGO 339.º

(Provas utilizáveis pelo assistente)

Os assistentes podem fazer uso de quaisquer meios de prova, mas quanto à prova testemunhal somente para completar o número de testemunhas facultado à parte principal.

Refere-se aos meios de prova de que o assistente pode fazer uso na causa principal. Quanto à prova no incidente regula o art. 302.º. A limitação do número de testemunhas tem de ser aproximada das disposições que regulem essa prova na acção de que se tratar.

ARTIGO 340.º

(A assistência e a confissão, desistência ou transacção)

A assistência não afecta os direitos das partes principais, que podem livremente confessar, desistir ou transigir, findando em qualquer destes casos a intervenção.

O princípio da liberdade de desistência, confissão e transacção, reconhecido às partes principais pelo art. 293.º, não é, em coisa alguma, afectado pela intervenção, na causa, de um assistente. É conclusão que decorre do facto de não ser este o titular, quer da relação jurídica material, quer da relação jurídica processual; o presente artigo reconhece-o. Pela mesma razão, tem de entender-se que o assistente nunca pode ser admitido a confessar, desistir ou transaccionar no pleito, ainda que o assistido seja revel. A extinção da instância, qualquer que seja a causa, põe sempre fim à *assistência*.

ART. 341.º *Livro III, Título I — Das disposições gerais*

ARTIGO 341.º

(Valor da sentença quanto ao assistente)

A sentença proferida na causa constitui caso julgado em relação ao assistente, que é obrigado a aceitar, em qualquer causa posterior, os factos e o direito que a decisão judicial tenha estabelecido, excepto:

a) **Se alegar e provar, na causa posterior, que o estado do processo no momento da sua intervenção ou a atitude da parte principal o impediram de fazer uso de alegações ou meios de prova que poderiam influir na decisão final;**

b) **Se mostrar que desconhecia a existência de alegações ou meios de prova susceptíveis de influir na decisão final e que o assistido não se socorreu deles intencionalmente ou por negligência grave.**

1. A regra, enunciada por este artigo, é a de que a sentença proferida na causa tem, para com o assistente, o valor a que se refere o art. 671.º. Sendo assim, e podendo dessa sentença resultar prejuízo efectivo, embora indirecto, para o assistente é este admitido a recorrer, verificado o condicionalismo do n.º 2 do art. 680.º.

2. A sentença proferida na causa poderá executar-se contra o assistente da parte vencida?

A conjugação deste preceito com o disposto no art. 57.º induziria, à primeira vista, a responder afirmativamente. Mas não parece ser essa a solução correcta. O mesmo texto legal explica o sentido restrito que se atribui ao caso julgado formado pela sentença, em relação ao assistente, que é apenas o de obrigar este a aceitar, em causa futura, os factos e o direito estabelecidos por aquela decisão. O preceito correspondente do Código de 1939 continha a expressão «*para o efeito de*» que ainda tornava mais claro este entendimento. Modificou-se a redacção mas os trabalhos preparatórios do novo código revelam que não houve a mínima intenção de alterar a substância da regra ([125]).

([125]) Neste sentido: Lopes Cardoso, *Manual da Acção Executiva*, 3.ª ed., pág. 123, nota 1.

Capítulo III — *Dos incidentes da instância* **ART. 342.º**

SUBSECÇÃO III

Oposição

DIVISÃO I

Oposição espontânea

ARTIGO 342.º

(Conceito de oposição — Até quando pode admitir-se)

1 — Estando pendente uma causa entre duas ou mais pessoas, pode um terceiro intervir nela como opoente para fazer valer, no confronto de ambas as partes, um direito próprio, total ou parcialmente incompatível com a pretensão deduzida pelo autor ou pelo reconvinte.

2 — A intervenção do opoente só é admitida enquanto não estiver designado dia para a discussão e julgamento da causa em 1.ª instância ou, não havendo lugar a audiência de julgamento, enquanto não estiver proferida sentença.

1. Trata da *oposição* como incidente da instância.

A intervenção de terceiro num pleito alheio é admitida, a título de oposição, quando esse terceiro se arrogar a qualidade de titular de uma relação jurídica cujo reconhecimento importe a averiguação de que a coisa ou direito em litígio não pertence a qualquer das partes primitivas na causa.

Pereira e Sousa já definia *oposição* como o libelo que um terceiro forma em juízo contra o autor ou contra o réu ou juntamente contra ambos [126].

Entre os praxistas havia divergência sobre se a oposição visava a excluir sempre ambas as partes ou se seria admissível oposição destinada a excluir apenas o autor ou apenas o réu. Essa divergência doutrinária projectou os seus efeitos na legislação actual, podendo citar-se como tendo aceitado a primeira corrente o Código brasileiro (art. 102.º), enquanto que o nosso Código de 1939 consagrou a segunda dessas teses.

Figuremos alguns exemplos.

---

[126] *Ob. cit.*, § CLIV.

— 127 —

ART. 342.º *Livro III, Título I — Das disposições gerais*

Numa acção de divisão de coisa comum entre A, B e C, intervém D como opoente, alegando que a coisa a dividir lhe pertence exclusivamente.

Numa acção destinada a cobrança de uma dívida intervém um terceiro alegando ser o único titular do direito de crédito.

Numa acção destinada à constituição de uma servidão de passagem intervém um terceiro arrogando-se a qualidade de único proprietário do prédio serviente.

Eis três hipóteses em que o opoente visa com a sua intervenção a excluir ambas as partes (no 1.º exemplo), ou só o autor (no 2.º exemplo) ou só o réu (no 3.º exemplo).

Referimo-nos à oposição na sua modalidade de intervenção voluntária ou espontânea; quanto à oposição provocada regula o art. 347.º.

A incompatibilidade a que alude o preceito pode ser total ou parcial.

A justificação da oposição é a economia processual que se consegue apreciando numa única acção as pretensões opostas sobre a titularidade do direito em litígio; assim se evita que o terceiro, nas condições previstas no artigo, tenha de aguardar a decisão da causa para propor nova demanda destinada a declarar o seu direito. A oposição é, pois, uma verdadeira nova acção que se enxerta na anterior.

2. Poderá haver, na mesma causa, mais do que uma *oposição*? Embora a letra do preceito pareça contrária a este entendimento, não vemos razão para uma resposta negativa. Os motivos que levaram o legislador a admitir esta forma de intervenção mostram-se igualmente válidos no caso de oposições posteriores, que poderão ser, até, determinadas pela pretensão deduzida pelo primeiro opoente.

3. No código anterior prescrevia-se que a oposição só era de admitir enquanto não estivesse designado dia para discussão e julgamento da causa em primeira instância. Não se previam, portanto, os casos, aliás frequentes, em que não há lugar a essa audiência, como em geral sucede quando falta a contestação do réu. Preencheu-se essa lacuna da lei com o disposto na última parte do n.º 2 deste preceito.

A oposição, como resulta deste artigo, só é admissível em primeira instância.

— 128 —

Capítulo III — *Dos incidentes da instância* **ART. 344.º**

ARTIGO 343.º

(Dedução da oposição espontânea)

O opoente deduzirá a sua pretensão por meio de petição, à qual são aplicáveis, com as necessárias adaptações, as disposições relativas à petição inicial.

1. Quanto à forma da petição (simples ou articulada) ter-se-á em conta o que dispõe o art. 151.º. Os requisitos a que há-de satisfazer são os indicados no art. 467.º, embora nem todos, como é evidente, sejam necessários. Hão-de ser apresentados os duplicados a que alude o art. 152.º. A indicação do valor não precisa de ser feita, dado o que dispõe o art. 316.º.

2. A petição conterá obrigatoriamente a indicação da prova, que o opoente pretenda produzir, em dois casos: quando se trate de prova da admissibilidade do incidente, nas raras hipóteses em que dela carece, — e sempre que a forma do processo em que surja a oposição o exija, tal como acontece no processo sumaríssimo.

ARTIGO 344.º

(Posição do opoente — Marcha do processo)

1 — Se a oposição não for liminarmente rejeitada, o opoente fica tendo na instância a posição de parte principal, com os direitos e responsabilidades inerentes, e será ordenada a notificação das partes primitivas para que contestem o seu pedido, em prazo igual ao concedido ao réu na acção principal.

2 — Podem seguir-se os articulados correspondentes à forma de processo aplicável à causa principal.

Os casos de indeferimento liminar são os indicados no art. 234.º-A.

No texto original do Código era concedido o prazo de oito dias para as partes primitivas contestarem o pedido do opoente. O Dec.-Lei n.º 329-A/95, talvez por entender — e bem — que, sendo a *oposição* uma causa enxertada noutra já pendente, pareceria razoável conceder às partes primitivas o direito de produzirem as suas contestações ao pedido do opoente dentro do prazo que a lei, conforme a forma do processo, reconhecesse ao réu na causa principal, para contestar — e neste sentido modificou o preceito.

— 129 —

ART. 347.º *Livro III, Título I — Das disposições gerais*

ARTIGO 345.º

(Marcha do processo após os articulados da oposição)

Findos os articulados da oposição, procede-se ao saneamento e condensação, quanto à matéria do incidente, nos termos da forma de processo aplicável à causa principal.

Findos os articulados procede-se *quanto à matéria do incidente* ao saneamento e condensação, de harmonia com a forma de processo correspondente à causa principal.

ARTIGO 346.º

(Atitude das partes quanto à oposição e seu reflexo na estrutura do processo)

1 — Se alguma das partes da causa principal reconhecer o direito do opoente, o processo segue apenas entre a outra parte e o opoente, tomando este a posição de autor ou de réu, conforme o seu adversário for o réu ou o autor da causa principal.

2 — Se ambas as partes impugnarem o direito do opoente, a instância segue entre as três partes, havendo neste caso duas causas conexas, uma entre as partes primitivas e a outra entre o opoente e aquelas.

Prevê a hipótese de alguma das partes da causa principal reconhecer o direito do opoente, caso em que essa parte é excluída e substituída na lide pelo opoente. Se ambas impugnarem a pretensão do opoente, o processo prosseguirá com duas causas conexas: uma entre as partes primitivas; outra entre estas e o opoente.

DIVISÃO II

Oposição provocada

ARTIGO 347.º

(Oposição provocada)

A oposição pode também ser provocada pelo réu da causa principal: quando esteja pronto a satisfazer a

— 130 —

Capítulo III — Dos incidentes da instância **ART. 347.º**

prestação, mas tenha conhecimento de que um terceiro se arroga ou pode arrogar-se direito incompatível com o do autor, pode o réu requerer, dentro do prazo fixado para a contestação, que o terceiro seja citado para vir ao processo deduzir a sua pretensão.

1. Os arts. 347.º a 350.º ocupam-se da figura da *oposição provocada*.

Foi admitida pela primeira vez no nosso direito positivo pelo código de 1939.

Esta figura ocorre quando duas ou mais pessoas pretendem ter exclusivo direito a certa prestação por parte de outra pessoa; o reconhecimento da pretensão de um deles exclui, portanto, o reconhecimento da pretensão dos outros. Se só um dos pretendentes move a acção, o demandado tem evidente interesse na intervenção do outro. Ainda que não textualmente prevista no Código italiano, a hipótese pode considerar-se abrangida na primeira parte do seu art. 106.º.

2. No código de 1939 a oposição podia ser provocada quando o demandado tivesse conhecimento de que um terceiro se arrogava o mesmo direito que o autor. A fórmula actual é um pouco diferente. O réu pode requerer a intervenção do opoente quando souber que este se arroga *ou pode arrogar-se* direito *incompatível* com o do autor.

A modificação justifica-se plenamente; basta que o réu tenha conhecimento de que existe um terceiro em condições de vir a reclamar a prestação como sua, para entrar em dúvida quanto à titularidade do direito e a ter interesse em que se defina a pessoa do verdadeiro credor.

3. A intervenção forçada do opoente só pode ser provocada pelo *réu*, em acção que verse sobre a prestação de *coisas* e quando aquele *reconheça a obrigação* que lhe é exigida. Se o réu contesta a acção, não pode, simultaneamente, requerer a intervenção do opoente ([127]). A Comissão Revisora votou a revogação deste princípio. Entendia que se devia permitir o chamamento para oposição mesmo quando

---

([127]) Ac. do Sup. Trib. Just., de 19/6/1962 (*Rev. Trib.*, 80.º-308; *Bol. Min. Just.*, 118.º-434).

ART. 348.º *Livro III, Título I — Das disposições gerais*

o réu contestasse e portanto não estivesse disposto a satisfazer o pedido sem o discutir. Então o chamamento serviria para prevenir o insucesso da defesa ([128]). Mas a inovação não vingou. Na concorrência entre o interesse do réu em evitar ser condenado mais de uma vez a satisfazer a mesma prestação a titulares diferentes e o interesse do terceiro em não ser obrigado a agir num momento que lhe não convenha, por não estar suficientemente preparado para o fazer, entendeu-se legítimo sacrificar este interesse àquele, desde que o réu esteja pronto a satisfazer a prestação.

O terceiro não tem, neste caso, nem que demonstrar a existência da obrigação, nem que provar que é o réu o sujeito passivo dela. Admitir, porém, a oposição provocada nos casos em que o réu se não mostra disposto a satisfazer a prestação, pareceu ao legislador que seria levar longe demais o sacrifício do interesse do terceiro, que ficaria na contingência de ser forçado, de um momento para o outro, quando porventura nem sequer economicamente estivesse preparado para o fazer, a deduzir a sua pretensão, lutando contra o autor e contra o réu, sob pena de ver definitivamente precludido o seu direito ([129]).

ARTIGO 348.º

(Citação do opoente)

Feito o requerimento para que venha ao processo deduzir a sua pretensão, é o terceiro citado para a deduzir em prazo igual ao concedido ao réu para a sua defesa, entregando-se-lhe no acto da citação cópia da petição inicial.

Substituiu-se por *citação* a *notificação* mandada fazer pelo código anterior. A modificação está em perfeito acordo com o que dispõe a segunda parte do n.º 1 do art. 228.º.

Lopes Cardoso escreve, em anotação a este artigo: o prazo para a dedução da oposição continuou a ser o mesmo, mas dispensou-se o juiz dum despacho que era puramente tabelar.

Poderá inferir-se da letra do preceito e do comentário transcrito que a citação do terceiro não tem de ser precedida, neste caso, de despacho a ordená-la? A lei é expressa em ordenar o despacho do

---

([128]) *Projectos de Revisão,* I, pág. 195.
([129]) *B.M.J.,* n.º 122, pág. 125.

Capítulo III — Dos incidentes da instância **ART. 349.º**

juiz quando se trate de citar terceiros chamados a intervir em causa pendente: art. 234.º, n.º 4, alínea *d)*. Aliás esse despacho sempre seria necessário para prévia averiguação sobre a oportunidade do pedido e da constatação do condicionalismo prescrito no art. 347.º.

ARTIGO 349.º

(Consequência da inércia do citado)

1 — Se o terceiro, não deduzir a sua pretensão, tendo sido ou devendo considerar-se citado na sua própria pessoa e não se verificando nenhuma das excepções ao efeito cominatório da revelia, é logo proferida sentença condenando o réu a satisfazer a prestação ao autor.

2 — A sentença proferida tem, no caso previsto no número anterior, força de caso julgado relativamente ao terceiro.

3 — Se o terceiro não deduzir a sua pretensão, sem que se verifiquem as condições a que se refere o n.º 1, a acção prossegue os seus termos, para que se decida sobre a titularidade do direito.

4 — No caso previsto no número anterior, a sentença proferida não obsta nem a que o terceiro exija do autor o que este haja recebido indevidamente, nem a que reclame do réu a prestação devida, se mostrar que este omitiu, intencionalmente ou com culpa grave, factos essenciais à boa decisão da causa.

1. O réu reconhece-se devedor da prestação, mas tem dúvidas sobre quem seja o sujeito activo da respectiva relação jurídica; não sabe se o verdadeiro credor é aquele que se apresenta como autor, se um terceiro que invocou já, ou que parece estar em condições de invocar, essa qualidade. Para evitar colocar-se na situação de ter de pagar duas vezes, suscita a intervenção desse terceiro (oposição provocada) pelo mecanismo do art. 347.º.

Se o terceiro foi, ou deve considerar-se ter sido, citado na sua própria pessoa, não se verificando também alguma das situações previstas nas alíneas *b), c)* e *d)* do art. 485.º, e não deduz a sua pretensão, tem de entender-se que não era fundada a dúvida do réu. O titular é efectivamente o autor. O juiz proferirá sentença

— 133 —

ART. 349.º   *Livro III, Título I — Das disposições gerais*

nessa conformidade, e o caso julgado que assim se forma impõe-se ao terceiro, que jamais poderá exigir a prestação, quer do autor, quer do réu.

2. Que sucederá, porém, se o terceiro foi citado, não deduziu qualquer pretensão, mas a citação não pode considerar-se feita na sua própria pessoa, ou, tendo-o sido, se se verificar alguma das excepções ao efeito cominatório da revelia, a que se referem as alíneas *b), c)* e *d)* do art. 485.º?

O Código de 39 não regulava esta hipótese. Ocupam-se dela, agora, os n.ºˢ 3 e 4 do preceito em anotação.

A diferença resulta que, nestes casos, não pode concluir-se do silêncio do opoente que reconhece não ter direito à prestação, e por isso a acção tem de prosseguir, agora restrita à demonstração, que o autor tem de fazer, de que é o titular exclusivo do direito em litígio; em segundo lugar, e pela mesma razão, o terceiro continua a poder exigir futuramente a prestação, quer do autor (a quem foi prestada), quer do réu (que a prestou), embora a exigência, quanto a este último, esteja condicionada à demonstração de que agiu, na defesa, com negligência causal da decisão, por ter omitido, intencionalmente ou com culpa grave, factos essenciais à boa apreciação da causa.

3. Poderá o réu, nos casos em que a acção prossegue, intervir nos termos posteriores?

Parece que pode e deve fazê-lo.

Pode, porque o interesse que o legitima a provocar a intervenção do opoente também justifica que se mantenha no pleito, agora restrito àquela averiguação da pessoa do verdadeiro credor. E *deve*, porque está sob a cominação do disposto na segunda parte do n.º 4 e só se libertará definitivamente do cumprimento da obrigação fornecendo em juízo todos os factos essenciais à boa decisão da causa.

4. Claro que o que se dispõe neste artigo para a hipótese de prosseguimento do processo cede perante uma válida declaração do terceiro em que este reconheça não lhe pertencer o direito material em causa, quando este estiver na disponibilidade das partes. Feita esta declaração é logo aplicável a regra do n.º 1: o juiz emite sentença definitiva condenando o réu a satisfazer a prestação ao autor e o caso julgado é eficaz em relação ao terceiro.

Capítulo III — Dos incidentes da instância **ART. 351.º**

ARTIGO 350.º

(Dedução do pedido por parte do opoente — Marcha ulterior do processo)

1 — Quando o terceiro deduza a sua pretensão, seguem-se os termos prescritos nos artigos 343.º a 346.º.

2 — O opoente assume a posição de réu, sendo o réu primitivo excluído da instância, se depositar a coisa ou a quantia em litígio; não fazendo o depósito, só continua na instância para a final ser condenado a satisfazer a prestação à parte vencedora.

DIVISÃO III

Oposição mediante embargos de terceiro

ARTIGO 351.º

(Fundamento dos embargos de terceiro)

1 — Se qualquer acto, judicialmente ordenado, de apreensão ou entrega de bens ofender a posse ou qualquer direito incompatível com a realização ou o âmbito da diligência, de que seja titular quem não é parte na causa, pode o lesado fazê-lo valer, deduzindo embargos de terceiro.

2 — Não é admitida a dedução de embargos de terceiro relativamente à apreensão de bens realizada no processo especial de recuperação da empresa e de falência.

1. Os embargos de terceiro sempre foram considerados no nosso direito processual civil um meio possessório, ocupando lugar junto às acções possorias no capítulo VII, do título IV deste diploma, dedicado aos processos especiais.

A reforma de 95/96 transformou este meio possessório em incidente da instância, como modalidade especial da oposição espontânea. Assim, os actuais artigos 351.º a 359.º correspondem, na traça primitiva do Código aos artigos 1037.º a 1043.º.

«Considerou-se — escreveu o legislador do Dec.-Lei n.º 329-A/95 — que em termos estruturais o que realmente caracteriza os «embargos de terceiro» não é tanto o carácter «especial» da

— 135 —

ART. 351.º   *Livro III, Título I — Das disposições gerais*

tramitação do processo através do qual actuam — que se molda essencialmente pela matriz do processo declaratório, com a particularidade de ocorrer uma fase introdutória de apreciação sumária da viabilidade da pretensão do embargante —, mas a circunstância de a pretensão do embargante se enxertar num processo pendente entre outras partes e visar a efectivação de um direito incompatível com a subsistência dos efeitos de um acto de agressão patrimonial, judicialmente ordenado no interesse de alguma das partes da causa, e que terá atingido ilegitimamente o direito invocado pelo terceiro embargante.

Relativamente ao regime proposto para os embargos de terceiro, salienta-se a possibilidade de, através deles, o embargante poder efectivar qualquer direito incompatível com o acto de agressão patrimonial cometido, que não apenas a posse. Permite-se, deste modo, que os direitos «substanciais» atingidos ilegalmente pela penhora ou outro acto de apreensão judicial de bens possam ser invocados, desde logo, pelo lesado no próprio processo em que a diligência ofensiva teve lugar, em vez de o orientar necessariamente para a propositura de acção de reivindicação, por esta via se obstando, no caso de a oposição do embargante se revelar fundada, à própria venda dos bens e prevenindo a possível necessidade de ulterior anulação desta, no caso de procedência de reivindicação.

Optou-se por manter a fase introdutória, visando a apreciação liminar da viabilidade dos embargos, com vista a prevenir e acautelar as hipóteses de dedução de embargos sem fundamento sério, esclarecendo-se que a sua rejeição liminar não preclude a propositura de acção de reivindicação pelo embargante.

Eliminou-se, por outro lado, o regime constante do actual artigo 1041.º do Código de Processo Civil, por se afigurar que a definição dos casos em que os embargos devem ser ou não rejeitados é matéria estritamente de direito civil — não competindo naturalmente à lei de processo enunciar regras sobre os critérios substanciais de decisão do pleito —, pondo-se termo à contradição entre o que consta de tal preceito e o regime substantivo da impugnação pauliana, designadamente nos termos dos artigos 612.º e seguintes do Código Civil».

2. Este incidente adjectiva agora o disposto no art. 1285.º do Código Civil o qual dispõe que o possuidor cuja posse for ofendida por diligência ordenada judicialmente pode defender a sua posse

— 136 —

Capítulo III — Dos incidentes da instância **ART. 352.º**

mediante embargos de terceiro, nos termos definidos na lei de processo; para além dessa defesa os embargos servem agora para reagir contra a ofensa de qualquer direito incompatível com a diligência judicial, de que seja titular quem não seja parte na causa. O exemplo que logo ocorre é o da penhora ordenada em bens de um terceiro.

ARTIGO 352.º

(Embargos de terceiro por parte dos cônjuges)

O cônjuge que tenha a posição de terceiro pode, sem autorização do outro, defender por meio de embargos os direitos relativamente aos bens próprios e aos bens comuns que hajam sido indevidamente atingidos pela diligência prevista no artigo anterior.

1. Depois de referir as dívidas que são da responsabilidade de ambos os cônjuges, ou só de um deles, o nosso Código Civil indica, nos seus arts. 1695.º e 1696.º, quais os bens que respondem pelas dívidas de ambos ou de cada um deles, respectivamente. Se essa disciplina for quebrada e pela dívida da exclusiva responsabilidade de um forem penhorados bens próprios do outro cônjuge, pode este, nos termos deste incidente, vir opor-se por embargos de terceiro, desde que não seja parte na causa onde se ordenou a diligência.

2. Nos termos do disposto do n.º 1 do art. 1695.º do Código Civil pelas dívidas da exclusiva responsabilidade de um dos cônjuges respondem os bens próprios do cônjuge devedor, e, subsidiariamente, a sua meação nos bens comuns.

É vulgar que, accionado o cônjuge devedor e penhorados bens próprios deste, tais bens sejam insuficientes para o cumprimento da obrigação. Nesse caso sucede, por vezes, que o credor venha nomear à penhora bens comuns do casal, sem requerer a citação do outro cônjuge, nos termos previstos no art. 825.º deste Código de Processo Civil, situação que dará lugar aos embargos.

3. No caso de compropriedade de bens indivisos, se a execução for movida apenas contra algum ou alguns dos contitulares não podem ser penhorados os bens compreendidos no património comum ou uma fracção de qualquer deles, nem uma parte especi-

ART. 354.º   *Livro III, Título I — Das disposições gerais*

ficada dos bens indivisos; se o forem, pode qualquer dos compro-prietários obter o levantamento da penhora, opondo a essa diligência embargos de terceiro (art. 826.º).

ARTIGO 353.º

(Dedução dos embargos)

1 — Os embargos são processados por apenso à causa em que haja sido ordenado o acto ofensivo do direito do embargante.

2 — O embargante deduz a sua pretensão, mediante petição, nos 30 dias subsequentes àquele em que a diligência foi efectuada ou em que o embargante teve conhecimento da ofensa, mas nunca depois de os respectivos bens terem sido judicialmente vendidos ou adjudicados, oferecendo logo as provas.

Cabe ao embargado o ónus da prova de já terem decorrido mais de trinta dias sobre o momento em que o embargante teve conhecimento da realização da diligência, de harmonia com o disposto no art. 343.º, n.º 2, do Código Civil. Se os embargos tiverem função preventiva (art. 359.º), o prazo para o embargante deduzir a sua pretensão conta-se a partir do momento em que ela teve conhecimento de ter sido ordenada a diligência ofensiva da sua posse ou do seu direito.

ARTIGO 354.º

(Fase introdutória dos embargos)

Sendo apresentada em tempo e não havendo outras razões para o imediato indeferimento da petição de embargos, realizam-se as diligências probatórias necessárias, sendo os embargos recebidos ou rejeitados conforme haja ou não probabilidade séria da existência do direito invocado pelo embargante.

Se os embargos tiverem sido deduzidos a tempo (art. 353.º, n.º 2) e não houver outras razões para o indeferimento imediato (art. 234.º-A, n.º 1), passa-se à produção da prova destinada a demonstrar a probabilidade séria da existência do direito invocado

Capítulo III — Dos incidentes da instância   **ART. 356.º**

pelo embargante, depois do que será proferido despacho, rejeitando ou recebendo os embargos. O trânsito deste despacho não constitui caso julgado relativamente ao direito em causa; no caso de rejeição, o interessado pode propor a acção a que se refere o art. 355.º; no caso de recebimento, a averiguação da *probabilidade* da procedência não impede que os embargos sejam, a final, julgados improcedentes. Os efeitos do recebimento estão indicados no art. 356.º, além de permitir o prosseguimento do processo, como é óbvio.

ARTIGO 355.º

(Efeitos da rejeição dos embargos)

A rejeição dos embargos, nos termos do disposto no artigo anterior, não obsta a que o embargante proponha acção em que peça a declaração da titularidade do direito que obsta à realização ou ao âmbito da diligência, ou reivindique a coisa apreendida.

O preceito é novo, mas a solução era a defendida por Alberto dos Reis, nos *Processos Especiais*, vol. I, pág. 447.

ARTIGO 356.º

(Efeitos do recebimento dos embargos)

O despacho que receba os embargos determina a suspensão dos termos do processo em que se inserem, quanto aos bens a que dizem respeito, bem como a restituição provisória da posse, se o embargante a houver requerido, podendo, todavia, o juiz condicioná-la à prestação de caução pelo requerente.

Recebidos os embargos ficam suspensos os termos do processo *quanto aos bens a que eles disserem respeito* e o embargante é restituído à posse, se o tiver requerido, e mediante caução quando o juiz entender conveniente exigi-la. O processo prossegue quanto aos bens não compreendidos nos embargos; manda-se restituir provisoriamente a posse porque é esse o remédio para o esbulho violento (Cód. Civ., art. 1279.º); a caução é prestada de harmonia com o disposto nos arts. 981.º e segs.

— 139 —

ART. 359.º　　*Livro III, Título I — Das disposições gerais*

ARTIGO 357.º

(Processamento subsequente ao recebimento dos embargos)

1 — Recebidos os embargos, são notificadas para contestar as partes primitivas, seguindo-se os termos do processo ordinário ou sumário de declaração, conforme o valor.

2 — Quando os embargos apenas se fundem na invocação da posse, pode qualquer das partes primitivas, na contestação, pedir o reconhecimento quer do seu direito de propriedade sobre os bens, quer de que tal direito pertence à pessoa contra quem a diligência foi promovida.

Quando os embargos tiverem por objecto a defesa da posse de uma coisa, podem os embargados, que são as partes primitivas, pedir o reconhecimento do seu direito de propriedade sobre a coisa, ou o reconhecimento de que esse direito pertence à pessoa contra quem a diligência foi ordenada. Nesse caso, a questão da propriedade da coisa sobrepõe-se ao problema da posse dela. Os embargos convertem-se em acção de domínio.

ARTIGO 358.º

(Caso julgado material)

A sentença de mérito proferida nos embargos constitui, nos termos gerais, caso julgado quanto à existência e titularidade do direito invocado pelo embargante ou por algum dos embargados, nos termos do n.º 2 do artigo anterior.

A sentença sobre o mérito dos embargos constitui, uma vez transitada, caso julgado material (art. 671.º) sobre a existência e titularidade do direito invocado pelo embargante, ou por alguns dos embargados.

ARTIGO 359.º

(Embargos de terceiro com função preventiva)

1 — Os embargos de terceiro podem se deduzidos, a título preventivo, antes de realizada, mas depois de

— 140 —

Capítulo III — Dos incidentes da instância **ART. 371.º**

ordenada, a diligência a que se refere o artigo 351.º, observando-se o disposto nos artigos anteriores, com as necessárias adaptações.

2 — A diligência não será efectuada antes de proferida decisão na fase introdutória dos embargos e, sendo estes recebidos, continuará suspensa até à decisão final, podendo o juiz determinar que o embargante preste caução.

Regula o caso de o despacho determinativo da diligência que ordena a apreensão e entrega de bens, com ofensa da posse ou de qualquer direito incompatível com a realização ou o âmbito dela, já ter sido proferido, mas não ter sido ainda executado. O recebimento dos embargos suspende a execução iminente do despacho, até decisão final, mas o juiz pode condicioná-lo à prestação de caução. O processo desta é hoje regulado como processo especial nos arts. 981.º e segs..

SECÇÃO IV
Falsidade

ARTIGO 360.º A 370.º

Os arts. 360.º a 370.º, que tratavam do incidente da falsidade, foram revogadas pelo art. 3.º do Dec.-Lei n.º 180/96, de 25 de Setembro.

SECÇÃO V
Habilitação

ARTIGO 371.º

(Quando tem lugar a habilitação — Quem a pode promover)

1 — A habilitação dos sucessores da parte falecida na pendência da causa, para com eles prosseguirem os termos da demanda, pode ser promovida tanto por qualquer das partes que sobreviverem como por qualquer dos sucessores e deve ser promovida contra as partes sobrevivas e contra os sucessores do falecido que não forem requerentes.

ART. 371.º   *Livro III, Título I — Das disposições gerais*

2 — Se, em consequência das diligências para citação do réu, resultar certificado o falecimento deste, poder-se-á requerer a habilitação dos seus sucessores, em conformidade com o que nesta secção se dispõe, ainda que o óbito seja anterior à proposição da acção.

3 — Se o autor falecer depois de ter conferido mandato para a proposição da acção e antes de esta ter sido instaurada, pode promover-se a habilitação dos seus sucessores quando se verifique algum dos casos excepcionais em que o mandato é susceptível de ser exercido depois da morte do constituinte.

1. Os arts. 371.º a 377.º tratam da habilitação como *incidente* da instância. Esta matéria está intimamente ligada a dois assuntos já versados por nós: o da legitimidade das partes e o da suspensão da instância (arts. 26.º e 276.º).

Desde que o desenvolvimento da relação processual pressupõe a existência de sujeitos dessa relação, com interesse directo em demandar e em contradizer, a falta de qualquer deles interrompe o movimento da instância ou extingue esta, conforme o respectivo direito foi transmitido a um sucessor da parte, ou era pessoal, e, portanto, intransmissível.

O incidente da habilitação é o processo estabelecido por lei para obter a modificação subjectiva da instância, que consiste na substituição de uma das partes na relação processual pelos seus sucessores.

Quando tem lugar o incidente?

Quando, na pendência da causa, falecer (pessoa singular) ou se extinguir (pessoa colectiva) alguma das partes, ou quando houver transmissão entre vivos da coisa ou do direito em litígio. Aos casos de falecimento ou extinção se referem os arts. 371.º a 375.º; ao da transmissão entre vivos o art. 376.º.

2. Se a sucessão se dá antes de proposta a acção, não há lugar a habilitação como acto autónomo, não lhe correspondendo, por isso, processo próprio. O que o autor deve fazer é referir na petição os factos demonstrativos da transmissão operada, para assegurar a legitimidade dos sucessores, sejam autores, sejam réus.

Há, porém, situações intermédias, previstas na lei, em que convém atentar.

Capítulo III — Dos incidentes da instância **ART. 371.º**

Primeiro caso: o autor constitui mandatário e a acção é proposta; verifica-se, porém, mais tarde, que entre a constituição do mandatário e a propositura da acção ocorreu o falecimento do autor. *Quid juris?* Em face da regra que ficou enunciada não deve, em princípio, admitir-se o incidente da habilitação, visto o falecimento não ter tido lugar na *pendência* da causa; e porque também na petição inicial não se fez a demonstração da sucessão do direito, o que teria tido como consequência a demanda ser apresentada, desde logo, por outras pessoas, a acção está ameaçada de ficar sem efeito, por falta de um dos sujeitos da relação processual. O legislador previu esta situação, no n.º 3 deste artigo, permitindo que, quando ela se verifique, possa excepcionalmente usar-se do incidente da habilitação, desde que o mandatário alegue e prove que à data da propositura da acção ignorava a morte do mandante, ou que, conhecendo-a embora, agiu assim para evitar prejuízo aos herdeiros que sobre o assunto não haviam ainda providenciado (Cód. Civ., art. 1175.º).

Segundo caso: a acção é intentada contra pessoa que já faleceu. É a hipótese regulada no n.º 2. Junta a certidão negativa da citação o autor é notificado desse facto e deve juntar aos autos a respectiva certidão do registo de óbito, se o facto for verdadeiro, para os efeitos do disposto nos arts. 276.º e 277.º, sob pena de o processo ir à conta, de harmonia com o preceituado no art. 51.º, n.º 2, *a)* do Código das Custas. Provada documentalmente a morte do réu, pode qualquer das pessoas com legitimidade para tal, nos termos do n.º 1, requerer a habilitação dos sucessores do falecido, quer o óbito tenha ocorrido depois de proposta a acção, quer tenha ocorrido antes, *sem necessidade de se alegar e provar que o facto não era do conhecimento do autor contemporaneamente à propositura da acção.* Aqui adoptou o legislador uma solução aberrante.

Por virtude dela, pode o autor demandar pessoa falecida, isto é, desprovida de personalidade jurídica e, portanto, também de personalidade judiciária. É claro que não poderá dizê-lo na petição inicial, que com tal menção seria, necessariamente, indeferida; mas a verdade é que pode accionar conscientemente alguém que sabe ter falecido há muito (até um seu parente ou progenitor) com a certeza de que a única reacção legal será, ao descobrir-se o facto, a da suspensão da instância para que se promova o incidente da habilitação. Não está bem. As razões de ordem prática que podem ter aconselhado a medida estão em flagrante oposição com os princípios básicos que regem a vida da instância. É uma transigência incompreensível, que vem já do código de 1939.

ART. 372.º   *Livro III, Título I — Das disposições gerais*

3. Quando a lei se refere aos «sucessores da parte falecida» tem em vista aqueles que, segundo o direito material, lhe sucederam no direito ou na obrigação de que ela era titular, e só esses. Se o direito ou a obrigação se não transmitiu, a habilitação não pode ter lugar. Não basta, pois, que o habilitando seja *herdeiro* da parte falecida para que o pedido de habilitação proceda; é indispensável demonstrar que, segundo o direito substantivo, lhe *sucede* na relação jurídica em litígio. Insiste-se neste ponto porque o conceito, na prática, nem sempre se mostra devidamente assimilado. No entanto, é isto o que inequivocamente resulta do confronto dos arts. 270.º e 371.º, pelo qual se vê que a habilitação tem como causa a substituição de sujeitos operada «na relação substantiva em litígio» e como finalidade o consequente reconhecimento da mudança subjectiva verificada na relação jurídica processual.

Vamos figurar um exemplo que, a nosso ver, põe bem a claro a diferença de posições que desejamos acentuar. *A* demanda *B* pedindo que este seja condenado a despejar imediatamente um determinado prédio urbano que lhe deu de arrendamento para habitação. *B* contesta a acção mas vem a falecer no decurso desta. Quem pode habilitar-se ou ser habilitado como sucessor de *B*, para com ele prosseguir a causa? Apenas aquele ou aqueles que lhe tenham sucedido no direito ao arrendamento. Assim, se *B* faleceu sem testamento, no estado de viúvo, com um único filho que com ele não vivia, convivendo o falecido há mais de um ano com um seu ascendente, o herdeiro de *B* será aquele filho, mas quem deve ser habilitado como sucessor na acção de despejo deve ser o ascendente de *B*, pois só a ele se transmitiu o direito ao arrendamento [R.A.U., art. 85.º, n.º 1, alínea *c)*].

ARTIGO 372.º

(Regras comuns de processamento do incidente)

1 — Deduzido o incidente, ordena-se a citação dos requeridos que ainda não tenham sido citados para a causa e a notificação dos restantes, para contestarem a habilitação.

2 — O incidente é autuado por apenso, sem prejuízo do disposto no n.º 1 do artigo 373.º.

3 — A improcedência da habilitação não obsta a que o requerente deduza outra, com fundamento em factos

Capítulo III — Dos incidentes da instância **ART. 372.º**

diferentes ou em provas diversas relativas ao mesmo facto. A nova habilitação, quando fundada nos mesmos factos, pode ser deduzida no processo da primeira, pelo simples oferecimento de outras provas, mas as custas da primeira habilitação não serão atendidas na acção respectiva.

1. O código anterior não continha regras comuns de processo que fossem aplicáveis às três espécies de habilitação a que se referiam os seus arts. 377.º, 378.º e 379.º. Era ao tratar de cada uma dessas espécies que o legislador descrevia o procedimento a adoptar, com diversidade de soluções para que se não descortinava razão bastante. A Comissão Revisora denunciou essa imperfeição ([130]) e propôs um conjunto de normas que substituísse, em grande parte, aquela regulamentação dispersa, elaborando, para tal, três novos parágrafos ao actual art. 371.º. Na revisão ministerial aperfeiçoou-se ainda mais o sistema, distribuindo essa matéria pelos três números do preceito agora em anotação. As regras que se contêm neste artigo são, pois, aplicáveis, por igual, às hipóteses agora previstas nos arts. 373.º, 374.º e 375.º, sem prejuízo das especialidades que relativamente ao processamento de cada uma dessas espécies de habilitação os mesmos preceitos ainda hoje contêm.

2. O n.º 1 está, pelo que respeita à forma do chamamento, de perfeita harmonia com o que dispõem os n.os 1 e 2 do art. 228.º.

3. O incidente é autuado por apenso, excepto quando se verificar o caso previsto no n.º 1 do art. 373.º.

4. O n.º 3 deste artigo alarga a todas as espécies de habilitação incidental a regra que o § 2.º do art. 378.º do código antigo ditava para a habilitação no caso de a legitimidade do habilitando ainda não estar reconhecida em documento ou noutro processo.
Mas o preceituado neste n.º 3 carece de ser entendido em termos hábeis. Nem sempre o requerente da habilitação, que viu declarada a improcedência desta, pode usar da faculdade de deduzir, de novo, esse pedido. Só poderá fazê-lo se alegar factos

---

([130]) *Projectos de Revisão*, I, págs. 212 e seguintes.

— 145 —

ART. 373.º   *Livro III, Título I — Das disposições gerais*

dif*erentes* dos que invocou ao fazer o primeiro pedido; ou, alegando os mesmos factos, se oferecer *outras provas*. Quer dizer, a hipótese que o legislador teve em mente ao elaborar a norma foi a de o pedido improceder por falta de *invocação* ou de *prova* de factos que atribuam ao habilitando a qualidade de sucessor da parte. Todos os casos em que a improcedência seja declarada por outra ordem de razões (*v.g.*, o carácter pessoal do direito em litígio ou a especial sucessão que a lei estabeleça em certa relação jurídica) estão fora do âmbito de aplicação daquele n.º 3, e o caso julgado formado pela respectiva decisão não é, por ele, diminuído na sua eficácia.

O Código de 1939 permitia, quando a improcedência tivesse resultado da escassez da prova, que o incidente prosseguisse com indicação de outras provas, dispensando, portanto, a dedução de novo pedido. Abandonou-se este sistema. O pedido renovado há-de fazer-se sempre em novo incidente, embora incorporado no processo do anterior, donde resulta que a apreciação só deve recair sobre a prova produzida, sujeita às limitações e condicionalismos dos arts. 302.º a 304.º, e dará lugar ao pagamento de novo preparo e origem a nova tributação.

O requerente que decaiu é *definitivamente* condenado nas custas do incidente; este preceito afasta explicitamente a aplicação, ao caso, da regra do n.º 1 do art. 453.º.

ARTIGO 373.º

(Processo a seguir no caso de a legitimidade já estar reconhecida em documento ou noutro processo)

1 — Se a qualidade de herdeiro ou aquela que legitimar o habilitando para substituir a parte falecida já estiver declarada noutro processo, por decisão transitada em julgado, ou reconhecida em habilitação notarial, a habilitação terá por base certidão da sentença ou da escritura, sendo requerida e processada nos próprios autos da causa principal.

2 — Os interessados para quem a decisão constitua caso julgado ou que intervieram na escritura não podem impugnar a qualidade que lhes é atribuída no título de habilitação, salvo se alegarem que o título não preenche as condições exigidas por este artigo ou enferma de vício que o invalida.

Capítulo III — Dos incidentes da instância   **ART. 373.º**

3 — Na falta de contestação, verificar-se-á se o documento prova a qualidade de que depende a habilitação, decidindo-se em conformidade; se algum dos chamados contestar, seguir-se-á a produção da prova oferecida e depois se decidirá.

4 — Havendo inventário, ter-se-ão por habilitados como herdeiros os que tiverem sido indicados pelo cabeça-de-casal, se todos estiverem citados para o inventário e nenhum tiver impugnado a sua legitimidade ou a dos outros dentro do prazo legal ou se, tendo havido impugnação, esta tiver sido julgada improcedente. Apresentada certidão do inventário, pela qual se provem os factos indicados, observar-se-á o que fica disposto neste artigo.

1. Regula o artigo o processo a adoptar quando a qualidade de sucessor da parte falecida já estiver declarada. Essa declaração pode constar: *a)* de decisão, com trânsito, proferida, principal ou incidentalmente, noutro processo; *b)* de habilitação notarial, nos termos dos arts. 91.º e seguintes do Código do Notariado; *c)* de habilitação em inventário nos termos do n.º 4. As hipóteses das alíneas *b)* e *c)* pressupõem que os sucessores na relação processual são os herdeiros da parte falecida, o que nem sempre será verdadeiro; se o não forem, a habilitação terá de fazer-se pelo processo do art. 374.º.

2. O código de 1939 não mandava ouvir as pessoas para quem a decisão invocada constituía caso julgado, nem as que houvessem intervindo na escritura de habilitação, nem, finalmente, os que tivessem sido citados como herdeiros no inventário da parte falecida, quando não tivesse havido impugnação. Não é admissível — escrevia Alberto dos Reis — que a habilitação seja contestada pelas pessoas para quem o documento-base tem força obrigatória; essas, vinculadas como estão pela sentença, pela escritura, pelo que no inventário se passou, não podem negar a sua qualidade de herdeiros ([131]).

Esta posição do legislador continuava a reacção enérgica empreendida pelo código de 1876 contra a *chicana* a que se prestavam, entre outros, os arts. 325.º e 737.º da Novíssima Reforma Judiciária, que proibiam que a habilitação julgada numa causa

---

([131]) *Código de Processo Civil Anotado,* vol. 1.º, pág. 587.

ART. 374.º   *Livro III, Título I — Das disposições gerais*

pudesse ser invocada noutra, ainda que entre as mesmas partes. Dias Ferreira dá conta de que não era raro virem contestar a sua legitimidade como herdeiros, e recorrerem da sentença que como tais os habilitava, aqueles mesmos que já noutros processos tinham sido condenados nessa qualidade, e a tinham até confessado, o que agravava as dificuldades, que muitas vezes se encontravam, não só em descobrir os herdeiros do falecido, mas ainda em obter os documentos para instruir a habilitação ([132]). O primeiro remédio contra esse mal apareceu no art. 2030.º do Código Civil, e viria a ser completado pelas disposições dos arts. 343.º a 345.º do Código de Processo de 1876.

O legislador de 1939, longe já do clima psicológico acima descrito, não devia, porém, ter-se deixado influenciar tão profundamente por ele. Como bem observou a Comissão Revisora do código actual, parecia desnecessariamente violento deixar esses interessados inteiramente fora do processo incidental, sem sequer lhes permitir oposição indirecta ou a mera alegação de que os documentos apresentados não preenchiam as condições exigidas pelo artigo ([133]). Poderíamos dizer que, fugindo de um mal, se caiu noutro pior, com alguma ofensa do princípio do contraditório.

O sistema agora vigente é o do chamamento ao processo do incidente de todos os interessados nele, sem excepção (art. 372.º, n.º 1), embora limitando, quanto a alguns deles, a matéria da impugnação, de modo a ressalvar a força probatória normal do título de habilitação que se invocar (art. 373.º, n.º 2). Assim se corrigiu o exagero. O preceito do n.º 2 é, aliás, uma cautela talvez desnecessária. No silêncio da lei isso mesmo se teria de concluir dos princípios que regem o âmbito e eficácia do caso julgado e a força probatória dos documentos autênticos.

3. À contestação é aplicável o disposto nos arts. 303.º e 304.º.

ARTIGO 374.º
**(Habilitação no caso de a legitimidade
ainda não estar reconhecida)**

1 — Não se verificando qualquer dos casos previstos no artigo anterior, o juiz decide o incidente logo que,

---

([132]) *Código de Processo Civil Anotado*, vol. 1.º, pág. 440.
([133]) *Projectos de Revisão*, I, pág. 214.

Capítulo III — Dos incidentes da instância　　**ART. 374.º**

findo o prazo da contestação, se faça a produção de prova que no caso couber.

2 — Quando a qualidade de herdeiro esteja dependente da decisão de alguma causa ou de questões que devam ser resolvidas noutro processo, a habilitação será requerida contra todos os que disputam a herança e todos são citados, mas o tribunal só julga habilitadas as pessoas que, no momento em que a habilitação seja decidida, devam considerar-se como herdeiras; os outros interessados, a quem a decisão é notificada, são admitidos a intervir na causa como litisconsortes dos habilitados, observando-se o disposto nos artigos 322.º e seguintes.

3 — Se for parte na causa uma pessoa colectiva ou sociedade que se extinga, a habilitação dos sucessores faz-se em conformidade do disposto neste artigo, com as necessárias adaptações e sem prejuízo do disposto no artigo 162.º do Código das Sociedades Comerciais.

1. É de 10 dias o prazo para a contestação e nela se deve oferecer toda a prova (art. 303.º).

2. Casos há em que a identificação dos sucessores não é, desde logo, líquida, como acontece, por exemplo, quando estiver pendente acção de anulação de testamento ou de investigação de paternidade. A essas hipóteses se refere o n.º 2 do preceito em análise. A lei dita esta solução: chamam-se ao incidente todos os interessados, mas declaram-se habilitados somente aqueles que *nesse momento* têm a qualidade de sucessores: os outros, ou seja os que pleiteiam um direito que lhes poderá vir a atribuir a qualidade de sucessores do falecido, serão notificados da decisão e poderão, querendo, intervir, desde logo, na causa, como partes principais e na posição de litisconsortes dos habilitados.

Exemplifiquemos. *A* demanda *B* para o compelir a satisfazer determinado crédito. Na pendência da causa falece *B*. Querendo requerer a habilitação dos sucessores do réu, *A* tem conhecimento de que *B* deixou como seus únicos herdeiros seus irmãos *C* e *D*, mas que está pendente uma acção em que *E* pede lhe seja reconhecida a qualidade de filho de *B*. De harmonia com o n.º 2 em referência, *A* deve requerer a habilitação contra *C* e *D* (herdeiros certos) e

— 149 —

ART. 374.º *Livro III, Título I — Das disposições gerais*

também contra *E* (herdeiro eventual), mas se, ao proferir a decisão, ainda estiver pendente a acção de investigação de paternidade, o juiz apenas declarará habilitados *C* e *D*. Se quiser intervir na acção, *E*, notificado da sentença da habilitação, está legitimado para o fazer, na qualidade de interventor principal.

Era já o sistema do Código de 1939, com ligeiras modificações. A Comissão Revisora pretendeu introduzir uma alteração importante. A seu ver os sucessores eventuais não deviam ficar sujeitos ao regime da intervenção principal espontânea, como está no preceito, mas sim ao da intervenção principal provocada, servindo a notificação da sentença como o chamamento permitido por esse artigo. O objectivo da alteração era jungir os notificados aos efeitos do caso julgado a formar na causa principal, mesmo no caso de não quererem intervir efectivamente no pleito.

A proposta não mereceu aprovação.

Não pareceu razoável — lê-se nas observações ao Projecto — aplicar aos interessados abrangidos pelo n.º 2 deste artigo e que ficam na simples posição de litisconsortes o regime da intervenção provocada, tal como vinha proposto pela Comissão. O interesse posto no desenvolvimento da causa é, compreensivelmente, muito diferente por parte de quem tem uma pura *expectativa* de sucessão em relação a qualquer dos litigantes e de quem, pelo contrário, já viu judicialmente definida a sua posição de sucessor. Só para estes se poderia julgar aceitável a aplicação das consequências próprias da intervenção provocada ([134]).

3. O n.º 3 ocupa-se da habilitação dos sucessores da pessoa colectiva, parte na causa, que se extinguir. Só a *extinção* determina a suspensão da instância e a correspondente habilitação.

O processo a seguir é o deste art. 374.º. Não se percebe porque é que, estando já a qualidade de sucessor da pessoa colectiva declarada noutro processo, por sentença com trânsito, não se havia de empregar o processo do art. 373.º.

No caso de se tratar de extinção de sociedade comercial a instância não se suspende nem é necessária habilitação: as acções em que a sociedade seja parte continuam após a extinção desta, que se considera substituída pela generalidade dos sócios, representados pelos liquidatários (Cód. Soc. Com., art. 162.º).

([134]) *Bol. Min. Just.*, n.º 122.º, pág. 146.

Capítulo III — Dos incidentes da instância   **ART. 375.º**

ARTIGO 375.º

(Habilitação no caso de incerteza de pessoas)

1 — Se forem incertos, são citados editalmente os sucessores da parte falecida.

2 — Findo o prazo dos éditos sem que os citados compareçam, a causa segue com o Ministério Público, nos termos aplicáveis do artigo 16.º.

3 — Os sucessores que comparecerem, quer durante, quer após o prazo dos éditos, deduzirão a sua habilitação nos termos dos artigos anteriores.

4 — Nos casos em que à herança é atribuída personalidade judiciária, é lícito requerer a respectiva habilitação.

1. Os arts. 373.º e 374.º referem-se à habilitação quando são conhecidos os sucessores da parte falecida ou extinta.

O art. 375.º ocupa-se da habilitação em que são incertos os sucessores.

Faleceu uma das partes; a parte contrária, ou qualquer dos seus compartes, pretende fazer cessar a suspensão da instância, que aquele falecimento determinou, mas desconhece a identidade dos sucessores da parte falecida; lança mão do disposto no presente artigo e requer a citação edital (art. 251.º) dos interessados que possam vir a habilitar-se no prazo dos éditos, de harmonia com o disposto nos arts. 373.º e 374.º, conforme o título de que disponha para mostrar essa qualidade.

Se aparecem habilitandos, processa-se o respectivo incidente e nele habilitam-se os sucessores, prosseguindo, com eles a causa principal.

Se decorre o prazo dos éditos sem ser requerida a habilitação ou se, tendo sido requerida esta, foi julgada improcedente, cessa também a suspensão da instância, prosseguindo seus termos a respectiva acção, com o Ministério Público a ocupar a posição de parte principal, em representação dos incertos. O facto de não ter sido requerida a habilitação no prazo dos éditos não inutiliza o direito dos interessados virem, posteriormente a esse prazo, deduzir a sua habilitação, como claramente se dispôs no n.º 3. O decurso daquele prazo só tem como efeito a verificação da incerteza e a consequente intervenção do Ministério Público.

— 151 —

ART. 376.º *Livro III, Título I — Das disposições gerais*

A representação do Ministério Público só virá a cessar quando vier a ser proferida sentença, com trânsito, que habilite algum interessado como único sucessor do falecido.

2. Nos casos de herança jacente (Cód. Civ., art. 2046.º), como esta dispõe de personalidade judiciária (art. 6.º) é lícito requerer a sua habilitação, até à aceitação (art. 2050.º).

ARTIGO 376.º

(Habilitação do adquirente ou cessionário)

1 — A habilitação do adquirente ou cessionário da coisa ou direito em litígio, para com ele seguir a causa, far-se-á nos termos seguintes:

a) **Lavrado no processo o termo da cessão ou junto ao requerimento de habilitação, que será autuado por apenso, o título da aquisição ou da cessão, é notificada a parte contrária para contestar: na contestação pode o notificado impugnar a validade do acto ou alegar que a transmissão foi feita para tornar mais difícil a sua posição no processo.**

b) **Se houver contestação, o requerente pode responder-lhe e em seguida, produzidas as provas necessárias, se decidirá; na falta de contestação, verificar-se-á se o documento prova a aquisição ou a cessão e, no caso afirmativo, declarar-se-á habilitado o adquirente ou cessionário.**

2 — A habilitação pode ser promovida pelo transmitente ou cedente, pelo adquirente ou cessionário, ou pela parte contrária; neste caso, aplica-se o disposto no n.º 1, com as adaptações necessárias.

1. A morte ou a extinção de uma das partes determina, obrigatoriamente, a modificação subjectiva da instância, suspendendo-se esta (art. 276.º, n.º 1) para que se proceda à habilitação. Pelo contrário, a transmissão, por acto entre vivos, da coisa ou do direito em litígio, só produz modificação subjectiva da instância se o adquirente ou o transmitente, o cedente ou o cessionário ou a parte

— 152 —

Capítulo III — Dos incidentes da instância **ART. 377.º**

contrária o requererem, mediante o incidente da habilitação de que trata este artigo. É o que resulta do disposto no art. 271.º.

O incidente é processado por apenso. Não o era no código anterior. Pretendeu-se, assim, uniformizar, nesse aspecto, o processamento de todas as formas de habilitação. Está bem. O que poderia era ter-se dado uma redacção mais correcta ao artigo, que acusa demasiadamente a redacção anterior, quando o comando era diferente.

Ao contrário do que poderia inferir-se do texto, não basta que no processo seja lavrado o termo da cessão para que se proceda à notificação da parte contrária. Para que se inicie o incidente da habilitação é necessário que esta seja requerida pelo cedente (ou transmitente) ou pelo cessionário (ou adquirente). A regra aqui é diferente da consignada no n.º 1 do art. 371.º para as habilitações consequentes do falecimento (ou extinção) da parte.

2. A contestação deve ser apresentada no prazo de 10 dias (art. 303.º) e a resposta oferecida em 10 dias (art. 153.º).

Quando a lei manda notificar a *parte contrária*, quer referir-se ao adversário, na lide, do cedente ou transmitente. O comparte deste, se o houver, não tem de ser notificado, como também o não deve ser o cessionário, se a habilitação for requerida pelo cedente, ou vice-versa.

Havendo contestação esta será restrita à apreciação da validade (formal ou substancial) do acto ou à alegação de que a transmissão se fez para tornar mais difícil a posição processual do contestante na causa principal. Não havendo contestação, o tribunal só pode pronunciar-se sobre a validade do acto, sendo-lhe defeso indeferir a habilitação com o segundo daqueles fundamentos, ainda que tal situação seja manifesta.

ARTIGO 377.º

(Habilitação perante os tribunais superiores)

1 — O disposto nesta secção é aplicável à habilitação deduzida perante os tribunais superiores, incumbindo o julgamento do incidente ao relator.

2 — Se houver lugar a prova testemunhal, pode o relator determinar que o processo baixe com o apenso à 1.ª instância, para aí ser julgado o incidente. Se falecer ou se extinguir alguma das partes enquanto a habi-

ART. 378.º   *Livro III, Título I — Das disposições gerais*

litação estiver pendente na 1.ª instância, aí será deduzida a nova habilitação.

3 — Se o processo do incidente estiver parado na 1.ª instância por mais de um ano, por inércia do habilitante, será devolvido ao tribunal superior para os efeitos do artigo 291.º.

4 — Os recursos interpostos para o tribunal onde o incidente foi suscitado são julgados pelos juízes da causa principal.

1. Regula o processo de habilitação perante os tribunais superiores. Embora o artigo o não diga expressamente, torna-se evidente que a hipótese figurada é a dos mesmos tribunais funcionarem em grau de recurso. Se o tribunal superior conhecer da causa em 1.ª instância são aplicáveis, com as necessárias adaptações, os artigos antecedentes.

2. Pelo Código de 1939 o incidente da habilitação era decidido pelo tribunal, em conferência, enquanto que hoje o poder decisório pertence ao relator.

No caso de haver lugar à produção de prova testemunhal o relator pode presidir à inquirição, ou ordenar que os autos baixem à 1.ª instância para que ela aí tenha lugar. Esse poder é discricionário.

3. O n.º 3 abre uma excepção ao disposto no n.º 3 do art. 291.º: embora a falta de promoção se verifique na 1.ª instância, a deserção é julgada no tribunal superior, onde pendia o processo quando o incidente se verificou, por simples despacho do relator. É compreensível, visto tratar-se de *deserção do recurso*, e não da deserção da instância principal.

SECÇÃO VI

Liquidação

ARTIGO 378.º

(Ónus de liquidação)

Antes de começar a discussão da causa, o autor deduzirá, sendo possível, o incidente de liquidação para tornar

Capítulo III — Dos incidentes da instância   **ART. 378.º**

líquido o pedido genérico, quando este se refira a uma universalidade ou às consequências de um facto ilícito.

1. A *liquidação*, de que tratam os arts. 378.º a 380.º, é o processo incidental que se destina a regular os termos em que, na acção declarativa, o pedido *genérico*, referente a uma universalidade ou às consequências de um facto ilícito, pode ser convertido em pedido *específico*.

Os pedidos genéricos podem ser formulados nos casos referidos no art. 471.º, estando o preceito em anotação relacionado com as hipóteses previstas nas alíneas *a)* e *b)* do n.º 1 desse artigo.

O Código de 1876 não regulava a liquidação na fase declarativa, tratando-a somente como incidente da execução (art. 909.º). O abuso da formulação de pedidos genéricos, ao abrigo do disposto no § único do art. 7.º, e principalmente a relegação, para execução de sentença, da liquidação respectiva, em casos em que já na fase declarativa havia os necessários elementos para tal, levaram o legislador de 1939 a formular a regra da obrigatoriedade da liquidação na fase declarativa *sempre que isso fosse possível* (§ único do art. 275.º). Formulando pedido genérico ao abrigo dos n.ºˢ 1.º e 2.º do art. 275.º do código antigo, o autor estava *obrigado* a alegar e provar que lhe era *impossível* fazer a liquidação do pedido na fase declarativa ou a deduzir o incidente nos termos do art. 383.º. O princípio era de todo o ponto justificável, por evidentes razões de boa ordem e economia processual. Onde as dificuldades surgiram foi nas consequências a atribuir à falta da alegação e prova da impossibilidade de fazer a liquidação na acção declarativa. Bastaria definir essas consequências, aperfeiçoando a regulamentação respectiva, para que o sistema funcionasse com pleno rendimento. Não se seguiu, porém, essa solução. O legislador de 1961, nitidamente influenciado pela posição que, no problema, tomara, desde há muito, o Conselheiro Lopes Cardoso, abandonou o critério adoptado pelo código anterior e ao redigir o n.º 2 do art. 471.º, correspondente ao citado § ún. do art. 275.º, deixou bem claro que o incidente de liquidação na fase declarativa, regulado pelos arts. 378.º a 380.º, passou a ter carácter meramente facultativo.

2. Não é claro o sentido da expressão «discussão da causa», empregada pelo artigo. O código prevê uma fase processual que designa «da discussão e julgamento da causa», que se inicia com o

— 155 —

ART. 379.º *Livro III, Título I — Das disposições gerais*

despacho que marca o dia e a hora em que deve realizar-se a audiência final; por outro lado, parece não poder dizer-se que a discussão da causa começou enquanto não se iniciar propriamente a audiência em que o litígio vai ser apreciado e decidido; finalmente, comportando a audiência de julgamento uma *discussão oral* sobre a matéria de facto, com que principiam os debates, será lícito defender que só iniciados estes começa verdadeiramente a discutir-se a causa.

Qual destes termos finais pretendeu o legislador fixar ao prazo para requerer a liquidação? A data do despacho que marca o julgamento, o início da audiência ou o começo das alegações?

O Prof. Alberto dos Reis interpretava o preceito como querendo significar que o prazo ia até ao começo do julgamento, isto é, até ser praticado o primeiro dos factos integrantes da audiência de discussão e julgamento, actualmente referidos pelo art. 652.º.

É uma posição intermédia. Também a consideramos a mais razoável.

ARTIGO 379.º

(Como se deduz)

A liquidação é deduzida mediante requerimento oferecido em duplicado, no qual o autor, conforme os casos, relacionará os objectos compreendidos na universalidade, com as indicações necessárias para se identificarem, ou especificará os danos derivados do facto ilícito e concluirá pedindo quantia certa.

A liquidação é um dos incidentes da instância e por isso devem observar-se, no seu processamento, as regras gerais dos arts. 302.º, 303.º e 304.º quanto, respectivamente, ao oferecimento dos meios de prova, ao prazo para ser deduzida a oposição e ao limite do número de testemunhas e registo dos depoimentos.

A liquidação (ao contrário do que sucedia na vigência do Código de 39) é hoje sempre deduzida em requerimento distinto dos articulados da acção.

Esse requerimento deve obedecer quanto à forma (simples ou articulada) ao disposto no art. 151.º, n.º 2.

Capítulo IV — Dos procedimentos cautelares   **ART. 381.º**

ARTIGO 380.º

(Termos posteriores do incidente)

1 — A oposição à liquidação será formulada em duplicado.

2 — A matéria da liquidação é inserida ou aditada à base instrutória da causa.

3 — As provas são oferecidas e produzidas, sendo possível, com as da restante matéria da acção e da defesa.

4 — A liquidação é discutida e julgada com a causa principal.

Veja-se, quanto ao prazo em que deve ser oferecida a oposição e quanto à forma que deve revestir, o que escrevemos em anotação ao artigo anterior.

O incidente não admite mais articulados.

CAPÍTULO IV

Dos procedimentos cautelares

SECÇÃO I

Procedimento cautelar comum

ARTIGO 381.º

(Âmbito das providências cautelares não especificadas)

1 — Sempre que alguém mostre fundado receio de que outrem cause lesão grave e dificilmente reparável ao seu direito, pode requerer a providência conservatória ou antecipatória concretamente adequada a assegurar a efectividade do direito ameaçado.

2 — O interesse do requerente pode fundar-se num direito já existente ou em direito emergente de decisão a proferir em acção constitutiva, já proposta ou a propor.

3 — Não são aplicáveis as providências referidas no n.º 1 quando se pretenda acautelar o risco de lesão especialmente prevenido por alguma das providências tipificadas na secção seguinte.

ART. 381.º   *Livro III, Título I — Das disposições gerais*

4 — Não é admissível, na dependência da mesma causa, a repetição de providência que haja sido julgada injustificada ou tenha caducado.

1. O código emprega a expressão «*procedimentos cautelares*» para designar um tipo processual que o Código de 1876 (arts. 357.º a 399.º) tratou sob a designação de «*actos* preventivos e preparatórios» e a que o Código de 1939 (arts. 386.º a 408.º) chamava «*processos preventivos e conservatórios*».

A esta variedade terminológica correspondeu uma certa modificação de conteúdo. Assim, os actos preventivos e preparatórios do código de 1876 compreendiam a conciliação, o embargo ou arresto, o embargo de obra nova, as denúncias e tomadias, os depósitos e protestos e os alimentos provisórios; o Código de 1939 suprimiu, nos correspondentes processos preventivos e conservatórios, a conciliação e as denúncias e tomadias, acrescentando-lhe a restituição provisória de posse, a suspensão de deliberações sociais, as providências cautelares, a imposição de selos e o arrolamento, e as cauções; finalmente, o código actual eliminou, do grupo atrás referido, as cauções e os depósitos e protestos, que tratou em capítulos à parte.

Esta flutuação legislativa reflecte a indeterminação que tem reinado, na doutrina, quanto à precisão do conceito de processo cautelar.

Cautelar, segundo Carnelutti, é o processo que, em vez de ser autónomo, serve para garantir que outro processo atinja o seu fim próprio. Neste sentido o processo cautelar opõe-se ao processo definitivo, que é aquele que serve imediatamente para a composição do litígio. A função mediata do processo cautelar implica, portanto, a existência de dois processos acerca do mesmo litígio ou do mesmo assunto; o processo cautelar, diferentemente do que acontece com o processo definitivo, não pode ser autónomo; o processo definitivo não pressupõe o processo cautelar, mas o processo cautelar pressupõe o processo definitivo ([135]).

O mesmo autor classifica o processo cautelar em *instrumental*, quando tende a garantir os meios do processo definitivo, como acontece, por exemplo, no arrolamento, e em processo cautelar *final*, quando serve para assegurar a finalidade prática do processo definitivo, tal como sucede com o arresto e os alimentos provisórios.

([135]) Carnelutti, *Istituzioni*, 5.ª ed., n.os 44 e 45.

Capítulo IV — Dos procedimentos cautelares   **ART. 381.º**

Se o nosso legislador tivesse seguido este critério, que nos parece razoável, teria incluído entre os processos cautelares da primeira espécie a produção antecipada de provas (art. 520.º).

Do exame dos diversos processos cautelares podem extrair-se as características diferenciais próprias que os distinguem do processo declarativo ou executivo, de que constituem, ainda na expressão de Carnelutti, um *tertium genus.*

Em primeiro lugar torna-se patente o carácter eminentemente instrumental ou indirecto do processo cautelar, no sentido de que em qualquer das suas formas facilita apenas os meios de alcançar os fins que visa outro processo de diferente natureza.

Em segundo lugar, e em consequência da característica anterior, deve assinalar-se a natureza precária e provisória que, regra geral, têm as decisões neles formadas.

Finalmente são, apesar de tudo, verdadeiros processos jurisdicionais, enquanto implicam actividade própria dos organismos do Estado encarregados da tutela jurídica, que se exerce, geralmente, conforme normas preestabelecidas, ainda que mais ou menos flexíveis ([136]).

Estas características permitem-nos também distinguir os processos cautelares de outras figuras semelhantes, a que falta, porém, algum ou alguns deste traços distintivos.

Algumas vezes é o carácter *provisório* ou *precário* que falece a certas medidas ou processos que, embora com finalidade de cautela, não podem ser considerados processos cautelares. Tal é, por exemplo, a obrigação de prestar caução que impende, em certos casos, sobre o usufrutuário em relação aos bens que constituem o usufruto (Cód. Civ., arts. 1468.º a 1470.º) e sobre o herdeiro e o legatário, para cumprimento da vontade do testador (Cód. Civ., art. 2236.º). Esses procedimentos, concedidos unicamente no pressuposto da efectiva existência do direito, são, na realidade, acessórios do próprio direito, obrigações acessórias do obrigado que também podem fazer-se valer por uma acção declarativa, mas que não são verdadeiras acções e não têm carácter provisório. Foi, certamente, por considerações deste género que o legislador de 1961 excluiu do âmbito legal das medidas cautelares as cauções e os depósitos e protestos, que ainda no código anterior figuravam como processos preventivos e conservatórios.

([136]) Manuel de La Plaza, *ob. cit.,* vol. 2.º, 1.ª parte, págs. 27 e seguintes.

ART. 381.º *Livro III, Título I — Das disposições gerais*

Se, em alguns casos, a distinção se faz sem grande dificuldade, a verdade é que, em outros, a situação é muito confusa.

O legislador português deu sinal disso mesmo, fugindo de empregar a palavra «processo», conceitualmente mais limitada, para usar a de «procedimento», que lhe pareceu, certamente, mais flexível, para enquadrar todas as medidas cautelares que decidiu tratar neste capítulo.

A função que estas providências desempenham, dentro dum sector de importância capital para a eficácia do direito e o prestígio das instituições judiciárias, resulta com bastante nitidez da dupla coordenada que delimita o seu campo de aplicação. Por um lado, é necessário que se demonstre a existência das condições que, de um modo geral, legitimam o recurso aos procedimentos cautelares. Por outro, torna-se mister que ao caso não tenha aplicação nenhuma das providências especificamente reguladas neste capítulo ([137]).

2. Como se acentua no n.º 1 do art. 383.º a providência cautelar é sempre *preliminar* ou *incidente* de uma causa, declarativa ou executiva, a intentar ou já intentada.

Também se deixou claro que só é admissível o uso das providências cautelares não especificadas quando a lesão não possa ser acautelada pelo emprego de qualquer dos outros procedimentos previstos neste capítulo. Já era o entendimento anterior em relação ao disposto no art. 405.º do Código de 1939, mas foi útil a menção expressa que se fez, de tal modo se tornou abusivo, na vigência do código anterior, o recurso às providências cautelares, com o manifesto propósito de fugir às exigências feitas pela lei para o requerimento de providências de outro tipo, como o arresto por exemplo ([138]).

Inclui-se neste preceito, como constituindo providência cautelar inominada, o depósito de bens imóveis que o código de 39 destacava desnecessariamente.

3. Para serem decretadas providências cautelares inominadas é necessário que se verifiquem cumulativamente os requisitos da aparência do direito invocado e o justo receio de que alguém pratique factos susceptíveis de causar lesão grave e de difícil

---

([137]) *B.M.J.*, n.º 122, pág. 166.

([138]) Ac. Rel. Lxa., de 11/2/80, no *B.M.J.*, n.º 300, pág. 440; ac. S.T.J., de 25/5/82, no *B.M.J.*, n.º 317, pág. 215; ac. S.T.J., de 25/5/82, no *B.M.J.*, n.º 317, pág. 215.

Capítulo IV — Dos procedimentos cautelares   **ART. 381.º**

reparação desse direito; mas o juiz tem, ainda, de ponderar se o prejuízo resultante da providência não será maior do que o dano que se pretende evitar (art. 387.º, n.º 2), caso em que a não decretará.

O requisito do justo receio de lesão grave do direito é matéria de facto, da exclusiva competência das instâncias ([139]).

Dado o carácter cautelar destas medidas é óbvio que não podem ser decretadas contra lesões já consumadas ([140]), mas nada obsta a que, uma vez verificada a lesão, se requeiram providências cautelares idóneas para evitar novas lesões, de que a primeira pode constituir indício de efectivação ([141]).

A Relação de Lisboa julgou, por seu acórdão de 22 de Outubro de 1958 ([142]), que havendo sentença com trânsito não se devem requerer providências cautelares, mas sim execução da sentença. Não pode aceitar-se esta regra em valor absoluto. Se é certo que na maioria dos casos (e isso sucedia na hipótese do acórdão) após a declaração judicial do direito bastará a acção executiva para garantir a sua efectivação, não pode esquecer-se que, em outros, o emprego *normal* dessa via pode revelar-se insuficiente para garantir, de momento, a reparação efectiva do direito violado. É sempre o *periculum in mora* que justificará o emprego da medida cautelar, nominada ou inominada, conforme ao caso couber.

4. São pressupostos do decretamento de uma providência cautelar não especificada: *a)* A probabilidade séria da existência do direito de que se ocupa a acção, proposta ou a propor, que tenha por fundamento o direito tutelado; *b)* O justo e fundado receio de que outrem cause lesão grave e de difícil reparação a esse direito; *c)* A não existência de providência específica para acautelar o mesmo direito; *d)* O prejuízo resultante da providência não exceder o valor do dano que com ela se pretende evitar ([143]).

([139]) Acs. do Sup. Trib. Just., de 10/3/1953 (*Bol. Min. Just.,* 36.º-197); da Rel. Lxa, de 17/7/1959 (*Jur. Rel.,* 5.º-662); do Sup. Trib. Just., de 21/7/1959 (*Bol. Min. Just.,* 89.º-489).

([140]) Acs. do Sup. Trib. Just., de 12/4/1955 (*Bol. Min. Just.,* 48.º-580) e de 14/1/1957 (*Rev. Trib.,* 76.º-79; *Bol. Min. Just.,* 73.º-570).

([141]) Ac. do Sup. Trib. Just., de 31/7/1962 (*Bol. Min. Just.,* 119.º-409).

([142]) *Jur. Rel.,* 4.º-1118.

([143]) Acs. S.T.J., de 23/5/74, no *B.M.J.,* n.º 235, pág. 237; de 18/12/79, no *B.M.J.,* n.º 292, pág. 338; de 15/1/80, no *B.M.J.,* n.º 293, pág. 230; de 6/6/91, no *B.M.J.,* n.º 408, pág. 673.

ART. 383.º   *Livro III, Título I — Das disposições gerais*

São exemplo de casos que mereceram deferimento os acórdãos do S.T.J., de 10/3/81, no *B.M.J.,* n.º 305, pág. 223; de 15/10/81, no *B.M.J.,* n.º 310, pág. 242; de 28/2/91, na *A.J.,* n.ᵒˢ 15/16, pág. 35; de 23/9/98, na *Col. Jur.,* ano VI, t. 3, pág. 21.

O Supremo entendeu que não era de decretar a providência nos casos versados nos seus acórdãos: de 11/1/74, no *B.M.J.,* n.º 233, pág. 116; de 5/3/74, no *B.M.J.,* n.º 235, pág. 199; de 5/3/74, no *B.M.J.,* n.º 235, pág. 202; de 23/5/75, no *B.M.J.,* n.º 249, pág. 133; de 25/1/77, no *B.M.J.,* pág. 222; de 19/1/78, no *B.M.J.,* n.º 279, pág. 220; de 23/11/78, no *B.M.J.,* n.º 281, pág. 248; de 15/4/80, no *B.M.J.,* n.º 296, pág. 206; de 30/10/84, no *B.M.J.,* n.º 340, pág. 338; de 21/9/93, na *Col. Jur./S.T.J.,* ano I, t. 3, pág. 26.

ARTIGO 382.º

(Urgência do procedimento cautelar)

1 — Os procedimentos cautelares revestem sempre carácter urgente, precedendo os respectivos actos qualquer outro serviço judicial não urgente.

2 — Os procedimentos instaurados perante o tribunal competente devem ser decididos, em 1.ª instância, no prazo máximo de dois meses ou, se o requerido não tiver sido citado, de 15 dias.

É um preceito de cariz utópico, mas que não fica mal no Código como demonstração dos bons propósitos do legislador. O n.º 2 é que saiu arrevezado, quase a dizer o contrário do que queria significar. O que se pretendeu dizer foi que o procedimento deve ser decidido em regra no prazo de dois meses, mas que esse prazo é encurtado para quinze dias quando for dispensada a audição prévia do arguido (art. 385.º, n.º 1).

ARTIGO 383.º

**(Relação entre o procedimento cautelar
e a acção principal)**

1 — O procedimento cautelar é sempre dependência da causa que tenha por fundamento o direito acautelado e pode ser instaurado como preliminar ou como incidente de acção declarativa ou executiva.

Capítulo IV — Dos procedimentos cautelares   **ART. 383.º**

2 — Requerido antes de proposta a acção, é o procedimento apensado aos autos desta, logo que a acção seja instaurada; e se a acção vier a correr noutro tribunal, para aí é remetido o apenso, ficando o juiz da acção com exclusiva competência para os termos subsequentes à remessa.

3 — Requerido no decurso da acção, deve o procedimento ser instaurado no tribunal onde esta corre e processado por apenso, a não ser que a acção esteja pendente de recurso; neste caso a apensação só se faz quando o procedimento estiver findo ou quando os autos da acção principal baixem à 1.ª instância.

4 — Nem o julgamento da matéria de facto, nem a decisão final proferida no procedimento cautelar, têm qualquer influência no julgamento da acção principal.

5 — Nos casos em que, nos termos de convenções internacionais em que seja parte o Estado Português, o procedimento cautelar seja dependência de uma causa que já foi ou haja de ser intentada em tribunal estrangeiro, o requerente deverá fazer prova nos autos do procedimento cautelar da pendência da causa principal, através de certidão passada pelo respectivo tribunal.

1. Agrupou-se no n.º 1 o que já dispunham os arts. 389.º e 391.º do código velho.

O procedimento tanto pode ser requerido pelo autor como pelo reconvinte.

A providência solicitada há-de ter por objecto acautelar o interesse jurídico que com a acção principal se pretende ver reconhecido. Por isso mesmo nada obsta a que o promitente comprador de um prédio mixto peça, na providência cautelar, a proibição de venda a terceiro, pelo promitente vendedor, daquele imóvel, desde que proponha atempadamente acção em que solicite a execução específica da promessa (ac. *S.T.J.*, de 11/11/97, na *Col. Jur. / S.T.J.*, ano V, t. 3, pág. 130).

2. O n.º 2 repete, aliás desnecessariamente, a regra formulada pelo art. 83.º.

Pareceu inútil fazer referência expressa ao caso de o procedimento ter sido requerido em comarcas cujo tribunal se divida em

ART. 383.º   *Livro III, Título I — Das disposições gerais*

varas ou juízos. «O princípio da remessa do procedimento para o tribunal da acção aplica-se, evidentemente, à hipótese de aquele ser proposto em qualquer vara ou juízo e a acção ser instaurada em vara ou juízo diverso, embora do mesmo tribunal [144].

3. O n.º 2 deste preceito contém ainda uma determinação algo enigmática.

Referimo-nos à atribuição de competência exclusiva ao juiz da comarca onde foi instaurada a acção de que depende o procedimento, após a remessa que lhe seja feita deste para apensação.

O termo «exclusiva» faz pensar que se teve em vista delimitar a competência do juiz que primeiro conheceu da providência e a daquele que passa a conhecer dela em virtude de ter de decidir a causa principal.

Mas, sendo assim, o comando ínsito no preceito será perfeitamente inútil. É óbvio que, feita a remessa, até no plano prático será impossível ao juiz da comarca onde o procedimento haja sido requerido, deslocar-se a um tribunal diferente, para despachar naquele processo.

Não pode ter sido esse o pensamento do legislador.

Supomos que a situação por ele contemplada foi outra.

Alberto dos Reis escrevia, a este respeito:

«A lei quer, por um lado, que a apensação se faça *logo que* a acção esteja proposta e impõe esse procedimento ao juiz como *dever oficioso*; quer, por outro lado, que, a partir da apensação, só o juiz da acção tenha competência para o que ainda haja a praticar no processo preventivo. Afinal, a vontade exacta e profunda da lei é esta: uma vez proposta a acção de que a providência é acto preparatório, cessa a competência do juiz da providência, quando seja diferente do da acção, e só este tem o poder de ordenar os termos subsequentes do processo preventivo» [145].

Cremos que esta solução é demasiado drástica. Ela ultrapassa os termos do problema, contundindo com o que a própria lei claramente prescreve. Na verdade, concluir que a competência exclusiva do juiz da acção, para conhecer da providência, se inicia com a *propositura* daquela, é contrariar directamente a lei que a faz principiar com a *remessa* do processo. Por outro lado, admitir que a competência do juiz da providência cessa, *ipso jure*, com a

---

[144] *B.M.J.*, n.º 122, pág. 156.
[145] *Cód. Proc. Civ. An.*, vol. I, pág. 647.

Capítulo IV — Dos procedimentos cautelares   **ART. 383.º**

propositura da acção, é comprometer de nulidade todos os actos praticados no procedimento cautelar (eventualmente o seu decretamento) no período que decorre entre a propositura da acção e o *conhecimento* que *desse facto* seja levado ao processo da providência.

Esta última consideração põe, a nosso ver, o problema na sua verdadeira luz.

É verdade que a lei pretende que a competência do juiz do procedimento seja deslocada para o juiz da acção logo que a causa principal seja proposta. Há, porém, que ter em consideração duas ordens de obstáculos a que essa transferência se faça *logo* e se faça na *totalidade*. O primeiro diz respeito, como já se assinalou, ao conhecimento que o juiz tenha, de ofício ou por iniciativa das partes, da propositura da acção; até aí ele conserva competência para decidir no processo todas as questões que suscitem a sua intervenção. A partir do momento em que sabe ter a causa principal sido proposta, o juiz deve ordenar a sua remessa; cessa, portanto, a sua competência sobre o objecto da causa, sobre a matéria da providência, mas conserva, digamos, uma competência instrumental, designadamente para ordenar essa *remessa* e remover todos os obstáculos para que ela se efective; efectuada a remessa só o juiz da causa tem competência para se pronunciar no processo da providência, qualquer que seja a matéria que haja a decidir. É neste sentido, e dentro deste condicionalismo de facto, que entendemos a expressão «*exclusiva competência*», que se lê neste preceito.

4. Da circunstância de o procedimento cautelar poder ser instaurado como incidente da acção nasceu, naturalmente, a necessidade de encarar a hipótese desse incidente surgir estando a causa pendente de recurso, o que faz o n.º 3, dando ao caso a melhor solução. O Código de 1939 admitia o processamento do incidente dos alimentos provisórios nos tribunais superiores (art. 399.º), mas o preceito foi eliminado, fixando-se, sem excepção, a regra de que só na 1.ª instância podem ser requeridos e processados os procedimentos cautelares. Se o incidente terminar estando ainda o processo principal em recurso, deve ser remetido ao tribunal superior, para efeito de apensação.

5. A lei torna agora claro que, nem o apurado em matéria de facto, nem o decidido em matéria de direito no procedimento

— 165 —

ART. 385.º   *Livro III, Título I — Das disposições gerais*

cautelar projectam qualquer efeito na decisão de facto e de direito a ser tomada na acção principal. Era, aliás, o que já se vinha entendendo ([146]) anteriormente à reforma de 95/96.

ARTIGO 384.º

(Processamento)

1 — Com a petição, oferecerá o requerente prova sumária do direito ameaçado e justificará o receio da lesão.

2 — É sempre admissível a fixação, nos termos da lei civil, da sanção pecuniária compulsória que se mostre adequada a assegurar a efectividade da providência decretada.

3 — É subsidiariamente aplicável aos procedimentos cautelares o disposto nos artigos 302.º a 304.º.

A sanção pecuniária compulsória é uma pena cominada pelo juiz, a tanto por dia de atraso, ou a tanto por cada infracção, imposta por uma decisão judicial a um réu relapso ou contumaz (Cód. Civ., art. 829.º-A), no cumprimento de prestações de facto infungível.

ARTIGO 385.º

(Contraditório do requerido)

1 — O tribunal ouvirá o requerido, excepto quando a audiência puser em risco sério o fim ou a eficácia da providência.

2 — Quando seja ouvido antes do decretamento da providência, o requerido é citado para deduzir oposição, sendo a citação substituída por notificação quando já tenha sido citado para a causa principal.

3 — Não tem lugar a citação edital, devendo o juiz dispensar a audiência do requerido quando se certificar que a citação pessoal deste não é viável.

4 — A revelia do requerido que haja sido citado tem os efeitos previstos no processo comum de declaração.

([146]) Ac. S.T.J., de 30/3/87, em *Acs. Dout.*, 314.º-279, cit. por Abílio Neto, no seu *Cód. Proc. Civ. Anot.*

Capítulo IV — Dos procedimentos cautelares   **ART. 386.º**

5 — Quando o requerido não for ouvido e a providência vier a ser decretada, só após a sua realização é notificado da decisão que a ordenou, aplicando-se à notificação o preceituado quanto à citação.

6 — Se a acção for proposta depois de o réu ter sido citado no procedimento cautelar, a proposição produz efeitos contra ele desde a apresentação da petição inicial.

1. O n.º 1 faz aplicação do princípio do contraditório: o requerido só não será ouvido quando o conhecimento, por sua parte, do requerimento da providência faça perigar a eficácia desta, ou quando não for possível citá-lo pessoalmente. A revelia do requerido citado pessoalmente tem os efeitos previstos no processo comum de declaração correspondente ao incidente (arts. 483.º e 484.º).

2. Se o requerido não tiver sido ouvido e a providência for decretada poderá ele, após a notificação a que se refere o n.º 5, optar entre interpor recurso da decisão que o decretou, ou deduzir oposição contra ela. Usará normalmente do recurso quando entender que a decisão não se justifica perante os elementos que constam dos autos; usará da oposição quando quiser alegar e provar factos que invalidam os fundamentos do julgado, ou, pelo menos, que justificam que a providência seja reduzida (art. 388.º).

3. O preceito do n.º 6 faz com que, no caso aí previsto, se antecipem os efeitos que normalmente dependem da citação do réu, nos termos do art. 481.º. O que parece necessário é que entretanto a providência não tenha caducado por algum dos motivos mencionados no art. 389.º.

ARTIGO 386.º

(Audiência final)

1 — Findo o prazo da oposição, quando o requerido haja sido ouvido, procede-se, quando necessário, à produção das provas requeridas ou oficiosamente determinadas pelo juiz.

2 — A audiência final só pode ser adiada, por uma única vez, no caso de falta de mandatário de alguma das

ART. 387.º *Livro III, Título I — Das disposições gerais*

partes, devendo realizar-se num dos cinco dias subsequentes.

3 — A falta de alguma pessoa convocada e de cujo depoimento se não prescinda, bem como a necessidade de realizar qualquer diligência probatória no decurso da audiência, apenas determinam a suspensão desta na altura conveniente, designando-se logo data para a sua continuação.

4 — São sempre gravados os depoimentos prestados quando o requerido não haja sido ouvido antes de ordenada a providência cautelar.

Sendo um dos pressupostos das providências cautelares o perigo que a demora da decisão final da causa pode ocasionar, justificam-se plenamente as medidas previstas neste artigo, introduzido pela reforma de 95/96 para acautelar a maior brevidade do processo cautelar.

ARTIGO 387.º

(Deferimento e substituição da providência)

1 — A providência é decretada desde que haja probabilidade séria da existência do direito e se mostre suficientemente fundado o receio da sua lesão.

2 — A providência pode, não obstante, ser recusada pelo tribunal, quando o prejuízo dela resultante para o requerido exceda consideravelmente o dano que com ela o requerente pretende evitar.

3 — A providência decretada pode ser substituída por caução adequada, a pedido do requerido, sempre que a caução oferecida, ouvido o requerente, se mostre suficiente para prevenir a lesão ou repará-la integralmente.

4 — A substituição por caução não prejudica o direito de recorrer do despacho que haja ordenado a providência substituída, nem a faculdade de contra esta deduzir oposição, nos termos do artigo seguinte.

1. Como se lê nas Observações à Revisão Ministerial, «destacou-se, para uma disposição autónoma, a resolução do problema de

Capítulo IV — Dos procedimentos cautelares   **ART. 387.º**

saber em que termos deve o requerente fazer prova dos dois elementos fundamentais que justificam a concessão da providência.

Relativamente ao direito do autor, não se exige a prova da sua existência, nos termos em que ela deverá ser produzida no âmbito da acção. Basta que a prova produzida indicie uma *probabilidade séria,* suficientemente forte, um estado de convicção entre a *simples* ou *mera possibilidade* e a *certeza jurídica* da existência do direito, para que se julgue satisfeita, por esse lado, a exigência da lei.

No que se refere ao receio da lesão do direito, o requerente há-de trazer ao tribunal a notícia de factos que mostrem ser *fundado* — e não fruto apenas da sua imaginação exacerbada ou da sua desconfiança doentia — o receio que invoca».

Mantém-se, entretanto, em termos suficientemente explícitos, a válvula de segurança que a última alínea do art. 406.º já estabelecia neste domínio. A providência não será deferida se os prejuízos irreparavelmente causados ao requerido, com a sua adopção, ultrapassarem consideravelmente aqueles de que pretende defender-se o requerente, ao pedir a sua instauração.

Consagrou-se, assim, a forte corrente jurisprudencial que desde 1939 afirmava ser suficiente, para se ter como verificado a requisito da existência do *direito* subjectivo invocado pelo requerente, a demonstração da verosimilhança deste ou da sua aparência, enquanto que o requisito do justo receio do *prejuízo* teria de apresentar-se como evidente e real.

2. A lei só admite a substituição por caução nas providências cautelares não específicas e no embargo de obra nova. Essa substituição poderá ter lugar nesses processos sempre que a caução oferecida só por si garanta o efeito que a providência se destina a obter: prevenir a lesão ou repará-la integralmente. Estão, naturalmente, nesse caso, as hipóteses em que o prejuízo previsível é de natureza patrimonial ([147]); dada, porém, a grande variedade de fins que pode visar a providência cautelar inominada, nem sempre a simples garantia económica, fornecida pela caução, será suficiente para acautelar os prejuízos resultantes da lesão que se prevê. Todavia, sempre que essa medida se apresente como bastante para atingir esse resultado, deve o juiz admitir a substituição.

O processo da caução é o regulado nos arts. 981.º e seguintes.

([147]) Ac. S.T.J., de 12/12/75, no *B.M.J.*, n.º 252, pág. 106; de 3/6/92, no *B.M.J.*, n.º 418, pág. 693.

ART. 388.º   *Livro III, Título I — Das disposições gerais*

ARTIGO 387.º-A

(Recurso)

Das decisões proferidas nos procedimentos cautelares não cabe recurso para o Supremo Tribunal de Justiça, sem prejuízo dos casos em que o recurso é sempre admissível.

O aditamento deste artigo ao Código de Processo foi feito pelo Dec.-Lei n.º 375-A/99, de 29 de Setembro, sendo uma das medidas de simplificação da lei processual que aquele diploma visou. Dado o carácter provisório que é de atribuir a estas decisões, relativamente ao direito material que se invoca, concordamos com esta alteração, que só peca pela timidez de não adoptar outras restrições do recurso de revista, que indicamos no lugar próprio.

ARTIGO 388.º

(Contraditório subsequente ao decretamento
da providência)

1 — Quando o requerido não tiver sido ouvido antes do decretamento da providência, é-lhe lícito, em alternativa, na sequência da notificação prevista no n.º 5 do artigo 385.º:

a) Recorrer, nos termos gerais, do despacho que a decretou, quando entenda que, face aos elementos apurados, ela não devia ter sido deferida;

b) Deduzir oposição, quando pretenda alegar factos ou meios de prova não tidos em conta pelo tribunal e que possam afastar os fundamentos da providência ou determinar a sua redução, aplicando-se, com as adaptações necessárias, o disposto nos artigos 386.º e 387.º.

2 — No caso a que se refere a alínea b) do número anterior, o juiz decidirá da manutenção, redução ou revogação da providência anteriormente decretada, cabendo recurso desta decisão, que constitui complemento e parte integrante da inicialmente proferida.

Veja-se nota 2 ao art. 385.º.

— 170 —

ARTIGO 389.º
(Caducidade da providência)

1 — O procedimento cautelar extingue-se e, quando decretada, a providência caduca:

a) **Se o requerente não propuser a acção da qual a providência depende dentro de 30 dias, contados da data em que lhe tiver sido notificada a decisão que a tenha ordenado, sem prejuízo do disposto no n.º 2;**

b) **Se, proposta a acção, o processo estiver parado mais de 30 dias, por negligência do requerente;**

c) **Se a acção vier a ser julgada improcedente, por decisão transitada em julgado;**

d) **Se o réu for absolvido da instância e o requerente não propuser nova acção em tempo de aproveitar os efeitos da proposição da anterior;**

e) **Se o direito que o requerente pretende acautelar se tiver extinguido.**

2 — Se o requerido não tiver sido ouvido antes do decretamento da providência, o prazo para a propositura da acção de que aquela depende é de 10 dias contados da notificação ao requerente de que foi efectuada ao requerido a notificação prevista no n.º 5 do artigo 385.º.

3 — Quando a providência cautelar tenha sido substituída por caução, fica esta sem efeito nos mesmos termos em que o ficaria a providência substituída, ordenando-se o levantamento daquela.

4 — A extinção do procedimento e o levantamento da providência, são determinados pelo juiz, com prévia audiência do requerente, logo que se mostre demonstrada nos autos a ocorrência do facto extintivo.

1. Destinando-se os procedimentos cautelares a combater o *periculum in mora*, e não tendo, por isso, autonomia, compreende--se que caduque a medida tomada com essa finalidade quando o autor se revele negligente em obter a decisão definitiva. Se assim não fosse, converter-se-ia uma justa norma de protecção do requerente em injustificado gravame do requerido, que ficaria indefinidamente

— 171 —

ART. 389.º   *Livro III, Título I — Das disposições gerais*

amarrado a uma decisão, proferida sumária e rapidamente, e, portanto, com bastantes probabilidades de não ser a mais justa.

É esta a razão de ser da alínea *a)* do n.º 1 deste preceito.

A *acção* de que o procedimento cautelar depender tanto pode ser declarativa como executiva. Se aquela não for proposta nos prazos mencionados na mesma alínea, o que caduca é o *procedimento*, não projectando esse facto qualquer efeito sobre a caducidade da própria acção.

Os prazos de caducidade dos procedimentos cautelares, por inércia do requerente, acham-se hoje unificados neste artigo.

O código anterior continha um sistema complexo quanto à fixação do dia a partir do qual se contava o prazo para a propositura da acção, obedecendo ao pensamento de que ele se não deveria iniciar enquanto houvesse possibilidade de fazer cair, mediante ataque directo, a providência decretada ([148]). Este critério foi impugnado pela Comissão Revisora. Escreveu-se a esse respeito, depois de se referir o que, sobre a matéria, determinava o código de 1876: «A mais importante, e também a mais infeliz inovação, foi aquela de ter substituído o *dies a quo* relativamente ao prazo de proposição da acção. O autor do projecto justificava-a com as seguintes palavras: Se a providência está ainda sujeita a revogação, por efeito de ataque possível ou em curso, não faz sentido que tenha início o prazo estabelecido para assegurar a eficácia da providência: a acção deixa de ter a utilidade definida no n.º 1 do art. 387.º se a providência for revogada».

«Há aqui — continuava Lopes Cardoso — uma evidente inversão dos dados do problema. A acção não tem por fim essencial assegurar a eficácia da providência. A subsistência desta é que depende duma declaração definitiva do direito, só provisoriamente reconhecido no processo preventivo» ([149]).

Venceu a tese da Comissão, por se ter reconhecido haver «interesse em acelerar o andamento da acção e, consequentemente, a sua propositura em juízo, dada a base precária sobre que assenta a concessão da providência cautelar» ([150]).

À luz desta razão de *conveniência* não custa aceitar a utilidade da alteração, a que se soma a vantagem do novo critério ser o mesmo para toda e qualquer espécie de procedimentos cautelares.

([148]) *Cód. Proc. Civ. An.*, vol. 1.º, pág. 644.
([149]) *Projectos de Revisão*, I, pág. 102.
([150]) *Bol. Min. Just.*, n.º 122, pág. 154.

Capítulo IV — Dos procedimentos cautelares   **ART. 389.º**

Não se diga, porém, que a solução anterior se baseava num raciocínio errado.

É que o caso da alínea *a)* contempla, reconhecidamente, uma hipótese de caducidade.

Sendo a caducidade o fenómeno jurídico pelo qual se opera a extinção de um direito em consequência do seu não uso, parece claro que o *direito* do requerente a ver subsistir a providência decretada só nasce, só se insere na sua esfera jurídica, quando esse decretamento seja de carácter definitivo.

Requer-se um arresto; o juiz decreta-o sem audiência do requerido. Tem o requerente o *direito* a ver mantida a diligência ordenada? É manifesto que não. O requerido, uma vez notificado do despacho que ordenou o arresto pode agravar dele, ou opor-se-lhe, ou usar desses dois meios de oposição simultaneamente, e o tribunal pode vir livremente a modificar a primeira e precária decisão tomada, depois dos elementos que colheu nesta fase contraditória do processo. Até que definitivamente se resolva manter a diligência ou revogá-la não há *direito* que possa caducar.

Era esta a posição do código de 1939 e não pode dizer-se que estivesse afastada dos princípios que regem o nosso ordenamento jurídico.

Por isso Alberto dos Reis escrevia, *muito logicamente,* que se a providência viesse a ser revogada ainda nesta fase processual a acção deixaria de ter a *utilidade definida no n.º 1* do art. 387.º, isto é, a sua propositura deixaria de servir de índice da diligência do requerente para manter vivo um direito que não teria chegado a concretizar-se.

2. Decorridos os prazos a que se refere as alíneas *a)* e *b)* do n.º 1 e do n.º 2, a diligência fica sem efeito, ainda que o requerimento do requerido a solicitar o levantamento seja posterior a acto do requerente que haja posto termo à sua inércia. É uma consequência de o direito *ter deixado de existir* só pelo facto do escoamento do prazo de caducidade.

3. Deve entender-se compreendido na alínea *c)* o caso de o autor, requerente da providência, desistir do pedido na acção de que a diligência ordenada depender. É o que resulta do disposto no n.º 1 do art. 295.º e do n.º 3 do art. 300.º. Se a desistência for a da instância o preceito aplicável será a alínea *d)* deste n.º 1.

ART. 389.º   *Livro III, Título I — Das disposições gerais*

4. O código anterior determinava que a providência ficasse sem efeito quando o réu prestasse caução, sendo caso disso.

Observava-se que a caução, funcionando como verdadeiro sucedâneo da providência cautelar, não devia determinar a caducidade desta. Eliminou-se, consequentemente, essa causa de caducidade e tratou-se da caução no n.º 3, tornando expressa a solução que a doutrina já havia indicado.

Parece-nos que se deveria ter aproveitado a ocasião para deslocar essa matéria para um preceito autónomo, que tratasse somente da *substituição* da providência, e não conservá-la num artigo que se ocupa dos casos de caducidade.

Quando pode substituir-se a providência decretada por caução oferecida pelo requerido?

A resposta está no n.º 3 do art. 387.º.

Há, segundo aquela norma que decidir em cada caso concreto se a substituição por caução garante e acautela suficientemente o requerente contra o prejuízo que a providência se propunha evitar, e na mesma medida em que esta o evitaria, pois só nesse caso será de admitir a substituição.

5. É curiosa a situação tratada no acórdão do Supremo Tribunal de Justiça, de 25 de Novembro de 1969 ([151]).

A requereu contra *B* a providência cautelar de restituição provisória de posse de um certo objecto; a providência foi ordenada. Dentro de 30 dias *A* demandou *B* pedindo a condenação deste a restituir-lhe a coisa que fora objecto da providência, mas o tribunal considerou que *B* era parte ilegítima e absolveu-o da instância, por ter como provado que ele agira sempre em nome e por conta da sociedade *C*.

Sem necessidade de analisar outros aspectos, pergunta-se: se *A*, dentro de trinta dias a contar do trânsito da decisão absolutória, propuser, contra *C* uma nova acção, pedindo a restituição do mesmo objecto, caduca ou não a providência decretada?

O Supremo respondeu negativamente a esta questão.

Razões fundamentais do julgado: se a faculdade concedida pelos arts. 289.º e 389.º, n.º 1, alínea *d)* se destina a não inibir que, por se ter extinto uma relação jurídica processual na primeira acção, se possa julgar a relação substancial numa segunda acção sem que se percam os efeitos civis derivados da entrada em juízo da primeira,

---

([151]) *B.M.J.*, n.º 191, pág. 234.

Capítulo IV — Dos procedimentos cautelares   **ART. 389.º**

não se vê razão alguma para que essas disposições legais não sejam aplicáveis, mesmo quando forem diferentes os réus nas duas acções.

É muito duvidosa esta jurisprudência.

O colendo tribunal partiu do princípio de que se tratava de averiguar da subsistência dos direitos civis derivados da proposuitura da primeira acção, mas não nos parece ser essa a exacta posição do problema.

Que tendo havido absolvição da instância o facto de a nova acção não ser proposta no prazo de 30 dias produz a caducidade da providência, não há dúvida em face do que dispõe a alínea *d)* do n.º 1 do preceito em análise; o contrário, porém, não é necessariamente verdadeiro.

Saber se a propositura da nova acção, naquele prazo, *contra outro réu*, deixa subsistir a decisão que decretou a medida cautelar, é outra questão, que há-de resolver-se por aplicação do art. 289.º e, designadamente, do seu n.º 4, que directamente se ocupa do aproveitamento das decisões proferidas com anterioridade à absolvição da instância de que trata aquele preceito.

Ora aí prescreve-se expressamente que as decisões proferidas anteriormente à absolvição da instância só conservarão o seu valor quando, tendo o réu sido absolvido por qualquer dos fundamentos compreendidos na alínea *e)* do n.º 1 do art. 288.º, a nova acção correr entre as mesmas partes.

Na hipótese versada no aresto em referência não se verificava, porém, nenhuma daquelas condições: o réu fora absolvido da instância pelo fundamento constante da alínea *d)* do art. 288.º e a nova acção fora intentada contra outro réu. A conclusão parece que não poderia deixar de ser a de que o decretamento da providência perdera a sua eficácia.

Poderá objectar-se que este tratamento só é de dar às decisões proferidas no próprio processo em que foi julgada extinta a instância, mas afigura-se-nos que não é de fazer esta ressalva pois o procedimento cautelar, tendo carácter eminentemente instrumental e indirecto, não constitui uma via autónoma de instância, antes representa uma antecipação da demanda que uma vez introduzida em juízo a absorve e faz sua. Por isso, se a providência é requerida e admitida contra determinada pessoa, e mais tarde esta vem a ser excluída da lide, na acção principal, por falta de legitimidade, não se nos afigura duvidoso que toda a instância é atingida por esta pronúncia negativa. Daí a aplicabilidade, ao caso, do aludido n.º 4 do art. 289.º.

— 175 —

ART. 390.º *Livro III, Título I — Das disposições gerais*

6. O arresto caduca nas situações previstas neste artigo e ainda no caso especial art. 410.º, no arresto especial contra tesoureiros, não é aplicável o previsto nas alíneas *a)* e *b)* do n.º 1 deste artigo quando a liquidação da responsabilidade financeira do agente for da competência do Tribunal de Contas (art. 411.º, n.º 2).

7. Da redacção anterior do preceito correpondente ao anotado (o art. 288.º), tinha de concluir-se que a caducidade da providência não podia ser conhecida oficiosamente, como julgou o Supremo no seu acórdão de 14 de Fevereiro de 1995 (*Col. Jur. / S.T.J.*, ano III, t. 1, pág. 92). Hoje, porém, a redacção do n.º 4 deste artigo manda que o juiz deve declarar a extinção da providência e ordenar o seu levantamento, com prévia audiência do requerente *logo que* se mostre nos autos ter ocorrido um dos factos extintivos. Parece que hoje o conhecimento pode ser de ofício. A obrigação de ouvir o requerente não se destinará, nesse caso, a assegurar o princípo do contraditório, mas a dar ao interessado a oportunidade de se pronunciar sobre a extinção.

ARTIGO 390.º

(Responsabilidade do requerente)

1 — Se a providência for considerada injustificada ou vier a caducar por facto imputável ao requerente, responde este pelos danos culposamente causados ao requerido, quando não tenha agido com a prudência normal.

2 — Sempre que o julgue conveniente em face das circunstâncias, pode o juiz, mesmo sem audiência do requerido, tornar a concessão da providência dependente da prestação de caução adequada pelo requerente.

1. Na sua redacção primitiva este Código responsabilizava o requerente do arresto que viesse a ser julgado insubsistente por ter havido da sua parte intencional ocultação ou deturpação da verdade, pelos danos que tal conduta determinasse ao requerido (art. 404.º, n.º 1). Por sua vez os arts. 399.º, n.º 4 e 416.º, n.º 1 tornavam aplicável essa regra às providências cautelares não especificadas e ao embargo de obra nova quando requerido por particulares.

— 176 —

Capítulo IV — Dos procedimentos cautelares   **ART. 392.º**

A responsabilidade civil do requerente é apreciada nos termos gerais (Cód. Civil, arts. 438.º e segs.).

2. A decisão de tornar dependente a concessão da providência da prestação de caução adequada representa o exercício de um poder discricionário do juiz. Essa faculdade só funciona, no que respeita aos procedimentos nominados, em relação ao arresto e ao embargo de obra nova (art. 392.º, n.º 2).

3. Veja-se, em matéria de alimentos, a regra especial do art. 402.º.

ARTIGO 391.º

(Garantia penal da providência)

Incorre na pena do crime de desobediência qualificada todo aquele que infrinja a providência cautelar decretada, sem prejuízo das medidas adequadas à sua execução coerciva.

1. Código Penal, art. 348.º, n.º 2: pena de prisão até 2 anos ou multa até 240 dias (desobediência qualificada).

2. Havia dúvidas, na jurisprudência, sobre esta incriminação. A reforma de 95 afastou-as por completo.

ARTIGO 392.º

(Aplicação subsidiária aos procedimentos nominados)

1 — Com excepção do preceituado no n.º 2 do artigo 387.º, as disposições constantes desta secção são aplicáveis aos procedimentos cautelares regulados na secção subsequente, em tudo quanto nela se não encontre especialmente prevenido.

2 — O disposto no n.º 2 do artigo 390.º apenas é aplicável ao arresto e ao embargo de obra nova.

3 — O tribunal não está adstrito à providência concretamente requerida, sendo aplicável à cumulação de providências cautelares a que caibam formas de procedimento diversas o preceituado nos n.os 2 e 3 do artigo 31.º.

ART. 393.º   *Livro III, Título I — Das disposições gerais*

Formula a regra da aplicação subsidiária dos arts. 381.º a 391.º aos procedimentos cautelares especificados, e abre algumas excepções a essa regra. Assim, a recusa da diligência por o prejuízo dela resultante exceder consideravelmente o dano que com ela se pretende evitar (art. 387.º, n.º 2) não é aplicável a qualquer dos procedimentos nominados, e a faculdade concedida ao juiz, sempre que o julgue conveniente, de tornar a concessão da providência dependente de prestação de caução adequada (art. 390.º, n.º 2), só é aplicável, de entre os procedimentos nominados, ao arresto e ao embargo de obra nova.

Foi introduzida pela reforma 95/96.

SECÇÃO II

Procedimentos cautelares especificados

SUBSECÇÃO I

Restituição provisória de posse

ARTIGO 393.º

(Em que casos tem lugar a restituição provisória de posse)

No caso de esbulho violento, pode o possuidor pedir que seja restituído provisoriamente à sua posse, alegando os factos que constituem a posse, o esbulho e a violência.

1. O procedimento cautelar a que se referem estes artigos só tem lugar nos casos de esbulho, e mesmo assim só quando este possa caracterizar-se de violento (Cód. Civ., art. 1279.º). É, pois, necessariamente um preliminar ou um incidente das acções possessórias de restituição, e só destas.

2. A violência que tem de caracterizar o esbulho para o efeito da restituição provisória da posse, tanto pode ser exercida sobre as pessoas como sobre as coisas. A violência dirigida às pessoas pode revestir as formas de violência física ou moral.

3. A defesa de outras ofensas à posse não previstas neste preceito pode fazer-se pelo recurso ao procedimento cautelar comum (art. 395.º).

ARTIGO 394.º
(Termos em que a restituição é ordenada)

Se o juiz reconhecer, pelo exame das provas, que o requerente tinha a posse e foi esbulhado dela violentamente, ordenará a restituição, sem citação nem audiência do esbulhador.

O art. 1279.º do Código Civil é expresso em dispor que o possuidor que for esbulhado com violência tem o direito de ser restituído provisoriamente à sua posse, *sem citação nem audiência do esbulhador.*
É o que se confirma neste preceito.

ARTIGO 395.º
(Defesa da posse mediante providência não especificada)

Ao possuidor que seja esbulhado ou perturbado no exercício do seu direito, sem que ocorram as circunstâncias previstas no artigo 393.º, é facultado, nos termos gerais, o procedimento cautelar comum.

O possuidor que tiver justo *receio* de ser perturbado ou esbulhado da sua posse pode pedir judicialmente que aquele que o ameaça seja intimado para se abster de lhe fazer agravo, sob pena de multa e responsabilidade pelo prejuízo que causar (Cód. Civ., art. 1276.º). Se for *perturbado*, isto é, se houver já ofensa da posse, mas o possuidor retiver ainda a coisa ou a fruição do direito, poderá manter-se pela sua própria força e autoridade, nos termos do art. 336.º do Código Civil, ou recorrer ao tribunal (Cit. Cód., art. 1277.º). Finalmente, se for *esbulhado,* mas *sem violência,* poderá restituir--se por sua própria força e autoridade, ou recorrer ao tribunal, para que este lhe restitua a posse. Em qualquer destes casos o possuidor poderá usar o procedimento cautelar comum (art. 381.º).

ART. 396.º *Livro III, Título I — Das disposições gerais*

SUBSECÇÃO II

Suspensão de deliberações sociais

ARTIGO 396.º

(Pressupostos e formalidades)

1 — Se alguma associação ou sociedade, seja qual for a sua espécie, tomar deliberações contrárias à lei, aos estatutos ou ao contrato, qualquer sócio pode requerer, no prazo de 10 dias, que a execução dessas deliberações seja suspensa, justificando a qualidade de sócio e mostrando que essa execução pode causar dano apreciável.

2 — O sócio instruirá o requerimento com cópia da acta em que as deliberações foram tomadas e que a direcção deve fornecer ao requerente dentro de vinte e quatro horas; quando a lei dispense reunião de assembleia, a cópia da acta será substituída por documento comprovativo da deliberação.

3 — O prazo fixado para o requerimento da suspensão conta-se da data da assembleia em que as deliberações foram tomadas ou, se o requerente não tiver sido regularmente convocado para a assembleia, da data em que ele teve conhecimento das deliberações.

1. As deliberações das associações ou sociedades são anuláveis quando contrárias à lei, aos estatutos ou ao contrato (Cód. Civ., art. 177.º e Cód. Soc. Com., art. 58.º). O mesmo regime é aplicável às deliberações da assembleia dos condóminos (Cód. Civ., art. 1433.º). O procedimento cautelar dos arts. 396.º a 398.º é preparatório da respectiva acção anulatória.

2. A lei é terminante ao dispor que o direito de requerer a suspensão pertence ao sócio, e portanto só a este. A sociedade terá de considerar-se, para esse efeito, parte ilegítima.

Os dez dias marcados por lei para exercer este direito contam-se da data das deliberações relativamente aos sócios que assistiram à assembleia e aos que não assistiram mas foram para ela regularmente convocados; só relativamente aos que não estiveram presentes na assembleia, nem foram para ela regularmente convocados, é que o prazo começa a correr da data em que eles tiveram

Capítulo IV — Dos procedimentos cautelares   **ART. 396.º**

conhecimento das deliberações tomadas. Este prazo tem natureza substantiva ([152]).

3. Um ponto que tem suscitado algumas dúvidas é o de saber se poderá ser judicialmente suspensa a execução de deliberações que foram, entretanto, executadas.

A resposta não pode ser, até por imperativo lógico, senão a de que o procedimento destinado a obter a suspensão da execução fica sem objecto desde que se mostre que a deliberação já foi totalmente executada. O problema está em saber quando é que deve considerar-se concluída a execução do deliberado. Isso dependerá, caso a caso, da espécie da deliberação a executar. A execução pode consistir na prática de um acto material (*v.g.*, a destruição de um muro de vedação de um prédio rústico), na prática de um acto jurídico (*v.g.*, a venda de um imóvel), ou até numa abstenção (*v.g.*, a cessação do pagamento de uma renda). Nos dois primeiros exemplos trata-se de deliberações de execução imediata: derrubado o muro ou celebrada a escritura, a execução findou, sem deixar actividade alguma a suspender; no terceiro caso, como se trata de obrigação de tracto sucessivo, a deliberação produziu o seu efeito relativamente às rendas que se venceram, mas já pode suspender-se a execução relativamente às vincendas, que devem continuar a ser pagas se do seu não pagamento puder resultar dano apreciável.

É necessário, nesta matéria, estar acautelado contra uma confusão em que é fácil cair: a de confundir «suspensão da execução da deliberação», com «suspensão dos efeitos danosos que da execução podem resultar».

Parece-nos elucidativa dessa dualidade de posições o acórdão do Supremo, de 12 de Novembro de 1987 ([153]), que declara passíveis de suspensão deliberações sociais já executadas desde que sejam de execução contínua ou permanente ou, sendo de execução por um único acto, *continuarem a produzir efeitos danosos.*

A solução assim afirmada afigura-se-nos estar em desacordo com a simples letra do preceito em exame.

Realmente dispõe-se aí: «Se alguma associação ou sociedade (...) tomar deliberações contrárias à lei, aos estatutos ou ao con-

---

([152]) Neste sentido: acs. Rel. Porto, de 3/6/82, na *Col. Jur.,* ano VI, t. 3, pág. 225; da Rel. Coimbra, de 7/7/87, no *B.M.J.,* n.º 369, pág. 617; da Rel. Lxa., de 22/11/90, na *Col. Jur.,* ano XV, t. 5, pág. 121; da Rel. Lxa., de 22/2/96, na *Col. Jur.,* ano XXI, t. 1, pág. 124.

([153]) *B.M.J.,* n.º 371, pág. 378.

ART. 397.º *Livro III, Título I — Das disposições gerais*

trato, qualquer sócio pode requerer, no prazo de dez dias, *que a execução dessas deliberações* seja suspensa justificando a qualidade de sócio e mostrando que *essa execução* pode causar dano apreciável».

Parece indubitável que a lei apenas consente a suspensão da *execução,* e não a dos actos, danosos ou não, que se lhe sigam no tempo.

Por outro lado, se considerarmos que a execução perdura enquanto se mantém o estado criado pela resolução tomada, todas as deliberações se têm de haver como de execução permanente, passando a suspender-se, não o acto deliberado ou a resolução tomada, mas sim actos que são já o resultado, mais ou menos remoto, da deliberação cuja validade se discute na acção principal.

Não supomos que tenha sido esse o pensamento que informou a norma legal.

A execução da deliberação pode ser suspensa enquanto não forem praticados os actos que traduzam o querer da pessoa colectiva, manifestado na deliberação impugnada, ou a impugnar no processo principal; praticados esses actos não se pode suspender um procedimento que já teve lugar ([154]).

ARTIGO 397.º

(Contestação e decisão)

1 — Se o requerente alegar que lhe não foi fornecida cópia da acta ou o documento correspondente, dentro do prazo fixado no artigo anterior, a citação da associação ou sociedade é feita com a cominação de que a contestação não será recebida sem vir acompanhada da cópia ou do documento em falta.

2 — Ainda que a deliberação seja contrária à lei, aos estatutos ou ao contrato, o juiz pode deixar de suspendê-la, desde que o prejuízo resultante da suspensão seja superior ao que pode derivar da execução.

3 — A partir da citação, e enquanto não for julgado em 1.ª instância o pedido de suspensão, não é lícito à

([154]) Ver, todavia, em sentido contrário, Teixeira de Sousa, *Estudos sobre o novo Processo Civil,* 2.ª ed., pág. 241 e a doutrina aí mencionada.

Capítulo IV — Dos procedimentos cautelares **ART. 398.º**

associação ou sociedade executar a deliberação impugnada.

1. O n.º 1 destina-se a completar o que se dispôs no n.º 2 do artigo anterior.

2. A faculdade atribuída ao juiz de indeferir a suspensão, não obstante se verificarem os requisitos legais da ilegalidade da deliberação e da natureza apreciável do dano que da sua execução pode resultar, quando entender que o dano resultante da suspensão pode ser mais grave, fica dependente do prudente arbítrio do julgador. O exercício, porém, dessa faculdade é passível de censura em recurso, pela Relação; o Supremo é que não poderá pronunciar--se sobre essa matéria, que é exclusivamente de facto.

ARTIGO 398.º
(Suspensão das deliberações da assembleia de condóminos)

1 — O disposto nesta secção é aplicável, com as necessárias adaptações, à suspensão de deliberações anuláveis da assembleia de condóminos de prédio sujeito ao regime de propriedade horizontal.

2 — É citada para contestar a pessoa a quem compete a representação judiciária dos condóminos na acção de anulação.

O Código Civil de 1966, ao tratar da propriedade horizontal regulou a impugnação das deliberações da assembleia dos condóminos, contrárias à lei ou aos regulamentos anteriormente aprovados, declarando-as anulávéis a requerimento de qualquer condómino que as não tenha aprovado; acrescentou que a suspensão de tais deliberações pode ser requerida nos termos da lei de processo (Cód. Civ., art. 1433.º, n.os 1 e 5). É esta regra que o presente preceito veio adjectivar.

A representação judiciária dos condóminos compete ao administrador ou à pessoa que a assembleia designar para esse efeito (Cit. art., n.º 6).

ART. 399.º *Livro III, Título I — Das disposições gerais*

SUBSECÇÃO III

Alimentos provisórios

ARTIGO 399.º

(Fundamento)

1 — Como dependência da acção em que, principal ou acessoriamente, se peça a prestação de alimentos, pode o interessado requerer a fixação da quantia mensal que deva receber, a título de alimentos provisórios, enquanto não houver pagamento da primeira prestação definitiva.

2 — A prestação alimentícia provisória é fixada em função do estritamente necessário para o sustento, habitação e vestuário do requerente e também para as despesas da acção, quando o requerente não possa beneficiar do apoio judiciário; neste caso, a parte relativa ao custeio da demanda deve ser destrinçada da que se destina aos alimentos.

1. O pedido de alimentos *provisórios* é sempre, nos termos do n.º 1 deste artigo, uma antecipação do pagamento de alimentos *definitivos*.

O Código Civil trata dos «alimentos» nos arts. 2003.º a 2020.º, referindo-se aos alimentos provisórios no art. 2007.º.

O direito a alimentos nasce da relação do parentesco, do vínculo do matrimónio (arts. 2009.º, 2015.º a 2018.º) e até, num caso, da união de facto (art. 2020.º).

O nosso direito substantivo entende por alimentos tudo o que é indispensável ao sustento, habitação e vestuário do alimentando, bem como a instrução e educação deste, no caso de ser menor (Cód. Civ., art. 2003.º). Os alimentos devem ser proprocionais aos meios daquele que houver de prestá-los e à necessidade daquele que houver de recebê-los. Na sua fixação atender-se-á igualmente à possibilidade de o alimentando prover à sua subsistência (art. 2004.º). Enquanto se não fixarem definitivamente os alimentos, pode o tribunal, a requerimento do alimentando, ou oficiosamente se este for menor, conceder alimentos provisórios, que serão taxados segundo o seu prudente arbítrio. Não há lugar, em caso algum, à restituição dos alimentos provisórios recebidos (art. 2007.º).

— 184 —

Capítulo IV — Dos procedimentos cautelares **ART. 401.º**

2. A prestação dos alimentos é fixada em quantia mensal, forma que sempre pareceu mais conveniente, quer para o alimentado, quer para o alimentando.

O conceito de alimentos provisórios é mais restrito do que o dos alimentos definitivos, abrangendo apenas «o estritamente necessário para o sustento, habitação e vestuário do requerente e também para as despesas da acção, quando o requerente não possa beneficiar do apoio judiciário».

ARTIGO 400.º

(Procedimento)

1 — Recebida em juízo a petição de alimentos provisórios, é logo designado dia para o julgamento, sendo as partes advertidas de que devem comparecer pessoalmente na audiência ou nela se fazer representar por procurador com poderes especiais para transigir.

2 — A contestação é apresentada na própria audiência e nesta procurará o juiz obter a fixação de alimentos por acordo, que logo homologará por sentença.

3 — Na falta de alguma das partes ou se a tentativa de conciliação se frustrar, o juiz ordena a produção da prova e, de seguida, decide, por sentença oral, sucintamente fundamentada.

O juiz designa logo dia para julgamento, e é na audiência respectiva que o réu, querendo, apresentará a contestação.

A falta de comparência de qualquer das partes não determina o adiamento da audiência.

Está sempre prevista a produção da prova.

Não há lugar a alegações.

A sentença, proferida oralmente, com sucinta fundamentação, fica constando da acta da audiência de julgamento.

ARTIGO 401.º

(Alcance da decisão)

1 — Os alimentos são devidos a partir do primeiro dia do mês subsequente à data da dedução do respectivo pedido.

ART. 403.º   *Livro III, Título I — Das disposições gerais*

2 — Se houver fundamento para alterar ou fazer cessar a prestação fixada, será o pedido deduzido no mesmo processo, observando-se os termos prescritos nos artigos anteriores.

1. Ao contrário dos alimentos definitivos, que são devidos desde a proposição da acção, ou, estando já fixados pelo tribunal ou por acordo, desde o momento em que o devedor se constituiu em mora (Cód. Civ., art. 2006.º), os provisórios são devidos a partir do primeiro dia do mês subsequente à data da dedução do pedido.

2. Se, depois de fixados os alimentos pelo tribunal ou por acordo das partes, as circunstâncias determinantes da sua fixação se modificarem, podem os alimentos taxados ser reduzidos ou aumentados, conforme os casos, ou podem outras pessoas serem obrigadas a prestá-los (Cód. Civ., art. 2012.º).

ARTIGO 402.º

(Regime especial da responsabilidade do requerente)

O requerente dos alimentos provisórios só responde pelos danos causados com a improcedência ou caducidade da providência se tiver actuado de má fé, devendo a indemnização ser fixada equitativamente e sem prejuízo do disposto no n.º 2 do artigo 2007.º do Código Civil.

O n.º 2 do art. 2007.º do Código Civil dispõe que não há lugar, em caso algum, à restituição dos alimentos provisórios recebidos.

É um regime especial relativamente ao regime geral da responsabilidade dos requerentes estabelecido no art. 390.º.

SUBSECÇÃO IV

Arbitramento de reparação provisória

ARTIGO 403.º

(Fundamento)

1 — Como dependência da acção de indemnização fundada em morte ou lesão corporal, podem os lesados, bem como os titulares do direito a que se refere o n.º 3

Capítulo IV — Dos procedimentos cautelares   **ART. 403.º**

do artigo 495.º do Código Civil, requerer o arbitramento de quantia certa, sob a forma de renda mensal, como reparação provisória do dano.

2 — O juiz deferirá a providência requerida, desde que se verifique uma situação de necessidade em consequência dos danos sofridos e esteja indiciada a existência de obrigação de indemnizar a cargo do requerido.

3 — A liquidação provisória, a imputar na liquidação definitiva do dano, será fixada equitativamente pelo tribunal.

4 — O disposto nos números anteriores é também aplicável aos casos em que a pretensão indemnizatória se funde em dano susceptível de pôr seriamente em causa o sustento ou habitação do lesado.

Como dependência da acção de indemnização fundada em morte ou lesão corporal, pode o lesado, bem como aqueles que lhe podiam pedir alimentos ou aqueles a quem o lesado os prestava no cumprimento de uma obrigação natural, requerer o arbitramento de quantia certa, sob a forma de renda mensal, como *reparação* provisória do dano ([155]).

Igual faculdade é reconhecida àqueles cuja pretensão indemnizatória se funde em dano susceptível de pôr seriamente em causa o sustento ou habitação do lesado.

São requisitos para o exercício efectivo deste direito: quando se verifique situação de necessidade em consequência dos danos sofridos, estando indiciada a existência de obrigação de indemnizar a cargo do requerido.

O que pagar, por este modo, será levado em conta ao requerido no montante indemnizatório definitivo.

A quantia a que se refere este artigo será fixada pelo tribunal com critério de equidade.

([155]) Veja-se uma aplicação deste procedimento no acórdão do S.T.J., de 14/4/99, na *Col. Jur.*/S., ano VII, pág. 47.

ART. 406.º   *Livro III, Título I — Das disposições gerais*

ARTIGO 404.º

(Processamento)

1 — É aplicável ao processamento da providência referida no artigo anterior o disposto acerca dos alimentos provisórios, com as necessárias adaptações.

2 — Na falta de pagamento voluntário da reparação provisoriamente arbitrada, a decisão é imediatamente exequível, seguindo-se os termos da execução especial por alimentos.

O processo é o do art. 400.º, com as necessárias adaptações.

ARTIGO 405.º

(Caducidade da providência e repetição das quantias pagas)

1 — Se a providência decretada vier a caducar, deve o requerente restituir todas as prestações recebidas, nos termos previstos para o enriquecimento sem causa.

2 — A decisão final, proferida na acção de indemnização, quando não arbitrar qualquer reparação ou atribuir reparação inferior à provisoriamente estabelecida, condenará sempre o lesado a restituir o que for devido.

Se a providência vier a caducar, o requerente deverá restituir as prestações recebidas, nos termos dos arts. 473.º e segs. do Código Civil.

SUBSECÇÃO V

Arresto

ARTIGO 406.º

(Fundamentos)

1 — O credor que tenha justificado receio de perder a garantia patrimonial do seu crédito pode requerer o arresto de bens do devedor.

2 — O arresto consiste numa apreensão judicial de bens, à qual são aplicáveis as disposições relativas à penhora, em tudo quanto não contrariar o preceituado nesta subsecção.

Capítulo IV — Dos procedimentos cautelares **ART. 407.º**

1. O arresto é um dos meios gerais de garantia patrimonial. O credor que tenha justo receio de perder a garantia patrimonial do seu crédito — dispõe o art. 619.º do Código Civil — pode requerer o arresto dos bens do devedor; o credor tem também o direito de requerer o arresto contra o adquirente dos bens do devedor, se tiver sido judicialmente impugnada a transmissão.

O arresto consiste na apreensão judicial dos bens do devedor, ou dos bens do devedor transmitidos a um terceiro.

2. Ao arresto são aplicáveis os preceitos relativos à penhora, ou seja os arts. 821.º e segs., designadamente quanto aos bens que podem ser arrestados, seu depósito, modo de efectuar o arresto e efeitos deste.

3. Poderá requerer-se arresto de bens que já se encontram arrestados para segurança de outras obrigações?

É manifesto que sim.

Em primeiro lugar é a solução que está de acordo com a regra da apreensibilidade total do património do devedor; é que os bens arrestados não deixam de figurar no património deste, o qual é garantia comum dos credores.

Por outro lado, o arresto é, na ordem prática, uma antecipação da penhora, na qual tende a converter-se (art. 846.º), e sendo expressa a lei em admitir a penhora dos mesmos bens em diversas execuções (art. 839.º, n.º 3), não haveria razão alguma para dar ao arresto um tratamento diferente. O que terá é de nomear-se o mesmo depositário, com acontece nas penhoras sucessivas.

ARTIGO 407.º

(Processamento)

1 — O requerente do arresto deduz os factos que tornam provável a existência do crédito e justificam o receio invocado, relacionando os bens que devem ser apreendidos, com todas as indicações necessárias à realização da diligência.

2 — Sendo o arresto requerido contra o adquirente de bens do devedor, o requerente, se não mostrar ter sido judicialmente impugnada a aquisição, deduzirá ainda os factos que tornem provável a procedência da impugnação.

ART. 407.º   *Livro III, Título I — Das disposições gerais*

O credor que tenha justo receio de perder a garantia patrimonial do seu crédito pode requerer o arresto dos bens do devedor; o credor tem o direito de requerer o arresto contra o adquirente dos bens do devedor, se tiver sido judicialmente impugnada a transmissão (Cód. Civ., arts. 601.º e 619.º).

São estes preceitos que o artigo em anotação adjectiva.

O termo crédito está empregado em sentido genérico, abrangendo tanto as obrigações pecuniárias como as de outro conteúdo ou objecto.

O requerente tem de demonstrar a probabilidade da existência do crédito que invoca.

O código de 1939, seguindo, aliás, a tradição do nosso direito antigo, indicava como requisito do arresto desta natureza a prova da «certeza da dívida», e no § 2.º do art. 409.º fornecia o conceito de «dívida certa», com o manifesto propósito de pôr fim a dúvidas que o entendimento dessa expressão havia, através dos tempos, suscitado.

Entendeu-se agora que era desnecessária, por casuística, essa regulamentação.

Para o legislador de 1961, a ideia geral consagrada no n.º 1 do art. 387.º é a de que a providência deve ser decretada «desde que haja probabilidade séria da existência do direito».

É a essa luz que o julgador tem de decidir actualmente as dúvidas que, porventura, se puserem quanto à existência do crédito que se invoque para justificar o pedido de arresto. A supressão das soluções legais de algumas dessas dúvidas não quer significar que elas não continuem a ser válidas, para serem adoptadas pela jurisprudência; outras deverão, talvez, ser abandonadas.

Entendia-se, por exemplo, que não obstava ao deferimento do arresto a circunstância da dívida não se encontrar ainda vencida ou, estando-o, não ser ainda líquida. Não há razão para alterar este entendimento.

Outro ponto: determinava a lei que, sendo ilíquido o crédito, se indicasse no requerimento para arresto o quantitativo provável da dívida. Desapareceu a exigência legal, mas nem por isso a indicação pode deixar de ser feita. Em primeiro lugar porque, justificando-se o arresto pelo perigo de demora na satisfação do crédito, há necessidade lógica de conhecer o montante deste para decidir da existência do prejuízo na sua insatisfação; em segundo lugar, porque estando limitada a apreensão dos bens aos necessários para a segurança da obrigação (art. 403.º, n.º 2), sem indicação do montante da dívida não podem fixar-se os justos limites da garantia.

Capítulo IV — Dos procedimentos cautelares **ART. 408.º**

Também o código anterior preceituava que, para ser decretado o arresto, por crédito condicional, o requerente devia prestar caução. Actualmente não impõe a lei essa exigência. Fica ao prudente arbítrio do julgador fazer depender o arresto da prestação de caução, qualquer que seja a natureza do crédito (art. 390.º, n.º).

2. O requisito fundamental para a procedência do arresto previsto neste artigo é o de se comprovar ter o credor justo receio de perder a garantia patrimonial do seu crédito.

A jurisprudência tem vindo a afirmar constantemente que esse receio por parte do credor, para ser considerado *justo*, há-de assentar em factos concretos, que o revelem à luz de uma prudente apreciação; não basta o receio subjectivo, porventura exagerado, do credor, de ver insatisfeita a prestação a que tem direito ([156]).

Se o crédito está garantido por hipoteca ou por fiança, também não se justifica o emprego do arresto; é que, nesses casos, não há o *periculum in mora* que está na base do decretamento da providência. Se diminuir o valor daquelas garantias, o que pode fazer o credor é pedir o seu reforço, e se este não for prestado, então sim, poderá fazer uso do processo cautelar, quanto à parte do crédito que corre perigo de não vir a ser satisfeita.

ARTIGO 408.º

(Termos subsequentes)

1 — Examinadas as provas produzidas, o arresto é decretado, sem audiência da parte contrária, desde que se mostrem preenchidos os requisitos legais.

2 — Se o arresto houver sido requerido em mais bens que os suficientes para segurança normal do crédito, reduzir-se-á a garantia aos justos limites.

3 — O arrestado não pode ser privado dos rendimentos estritamente indispensáveis aos seus alimentos e da sua família, que lhe serão fixados nos termos previstos para os alimentos provisórios.

1. O n.º 2 prevê a redução do arresto aos bens que se mostrarem suficientes para liquidação do crédito. O requerido — que nunca é

([156]) Ac. do S.T.J., de 3/3/98, na *Col. Jur./S.*, ano VI, t. 1, pág. 116.

ART. 409.º   *Livro III, Título I — Das disposições gerais*

previamente ouvido — pode fazer, depois de ordenada a providência, a prova do exagero dos bens arrestados, resolvendo o juiz, depois de ouvida a parte contrária.

2. A regra do n.º 3 deste artigo é da maior importância, mas na prática tem tido aplicação muito restrita.

Como o arresto é uma antecipação da penhora só podem ser arrestados os bens que podem ser penhorados (art. 406.º, n.º 2). Têm, por isso, aqui inteira aplicação os arts. 822.º a 830.º, na parte em que declaram absoluta ou relativamente impenhoráveis certos bens.

ARTIGO 409.º

(Arresto de navios e sua carga)

1 — Tratando-se de arresto em navio ou na sua carga, incumbe ao requerente demonstrar, para além do preenchimento dos requisitos gerais, que a penhora é admissível, atenta a natureza do crédito.

2 — No caso previsto no número anterior, a apreensão não se realizará se o devedor oferecer logo caução que o credor aceite ou que o juiz, dentro de dois dias, julgue idónea, ficando sustada a saída do navio até à prestação da caução.

Para ser decretado o arresto prevenido no n.º 1 deste preceito, é necessário que se demonstre, além da verosimilhança do direito invocado, que o navio, ou as mercadorias nele embarcadas, a arrestar, estão nas condições legais exigidas para ser efectuada a sua penhora.

A penhora de navio que não está ainda despachado para viagem, ou das mercadorias carregadas nele, não está sujeita a restrições especiais.

Se o navio está despachado para viagem, isto é, se já está em poder do comandante o desembaraço passado pela capitania do porto, a sua penhora só pode ter lugar, bem como a das mercadorias nele carregadas, quando se verificarem as hipóteses previstas no art. 829.º deste código; desse condicionalismo depende, também, o seu arresto.

Sobre esta matéria deve ver-se a Convenção Internacional de Bruxelas, de 10 de Maio de 1952, aprovada para ratificação pelo Decreto n.º 40 784, de 24 de Setembro.

Capítulo IV — Dos procedimentos cautelares **ART. 411.º**

ARTIGO 410.º

(Caso especial de caducidade)

O arresto fica sem efeito, não só nas situações previstas no artigo 389.º, mas também no caso de, obtida na acção de cumprimento sentença com trânsito em julgado, o credor insatisfeito não promover execução dentro dos dois meses subsequentes, ou se, promovida a execução, o processo ficar sem andamento durante mais de 30 dias, por negligência do exequente.

Veja-se o que escrevemos em anotação ao art. 389.º.

ARTIGO 411.º

(Arresto especial contra tesoureiros)

1 — O Ministério Público pode requerer arresto contra tesoureiros ou quaisquer funcionários ou agentes do Estado ou de outras pessoas colectivas públicas quando forem encontrados em alcance, sem necessidade de provar o justo receio de perda da garantia patrimonial.

2 — Não é aplicável o previsto nas alíneas *a)* e *b)* do n.º 1 do artigo 389.º quando a liquidação da responsabilidade financeira do agente for da competência do Tribunal de Contas.

O preceito contempla o arresto especial requerido contra tesoureiros e quaisquer funcionários ou agentes do Estado ou de outras pessoas colectivas públicas encontradas em *alcance*. É dispensada, por razões óbvias, a prova do justo receio da perda da garantia patrimonial.

Considera-se em *alcance* o funcionário que, seja qual for o motivo, não tenha no cofre o dinheiro ou os valores que, por virtude da função, lhe cumpria guardar; o alcance verifica-se pelo balanço a que se proceda em virtude da conferência ou inspecção. Neste caso a existência da dívida comprova-se com a certidão do respectivo auto.

O procedimento de que trata o artigo pode ser requerido contra os responsáveis mesmo depois destes terem perdido a qualidade de funcionários, e, no caso de falecimento, poderá ser requerido contra

— 193 —

ART. 412.º *Livro III, Título I — Das disposições gerais*

os seus herdeiros ([157]), por se tratar de obrigações transmissíveis por herança.

SUBSECÇÃO VI

Embargo de obra nova

ARTIGO 412.º

(Fundamento do embargo — Embargo extrajudicial)

1 — Aquele que se julgue ofendido no seu direito de propriedade, singular ou comum, em qualquer outro direito real ou pessoal de gozo ou na sua posse, em consequência de obra, trabalho ou serviço novo que lhe cause ou ameace causar prejuízo, pode requerer, dentro de 30 dias, a contar do conhecimento do facto, que a obra, trabalho ou serviço seja mandado suspender imediatamente.

2 — O interessado pode também fazer directamente o embargo por via extrajudicial, notificando verbalmente, perante duas testemunhas, o dono da obra, ou, na sua falta, o encarregado ou quem o substituir para a não continuar.

3 — O embargo previsto no número anterior fica, porém, sem efeito se, dentro de cinco dias, não for requerida a ratificação judicial.

1. Os arts. 412.º a 420.º adjectivam o direito reconhecido ao proprietário pelo art. 1350.º do Código Civil, quando o perigo resultar de obra nova.

Este acto, no nosso direito velho (anterior ao código de 76), era designado por *nunciação de obra nova* e tratado em termos semelhantes, embora mais restritos dos da actual regulamentação. Tal designação foi mantida no direito brasileiro, que ainda hoje considera a *nunciação de obra nova* uma acção especial (Cód. Proc. Civ., arts. 384.º a 392.º).

2. É muito lato, à face da nossa lei, o campo de aplicação do embargo de obra nova. Subjectivamente, qualquer titular de um

---

([157]) Ac. Rel. Lxa., de 5/06/53, nos Acs. Rel. Lxa., 4.º, pág. 612.

Capítulo IV — Dos procedimentos cautelares   **ART. 412.º**

direito real ou pessoal de gozo, ou o possuidor em nome próprio, é admitido a usar desse meio preventivo de defesa do seu direito, prejudicado, ou ameaçado de o ser, pela obra nova. O emprego dos termos *obra, trabalho ou serviço novo* mostra, também, que objectivamente qualquer actividade lesiva dos referidos direitos é apta a desencadear essa reacção, estando, assim, ultrapassada a questão de saber se só as construções (e não as demolições ou cortes de árvores) poderiam ser embargadas.

O que se deixa dito não quer significar, porém, que se percam de vista as limitações, quer expressas na lei, quer resultantes da própria natureza e finalidade que há a assinalar a estes embargos.

Em primeiro lugar, destinando-se os embargos a *suspender* a execução da obra, tem necessariamente de reconhecer-se que o seu emprego se não justifica se esta já estiver concluída, devendo considerar-se assim, aquela que atingiu a finalidade que se propunha, embora não estejam ainda realizados certos trabalhos complementares, como a pintura de uma casa que se construiu, ou a remoção dos efeitos de qualquer outro serviço que se tenha levado a cabo.

Do mesmo modo, e por idêntica razão, não pode usar-se dos embargos de obra nova se esta ainda se não iniciou. Pode parecer ao leitor mais apressado que esta proposição está em desacordo com a letra mesma da lei, que se contenta com a ameaça de prejuízo para a sua admissão. Mas não há qualquer contrariedade entre essas duas regras, porque a obra iniciada pode *não lesar ainda* efectivamente os direitos do embargante e *constituir já* ameaça de vir a produzir essa lesão. Para se ter por iniciada a obra, o trabalho ou o serviço, é necessário que haja começo da sua execução material, não significando início do trabalho, os preparativos feitos para o executar, e menos ainda os projectos técnicos de que dependa a sua realização.

Também porque a obra, trabalho ou serviço a embargar têm de ter a característica de *novos*, não é passível destes embargos a actividade dispendida na reconstituição ou reconstrução de uma realidade que já tenha tido existência, desde que não haja inovação alguma ([158]).

([158]) Neste sentido julgou o Supremo que a lei não manda atender à pessoa do executor para se julgar da novidade da obra (ac. de 7/5/1968 in *Bol. Min. Just.*, 177.º-195).

— 195 —

ART. 413.º *Livro III, Título I — Das disposições gerais*

O prejuízo a que se refere o n.º 1 tem de aferir-se em relação ao direito que legitima a intervenção do embargante; se houver lesão desse direito deve entender-se que há o prejuízo a que a lei se refere. Mas o *receio* de lesão, como já se disse em relação aos cutros procedimentos cautelares, há-de apreciar-se objectivamente, isto é, há-de ser *sério* e *fundado*, apresentando-se o prejuízo como uma consequência *provável* e não apenas *possível* da actividade do embargado.

3. O prazo de 30 dias, a que se refere o n.º 1, conta-se a partir do momento em que o interessado tenha tido conhecimento da lesão ou de qualquer facto revelador da ameaça que a obra nova constitui para o seu direito.

O termo *a quo* deste prazo não é necessariamente coincidente com o início da obra nova, nem com o momento em que o interessado soube que esta tinha principiado, por isso que pode ser no decurso dela que se revele a ameaça do direito ou se concretize a lesão.

4. O embargo extrajudicial, de que trata o n.º 2, está igualmente sujeito ao prazo de 30 dias, estabelecido no número anterior para o embargo judicial.

5. O embargo extrajudicial ficará sem efeito se não for requerida a sua ratificação no prazo de cinco dias.

ARTIGO 413.º

(Embargo por parte de pessoas colectivas públicas)

1 — Quando careçam de competência para decretar embargo administrativo, podem o Estado e as demais pessoas colectivas públicas embargar, nos termos desta subsecção, as obras, construções ou edificações iniciadas em contravenção da lei ou dos regulamentos.

2 — O embargo previsto no número anterior não está sujeito ao prazo fixado no n.º 1 do artigo 412.º.

Reconheceu-se ao Estado e às demais pessoas colectivas públicas o direito que o Código de 1939 só atribuía às Câmaras Municipais no exercício dos seus poderes de polícia. O Estado e as demais pessoas colectivas públicas ficam dispensadas da obser-

Capítulo IV — Dos procedimentos cautelares **ART. 418.º**

vância do prazo de 30 dias a que se refere o art. 412.º, n.º 7. Além deste embargo, há que ter em conta o embargo *administrativo* das obras urbanas ilegais que a lei (art. 165.º do Reg. Ger. Ed. Urb.; art. 51º, n.º 2, alínea *g)* da Lei n.º 100/84, de 29/3) concede às câmaras municipais, embargo que tem disciplina própria, quer para a sua realização, quer para a sua apreciação contenciosa.

ARTIGO 414.º
(Obras que não podem ser embargadas)

Não podem ser embargadas, nos termos desta subsecção, as obras do Estado, das demais pessoas colectivas públicas e das entidades concessionárias de obras ou serviços públicos quando, por o litígio se reportar a uma relação jurídico-administrativa, a defesa dos direitos ou interesses lesados se deva efectivar através dos meios previstos na lei de processo administrativo contencioso.

As regras consignadas neste preceito fazem excepção ao princípio geral, reconhecido pelo art. 412.º, de se poderem embargar todas as obras, trabalhos ou serviços novos, que causem, ou ameacem causar, prejuízo aos direitos ali mencionados. Devem, por isso, interpretar-se restritivamente. O artigo só é aplicável ao embargo a que se referem os arts. 412.º e 413.º.

ARTIGO 415.º A 417.º

O art. 415.º, que tratava da maneira de requerer o embargo, foi revogado pelo art. 3.º do Dec.-Lei n.º 180/96, de 25/09. Os arts. 416.º e 417.º, que se ocupavam, respectivamente, da responsabilidade do requerente e da oposição ao pedido, foram revogados pelo art. 3.º do Dec.-Lei n.º 329-A/95, de 12/12.

Dispensaram-se essas regras especiais ficando aquelas matérias sujeitas à disciplina geral dos procedimentos cautelares, de harmonia com o disposto no art. 392.º.

ARTIGO 418.º
(Como se faz ou ratifica o embargo)

1 — O embargo é feito ou ratificado por meio de auto, no qual se descreverá, minuciosamente, o estado da obra

— 197 —

ART. 419.º   *Livro III, Título I — Das disposições gerais*

e a sua medição, quando seja possível. Notificar-se-á o dono da obra ou, na sua falta, o encarregado ou quem o substitua, para a não continuar.

2 — O auto é assinado pelo funcionário que o lavre e pelo dono da obra ou por quem a dirigir, se o dono não estiver presente. Quando o dono da obra não possa ou não queira assinar, intervirão duas testemunhas.

3 — O embargante e o embargado podem, no acto do embargo, mandar tirar fotografias da obra, para serem juntas ao processo. Neste caso, é o facto consignado no auto, com a indicação do nome do fotógrafo e a identificação da chapa fotográfica.

1. Deixou de ser facultado à parte, como acontecia no código anterior, requerer a assistência do juiz à diligência.

2. Estando presente o dono da obra, a ele, e só a ele, se fará a notificação a que se refere o artigo, com a dupla finalidade de lhe dar a conhecer a decisão judicial que ordenou o embargo e para que suspenda a obra. Não estando ele presente, far-se-á a notificação no encarregado da obra, ou em quem o substitua, para que se suspenda a sua execução; neste caso, porém, terá de se passar mandado para notificação, ao dono da obra, do despacho que autorizou o embargo ou a sua ratificação.

Quando se proceder a embargo extrajudicial deve o embargado usar da maior cautela na identificação da pessoa ou entidade a quem a obra pertence, porque consistindo então o embargo na notificação verbal a que se refere o n.º 2 do art. 412.º, se esta for feita a determinada pessoa, *como dono da obra,* quando ela pertence a terceiro, não poderá haver-se a diligência como realizada. Tivemos na nossa prática forense um exemplo desta situação [159].

ARTIGO 419.º
(Autorização da continuação da obra)

Embargada a obra, pode ser autorizada a sua continuação, a requerimento do embargado, quando se reconheça que a demolição restituirá o embargante ao

---

[159] Ac. S.T.J., de 4/2/64, no *B.M.J.,* n.º 134, pág. 436.

Capítulo IV — Dos procedimentos cautelares **ART. 420.º**

estado anterior à continuação ou quando se apure que o prejuízo resultante da paralisação da obra é muito superior ao que pode advir da sua continuação e em ambos os casos mediante caução prévia às despesas de demolição total.

A realização do embargo, judicial ou extrajudicial, determina, a partir da notificação de que tratam os arts. 412.º, n.º 2 e 418.º, n.º 1, a imediata suspensão da obra, trabalho ou serviço novo, independentemente da oposição que lhe venha a ser feita.

Para continuar legalmente a obra embargada, o seu dono só dispõe do meio que lhe faculta este artigo, quando se verifiquem os casos nele previstos.

São dois os fundamentos que podem servir a autorizar-se a continuação da obra: *a)* reconhecer-se que a futura demolição do que a mais se construir *restituirá o embargante* (e não só a obra) ao estado anterior à continuação; *b)* apurar-se que o prejuízo resultante da paralisação é *muito superior* ao prejuízo resultante da continuação. Procurou o legislador, assim, um justo equilíbrio dos interesses em conflito. Qualquer destes fundamentos, isoladamente considerado, pode servir a alicerçar a decisão, mas não há, entre eles, antagonismo que impeça a sua invocação conjunta.

A autorização há-de ser pedida em requerimento formulado pelo dono da obra, em que se aleguem, em concreto, as razões em que se baseia, mas sempre respeitando o condicionalismo restrito de que depende a autorização; serão irrelevantes quaisquer considerações sobre a legalidade do embargo, que este requerimento não é meio próprio para apreciar.

Para *reconhecer* ou *apreciar* da veracidade das causas com que se pede a autorização pode o juiz ordenar as diligências que entender necessárias, sem qualquer limitação, devendo, em regra, ouvir o embargante.

A caução a que alude o n.º 1 deve ser oferecida nos termos do art. 988.º.

ARTIGO 420.º

(Como se reage contra a inovação abusiva)

1 — Se o embargado continuar a obra, sem autorização, depois da notificação e enquanto o embargo

ART. 421.º *Livro III, Título I — Das disposições gerais*

subsistir, pode o embargante requerer que seja destruída a parte inovada.

2 — Averiguada a existência de inovação, é o embargado condenado a destruí-la; se não o fizer dentro do prazo fixado, promover-se-á, nos próprios autos, a execução para a prestação de facto devida.

1. Prevê-se a continuação da obra embargada, após a notificação a que aludem os arts. 412.º, n.º 2 e 418.º, n.º 1, e quando o embargado não tenha obtido a autorização prevista no art. 419.º. A sanção imediata é a reposição da obra no estado anterior à continuação ilícita: destruindo-se o que se construiu, ou edificando-se o que se haja demolido.

Não contempla a lei a hipótese da continuação da obra embargada ser devida exclusivamente a facto de terceiro, mas a aplicabilidade do artigo a esse caso parece irrecusável.

2. Se o embargado não repuser a obra no estado anterior, depois de isso ter sido determinado judicialmente, o embargante pode dar execução ao despacho, observando os termos da execução para a prestação de facto, designadamente o disposto no art. 942.º.

SUBSECÇÃO VII

Arrolamento

ARTIGO 421.º

(Fundamento)

1 — Havendo justo receio de extravio, ocultação ou dissipação de bens, móveis ou imóveis, ou de documentos, pode requerer-se o arrolamento deles.

2 — O arrolamento é dependência da acção à qual interessa a especificação dos bens ou a prova da titularidade dos direitos relativos às coisas arroladas.

1. Como procedimento cautelar, que é, o arrolamento só deve ser decretado quando se demonstre, simultaneamente, que o requerente tem interesse jurídico na conservação de certos bens ou documentos, e de que há justo receio de que eles possam vir a ser extraviados, ocultos ou dissipados.

Capítulo IV — Dos procedimentos cautelares   **ART. 421.º**

Relativamente ao interesse do requerente há que ter em atenção o que dispõe o art. 422.º, que desse aspecto especialmente se ocupa.

Quanto ao justo receio de extravio ou de dissipação, aplicam-se parte das considerações que fizemos em anotação ao art. 402.º.

À primeira vista parecerá estranho que se admita o arrolamento de imóveis, mas a estranheza não tem razão de ser se pensarmos, por exemplo, nos frutos naturais, enquanto estiverem ligados ao solo (Cód. Civ., art. 204.º), os quais são susceptíveis de extravio [160].

O Relator do «Projecto de Revisão» do código de 1939, que viria a converter-se no actual, na parte respectiva, Conselheiro Lopes Cardoso, sustentou, com muita energia, uma proposta que acrescentava aos dois perigos então enunciados no artigo — «extravio» e «dissipação» — mais o de «deterioração» [161]. Mas a proposta não obteve êxito. Não aderiu a ela a Comissão, e não lhe deu acolhimento o legislador, por entender que «para o perigo da *deterioração* há antes, como preventivo adequado, o depósito judicial, compreendido entre as providências cautelares não especificadas» [162].

Relativamente aos documentos, mostra a história da elaboração do preceito anterior que a sua inclusão como objecto do arrolamento foi determinada quase exclusivamente com o propósito de se evitar o desaparecimento da prova que deles possa emanar. Deve convir-se que ao caso caberia melhor uma medida de *apreensão*, a ditar no lugar próprio, que seria, a nosso ver, aquele em que o código se ocupa da prova documental.

2. O arrolamento tem que ser sempre preparatório ou incidente de uma causa que tenha por objecto o direito a acautelar (art. 383.º). Não pode, por isso, requerer arrolamento aquele que não tem legitimidade para intentar a causa principal, nem pode ordenar-se quando entre esta e aquele não exista relação de dependência ou conexão. No entanto a lei consente a qualquer dos cônjuges que requeira o arrolamento dos bens comuns, ou dos seus bens próprios que estejam sob administração do outro, como preliminar ou incidente da acção de divórcio, de declaração de nulidade ou anulação de casamento ou de separação de pessoas e bens (art. 427.º). Nestes casos, embora só a acção de separação de

---

[160] *Cód. Proc. Civ. An.,* vol. II, pág. 118.
[161] *Projectos de Revisão,* I-126.
[162] *B.M.J.,* n.º 122, pág. 180.

ART. 422.º   *Livro III, Título I — Das disposições gerais*

pessoas e bens vise directamente o direito aos bens dos cônjuges, a verdade é que a circunstância de acções dessa natureza já estarem propostas, ou na iminência de o serem, traduz uma situação perigosa para a conservação dos bens, de que é administrador o outro cônjuge, e justifica que se faculte o uso do meio cautelar. Não é, por isso, aplicável a este arrolamento o disposto nos arts. 421.º e 423.º, isto é, o requerente não precisa alegar sequer (e, portanto, memos ainda provar) que há justo receio de extravio ou dissipação dos bens que pretende ver arrolados; a lei ao facultar o arrolamento, neste caso particular, já o faz por pressupor a existência desse perigo.

ARTIGO 422.º

(Legitimidade)

1 — O arrolamento pode ser requerido por qualquer pessoa que tenha interesse na conservação dos bens ou dos documentos.

2 — Aos credores só é permitido requerer arrolamento nos casos em que haja lugar à arrecadação da herança.

1. O interesse a que se refere o n.º 1 tem de ser um *interesse jurídico,* ou porque o requerente tem direito aos bens, direito que pretende fazer reconhecer na acção principal, ou porque carece de produzir, nesta, prova que consta dos documentos a arrolar.

A regra deste artigo é, portanto, mais do que uma simples norma sobre *legitimidade;* ela respeita ao primeiro requisito da *procedência* do arrolamento, na medida em que a sua realização depende da demonstração da titularidade do direito aos bens ou ao uso dos documentos por parte do requerente.

O direito invocado pode ser actual (já constituído) ou eventual (dependente de declaração judicial). Exemplo do primeiro caso: o direito do herdeiro em relação aos bens da herança; exemplos da segunda situação: o direito do requerente da interdição, em relação aos bens do interditando; do investigante da paternidade ou da maternidade, em relação aos bens da herança do investigado já falecido; do autor da acção de anulação de testamento, em relação aos bens da herança do *de cujus.*

Capítulo IV — Dos procedimentos cautelares   **ART. 423.º**

2. O credor só é admitido a requerer o arrolamento no caso a que se refere o n.º 2. E compreensivelmente. Para assegurar a cobrança do seu crédito já a lei põe ao seu dispor o procedimento cautelar do arresto, podendo, em casos especiais, usar das providências cautelares inominadas.

ARTIGO 423.º

(Processo para o decretamento da providência)

1 — O requerente fará prova sumária do direito relativo aos bens e dos factos em que fundamenta o receio do seu extravio ou dissipação. Se o direito relativo aos bens depender de acção proposta ou a propor, tem o requerente de convencer o tribunal da provável procedência do pedido correspondente.

2 — Produzidas as provas que forem julgadas necessárias, o juiz ordenará as providências se adquirir a convicção de que, sem o arrolamento, o interesse do requerente corre risco sério.

No respectivo despacho, far-se-á logo a nomeação de um depositário e ainda de um avaliador, que é dispensado do juramento.

1. «Não há nenhuma razão — escreveu-se em observação à primeira Revisão Ministerial — para, na definição dos pressupostos do arrolamento, nos afastarmos do esquema genérico dos procedimentos cautelares. Também aqui o requerente há-de fazer prova sumária do seu direito relativo aos bens (ou aos documentos) e dos factos justificativos do *periculum in mora*. Em boa razão, nem seria necessário fazer referência expressa à hipótese de o direito relativo aos bens depender de acção proposta ou a propor.

O critério geral válido para a resolução deste ponto — segundo o qual o requerente das providências cautelares não necessita de fazer prova da existência *certa, segura*, do direito que invoca, mas apenas da sua *provável* existência — chegaria perfeitamente para solucionar a dificuldade.

Mas também se não vê inconveniente de maior em que fique expressamente consignado na lei esse puro corolário dum critério geral estabelecido noutro lugar» [163].

---

[163] *B.M.J.*, n.º 122, págs. 181 e 182.

ART. 424.º   *Livro III, Título I — Das disposições gerais*

2. É de 10 dias o prazo para o possuidor ou detentor dos bens deduzir oposição, nos casos em que é ouvido (arts. 303.º e 384.º, n.º 3).

A nomeação do depositário obedece ao disposto no art. 426.º.

Como o juiz nunca preside à diligência, não é hábito designar, no despacho, o dia e a hora em que ela terá lugar. O respectivo funcionário da secretaria realizá-la-á logo que lhe seja possível.

ARTIGO 424.º

(Como se faz o arrolamento)

1 — O arrolamento consiste na descrição, avaliação e depósito dos bens.

2 — Será lavrado auto em que se descrevam os bens, em verbas numeradas, como em inventário, se declare o valor fixado pelo louvado e se certifique a entrega ao depositário ou o diverso destino que tiveram. O auto mencionará ainda todas as ocorrências com interesse e será assinado pelo funcionário que o lavre, pelo depositário e pelo possuidor dos bens, se assistir, devendo intervir duas testemunhas quando não for assinado por este último.

3 — Ao acto do arrolamento assiste o possuidor ou detentor dos bens, sempre que esteja no local ou seja possível chamá-lo e queira assistir. Pode este interessado fazer-se representar por mandatário judicial.

4 — O arrolamento de documentos faz-se em termos semelhantes, mas sem necessidade de avaliação.

5 — São aplicáveis ao arrolamento as disposições relativas à penhora, em tudo quanto não contrarie o estabelecido nesta subsecção ou a diversa natureza das providências.

1. Suprimiu-se a faculdade concedida às partes de requerer que o juiz presida à realização da diligência. Medida oportuna. Se se levantarem questões quanto aos bens a arrolar, o funcionário da secretaria procederá de harmonia com o disposto no art. 832.º, por força do preceituado no n.º 5 do artigo em anotação. É meritório tudo quanto se faça para libertar os magistrados judiciais da actividade burocrática e administrativa, de que a sua função ainda está muito carregada, deixando-lhe mais tempo livre para julgar.

Capítulo IV — Dos procedimentos cautelares   **ART. 426.º**

2. Se o depositário, detentor dos bens, não for encontrado ou não puder comparecer, proceder-se-á à imposição de selos, providenciando-se, depois, quanto à sua comparência.

Também serão impostos selos, mesmo que ao arrolamento se proceda, nos objectos, papéis ou valores a que se refere o n.º 2 do art. 425.º.

ARTIGO 425.º

(Casos de imposição de selos)

1 — Quando haja urgência no arrolamento e não seja possível efectuá-lo imediatamente ou quando se não possa concluí-lo no dia em que foi iniciado, impor-se-ão selos nas portas das casas ou nos móveis em que estejam os objectos sujeitos a extravio, adoptando-se as providências necessárias para a sua segurança e continuando-se a diligência no dia que for designado.

2 — Os objectos, papéis ou valores de que não seja necessário fazer uso e que não sofram deterioração por estarem fechados são, depois de arrolados, encerrados em caixas lacradas com selo, que se depositarão na Caixa Geral de Depósitos.

A *imposição de selos* não é já, como foi no sistema do Código Civil de 1867 (art. 2010.º) e no do Código de Processo de 1876 (arts. 675.º a 679.º), uma providência cautelar autónoma, de que o arrolamento era um mero complemento.

A situação actual é perfeitamente inversa: a imposição de selos é remédio de que só se lança mão para garantir a realização do arrolamento, quando este não se possa fazer ou completar imediatamente; só no caso do n.º 2 há uma reminiscência da antiga imposição de selos, mas como se vê do preceito, só a título complementar do arrolamento e para facilitar a guarda dos valores arrolados.

ARTIGO 426.º

(Quem deve ser o depositário)

1 — Quando haja de proceder-se a inventário, é nomeada como depositário a pessoa a quem deva caber

ART. 427.º *Livro III, Título I — Das disposições gerais*

a função de cabeça-de-casal em relação aos bens arrolados.

2 — Nos outros casos, o depositário é o próprio possuidor ou detentor dos bens, salvo se houver manifesto inconveniente em que lhe sejam entregues.

3 — O auto de arrolamento serve de descrição no inventário a que haja de proceder-se.

1. No arrolamento a que se refere o art. 427.º o depositário deve, em regra, ser o outro cônjuge, não por lhe vir a pertencer o cabeçalato, visto que a providência é preliminar ou incidente da acção declarativa, e não do eventual inventário subsequente, mas sim em atenção à sua qualidade de administrador dos bens arrolados. Se o requerido não estiver presente, podem os bens ser entregues provisoriamente a outro depositário, até que seja possível a sua entrega àquele.

2. Em tudo o mais não especialmente regulado neste artigo, é aplicável o que este código dispõe quanto ao depositário dos bens penhorados (arts. 840.º a 845.º).

ARTIGO 427.º

(Arrolamentos especiais)

1 — Como preliminar ou incidente da acção de separação judicial de pessoas e bens, divórcio, declaração de nulidade ou anulação de casamento, qualquer dos cônjuges pode requerer o arrolamento de bens comuns, ou de bens próprios que estejam sob a administração do outro.

2 — Se houver bens abandonados, por estar ausente o seu titular, por estar jacente a herança, ou por outro motivo, e tornando-se necessário acautelar a perda ou deterioração, são arrecadados judicialmente, mediante arrolamento.

3 — Não é aplicável aos arrolamentos previstos nos números anteriores o disposto no n.º 1 do artigo 421.º.

À separação e ao divórcio litigiosos corresponde o processo especial dos arts. 1407.º e 1408.º.

Capítulo VII — Das custas, multas e indemnização **ART. 446.º**

A separação ou divórcio por mútuo consentimento não admitem o arrolamento como processo cautelar, visto que aí há acordo dos cônjuges, que têm de indicar, logo de início, os bens comuns do casal (art. 1419.º).

A separação judicial e o divórcio litigioso fazem supor um estado de conflito entre os interessados que revela, só por si, justo receio de extravio, ocultação ou dissipação de bens do casal, requisito que, por isso, os dispensa de fazer a prova desse receio.

ARTIGO 428.º A 445.º

Estes arts. foram revogados pelo art. 3.º do Dec.-Lei n.º 329-A/ /95, de 12 de Dezembro de 1995, estando a matéria que neles se tratava — as cauções — regulada agora nos arts. 981.º a 990.º como processo especial referente às garantias das obrigações.

CAPÍTULO VII
Das custas, multas e indemnização

SECÇÃO I
Custas

ARTIGO 446.º
(Regra geral em matéria de custas)

1 — A decisão que julgue a acção ou algum dos seus incidentes ou recursos condenará em custas a parte que a elas houver dado causa ou, não havendo vencimento da acção, quem do processo tirou proveito.

2 — Entende-se que dá causa às custas do processo a parte vencida, na proporção em que o for.

3 — Tendo ficado vencidos vários autores ou vários réus, respondem pelas custas em partes iguais, salvo se houver diferença sensível quanto à participação de cada um deles na acção, porque nesse caso as custas serão distribuídas segundo a medida da sua participação; no caso de condenação por obrigação solidária, a solidariedade estende-se às custas.

ART. 446.º *Livro III, Título I — Das disposições gerais*

1. Às custas abrangem as importâncias que é necessário dispender em juízo para se obter a declaração judicial de um direito.

Era nesse sentido que Manuel de Andrade [164] as definia como «as despesas que as partes são obrigadas a fazer para a condução do processo, afora as remunerações (honorários) dos seus advogados ou solicitadores e as despesas pessoais das próprias partes (deslocações, etc.)».

A determinação do montante das custas não é feita no código de processo; o seu assento próprio é o Código das Custas Judiciais, tendo sido o actualmente vigente, aprovado pelo Dec.-Lei n.º 224--A/96, de 26 de Novembro.

Conforme aí se dispõe as custas compreendem a taxa de justiça e os encargos (art. 1.º, n.º 1), sendo estes os referidos no art. 89.º daquele diploma.

Há quem tenha defendido que a justiça deveria ser totalmente gratuita.

O princípio é doutrinalmente defensável.

Na prática, porém, isso seria irrealizável, não só porque constituiria um encargo excessivo para o Estado, como também porque daria lugar a um aumento incalculável dos processos, pela submissão aos tribunais de inúmeros litígios insignificantes ou totalmente infundados.

Mas se o princípio não é de adoptar, não pode perder-se de vista que os encargos a exigir deverão ser os estritamente necessários para manter o serviço. Sob o ponto de vista ético não pode conceber-se que a justiça constitua uma fonte de receita para o Estado. Este é, porém, um problema de política legislativa, que só indirectamente diz respeito ao estudo do processo civil.

2. Vejamos, agora, a quem deve ser imputado o pagamento das custas.

Afastado o conceito primário de constituirem as custas uma *pena* imposta ao litigante carecido de razão, e eliminada a *culpa* como fundamento da condenação, a moderna doutrina processual orientou-se no sentido de atribuir carácter *objectivo* a essa responsabilidade.

---

[164] *Noções Elementares de Processo Civil*, pág. 314 (ed. de 1963).

Capítulo VII — Das custas, multas e indemnização   **ART. 446.º**

O nosso legislador de 1939, influenciado directamente pelos ensinamentos de Carnelutti, Chiovenda e Betti, fez assentar a imputação do pagamento das custas no princípio da causalidade. O código actual manteve a mesma orientação.

Temos, portanto, nesta matéria, que observar sempre, em primeiro lugar, a regra, enunciada pelo n.º 1 do art. 446.º, de que as custas devem ser pagas pela parte que lhes deu causa.

Quando deve considerar-se estabelecida essa relação causal?

A lei faz directamente duas aplicações desse princípio: *a)* dá causa às custas a parte vencida; *b)* dá causa às custas o autor, quando não for o réu a dar-lhes causa e este não tenha contestado a acção.

Mas o princípio básico que fica exposto não abrange toda a matéria a regular. Efectivamente, casos há em que não pode dizer-se que as custas foram causadas por uma das partes, casos em que não há vencido nem vencedor, em que nem sequer há autor e réu. Basta pensar na responsabilidade por custas dos herdeiros, no processo de inventário. Para essa situação e outras semelhantes (acção de divisão de coisa comum, por exemplo) formula a lei uma regra subsidiária, mandando imputar a responsabilidade por custas a quem tiver tirado proveito do processo.

Finalmente, é ainda previsível que em consequência da *extinção* da instância por superveniente impossibilidade ou inutilidade da lide, aconteça não ser possível estabelecer relação causal entre qualquer das partes e os encargos produzidos, em caso em que nenhuma delas tire proveito do processo. Ficam as custas, então, para serem pagas pelo autor. É ainda uma forma de responsabilidade objectiva, baseada no *risco* que corre qualquer *autor* de ver extinta a instância por aquele motivo. Será a hipótese, por exemplo, de falecer uma das partes na pendência da acção de divórcio (art. 447.º).

A estas regras há a acrescentar os preceitos especiais dos arts. 451.º, 452.º e 453.º, a que adiante nos referiremos.

3. A regra de que é o vencido quem dá causa às custas e, por isso, quem deve suportá-las, suscita alguns ligeiros comentários.

Em primeiro lugar quanto ao conceito de *vencimento.*

Quem deve entender-se parte *vencedora* e parte *vencida?*

A questão resolve-se cotejando o pedido com a decisão.

O autor ou o réu são vencidos quanto à parte do *pedido* em que decaírem; são vencedores no restante. Não interessa, para esta

ART. 446.º   *Livro III, Título I — Das disposições gerais*

apreciação, que os fundamentos em que a decisão se baseia sejam os mesmos, ou sejam diferentes, dos invocados pelas partes [165]. A medida em que não procede a pretensão do autor ou a defesa do réu é que integra a sucumbência de qualquer das partes e torna lícita, aos olhos da lei, a imputação pelas custas, por ser reveladora da relação causal que informa a sua exigência. E a sucumbência tanto pode resultar de o tribunal não ter acolhido a pretensão da parte, como de se ter julgado impossível apreciá-la; é assim que a sentença que absolve da instância o réu deve, em princípio, condenar o autor nas custas.

Se a sucumbência é parcial, dividem-se as custas pelas partes adversas, na proporção em que estas forem vencidas.

Pode suceder, porém, que a medida em que uma das partes fica vencida não seja, desde logo, determinável. Referimo-nos à hipótese de, em acção fundada em responsabilidade civil, em que foi formulado pedido de condenação em quantia certa, o tribunal ter condenado o réu a pagar a indemnização que vier a liquidar-se em execução de sentença, nos termos do n.º 2 do art. 661.º. O pedido formulado era, por exemplo, o da condenação do réu a pagar ao autor a quantia de cem contos pelos danos que lhe ocasionara. A sentença decide: o réu é obrigado a indemnizar o autor pelos prejuízos que este sofreu, mas como não há, por agora, elementos para fixar o *quantum* dessa indemnização, será o seu montante liquidado em execução. Parece claro que na hipótese figurada (que é frequente nos tribunais) o juiz não poderá contemporaneamente à emissão da sentença, aperceber-se da extensão da derrota do réu, da medida em que este foi vencido. A sucumbência será total se vierem a liquidar-se perdas e danos no montante de cem contos; será parcial se a liquidação vier a fixá-los em qualquer quantia inferior àquela. Posto perante esta dificuldade parece-nos que o julgador deve condenar o réu na totalidade das custas, mas sem prejuízo da divisão que destas venha a fazer-se na conta do processo executivo, conforme o resultado da liquidação a efectuar. Reconhece-se que esta solução não tem preceito expresso em que se apoie, mas é a que se nos afigura mais conforme com o estabelecido nos n.ºs 1 e 2 do artigo em anotação.

---

[165] Acs. do Sup. Trib. Just., de 18/5/1956 (*Bol. Min. Just.,* 57.º-399); de 17/7/ /1959 (*Rev. Trib.,* 77.º-380; *Bol. Min. Just.,* 89.º-474); Alberto dos Reis, *Cód. Proc. Civ. An.,* vol. 5.º, pág. 264.

Capítulo VII — Das custas, multas e indemnização **ART. 446.º**

Relativamente às acções de indemnização por acidentes de viação, também se sustentou que deveria ser o réu a suportar a totalidade das custas desde que se reconhecesse direito à indemnização, ainda que esta fosse de montante inferior ao pedido [166]. Aduzia-se, em defesa desta tese, que deixando o Código da Estrada a fixação do quantitativo da indemnização, ao *prudente arbítrio do julgador*, o pedido era o reconhecimento do direito à indemnização, e não à quantia que viesse a ser fixada na petição. Reconhecido o direito à indemnização, teria o autor obtido vencimento total. Alberto dos Reis ocupou-se por várias vezes, e em diversos lugares, a combater esta solução, com argumentos que totalmente nos convencem [167]. A *Revista de Legislação e de Jurisprudência* igualmente tratou o assunto, em resposta sobre consulta, a págs. 164 do seu ano 86.º, e no sentido propugnado por aquele Mestre. Na verdade a circunstância de a lei libertar o julgador, na apreciação do quantitativo da indemnização, de rígidos critérios de legalidade, não significa que a acção proposta com aquela finalidade deixe de ser uma acção de condenação, que visa a exigir a prestação de certa quantia em dinheiro, correspondente aos danos sofridos. Estão, portanto, essas acções sujeitas ao regime geral quanto a custas fixado pelo art. 446.º, como, de resto, à face do Código de 1939 já era entendimento dominante [168]. As custas serão imputadas na proporção do vencido.

4. Na acção de impugnação de paternidade julgada procedente é sempre responsável pelas custas a mãe [169]. É aplicação do princípio do n.º 1, porque é ela quem dá causa à acção com o seu procedimento ilícito.

---

[166] Luís Veiga, na *Rev. Trib.*, 59.º-98; *Vida Judiciária*, 2.º-38; acs. do Sup. Trib., de 16/1/1940 (*Col. Of.*, 39.º-6), de 12/3/1940 (*Col. Of.*, 34.º-116), de 30/4/1940 (*Rev. Just.*, 25.º-310), de 29 de Abril de 1941 (*Bol. Of. Min. Just.*, 1.º-254), de 20/6//1941 (*Bol. Of. Min. Just.*, 1.º-328), de 11/2/1941 (*Rev. Leg. Jur.*, 64.º-122).

[167] *Rev. Leg. Jur.*, ano 73.º, pág. 163; ano 64.º, págs. 156 e *Cód. Proc. Civ. An.*, vol. 2.º, págs. 207 e segs.

[168] Além de A. dos Reis os autores citados naquele estudo: Barbosa de Magalhães (*Gaz. Rel. Lxa.*, 54.º-181). Arnaldo Pinheiro Torres (*Rev. Ord. Advs.*, 1.º-650); Fernando Olavo (*Rev. Ord.*, 1.º-174); Acácio Furtado (*Rev. Ord.*, 2.º-15); *Rev. Trib.*, ano 59.º, págs. 114 e 130; *Rev. Just.*, ano 28.º, pág. 239; e ainda os acórdãos do *Sup. Trib. Just.*, de 14/6/1940 (*Rev. Just.*, 25.º-311), de 22/5/1942 (*Bol. Of. Min. Just.*, 2.º-161), de 26/1/1945 (*Bol. Of. Min. Just.*, 5.º-34) e de 4/7/1950 (*Bol. Min. Just.*, 20.º-308). Neste sentido veja-se, igualmente, Manuel de Andrade, *Noções Elementares de Processo Civil*, ed. de 1963, revista e actualizada pelo Prof. Antunes Varela, pág. 320.

[169] Na *Rev. Leg. Jur.*, ano 73.º, pág. 83.

ART. 447.º *Livro III, Título I — Das disposições gerais*

5. No inventário as custas são suportadas pelos interessados, na proporção do que receberem, em obediência à regra subsidiária de que deve pagá-las quem tira proveito do processo, enunciada também no n.º 1 do preceito em anotação. O art. 1383.º atribui-lhes directamente essa responsabilidade.

Para o inventário consequente ao divórcio, à seperação de pessoas e bens e à anulação de casamento, regula o disposto no art. 1405.º, que manda pagar as custas respectivas pelo cônjuge culpado, ou, quando nenhum deles o for, por ambos os cônjuges. A *culpa do cônjuge* é determinada pela decisão proferida na causa de que o inventário é consequência.

6. Na execução as custas saem precípuas do produto dos bens penhorados (art. 455.º).

Nos casos de litisconsórcio, em que as custas devam ser suportadas por vários autores ou por vários réus, a regra enunciada pelo n.º 3 do art. 446.º é a da responsabilidade conjunta. Em primeiro lugar averiguar-se-á, no entanto, se todos ficaram vencidos *na mesma medida*, porque, se assim não acontecer, tem de calcular-se a responsabilidade pelo grau da sucumbência. Se todos ficaram vencidos por igual, é então em partes iguais que se distribuirá o encargo do pagamento das custas, a não ser que haja diferença sensível no modo como participaram na acção, como acontece se a responsabilidade impender sobre vários réus e alguns tiverem contestado, mantendo-se os outros em revelia, caso em que o tribunal distribuirá entre eles as custas, atendendo à medida da sua participação no pleito. Mas se a relação substancial em litígio for solidária *no que respeita aos vencidos*, será igualmente solidária a responsabilidade destes pelas custas, não havendo, em tal hipótese, que atender ao grau em que participaram na acção. A responsabilidade solidária pelas custas é, assim, de carácter excepcional em relação à regra da proporcionalidade afirmada neste preceito.

ARTIGO 447.º

(Impossibilidade ou inutilidade da lide)

Quando a instância se extinguir por impossibilidade ou inutilidade da lide, as custas ficam a cargo do autor, salvo se a impossibilidade ou inutilidade resultar de facto imputável ao réu, que neste caso as pagará.

Veja-se a anotação ao artigo anterior e ao art. 287.º.

Capítulo VII — Das custas, multas e indemnização **ART. 448.º**

ARTIGO 448.º

(Actos e diligências que não entram na regra geral das custas)

1 — A responsabilidade do vencido no tocante às custas não abrange os actos e incidentes supérfluos, nem as diligências e actos que houverem de repetir-se por culpa de algum funcionário judicial, nem as despesas a que der causa o adiamento de acto judicial por falta não justificada de pessoa que devia comparecer.

2 — Devem reputar-se supérfluos os actos e incidentes desnecessários para a declaração ou defesa do direito. As custas destes actos ficam à conta de quem os requereu; as custas dos outros actos a que se refere o n.º 1 são pagas pelo funcionário ou pela pessoa respectiva.

3 — O funcionário que der causa à anulação de actos do processo responde pelo prejuízo que resulte da anulação.

1. Estabelece este artigo os limites da responsabilidade objectiva pelas custas.

Depois de determinado o responsável pelas custas de certa acção, incidente, procedimento ou recurso, é, em princípio, exigível deste o pagamento de todas as custas do respectivo processo.

Pareceu, porém, ao legislador — e bem — que essa regra devia ser afastada quando a tributação, correspondendo a actividades que não seriam normalmente necessárias ao desenvolvimento da lide, representasse um injusto gravame para a parte. Nesses casos, nem o princípio da causalidade (dominante), nem o da utilidade ou proveito, nem o do risco, justificariam a imputação.

Não é feliz a expressão empregada pela lei «responsabilidade do *vencido*». A tomá-la a rigor teria de entender-se que as excepções do art. 448.º só se aplicariam quando o vencido fosse condenado em custas e não para os casos em que o vencedor é responsável por elas (*v.g.*, nas hipóteses previstas no art. 447.º e no n.º 1 do art. 449.º). Não é esse, evidentemente, o sentido da norma. Seja qual for o responsável pelas custas gerais do processo, sempre ele beneficiará das limitações constantes deste preceito. O que se quis determinar é que não entram na regra geral das custas de qualquer processo as que disserem respeito: *a)* a actos e incidentes supérfluos; *b)* a diligências e actos que houverem de repetir-se por

— 213 —

ART. 449.º   *Livro III, Título I — Das disposições gerais*

culpa de algum funcionário judicial; *c)* ao adiamento de acto judicial por falta não justificada de pessoa que devia comparecer.

2. Os actos e incidentes supérfluos, isto é, os que não sejam necessários para a declaração ou defesa do direito, ficam a cargo de quem os tiver requerido. Ainda aqui se faz uma aplicação do princípio da causalidade, mas relacionado com o acto ou incidente e não com o litígio.

ARTIGO 449.º

(Responsabilidade do autor pelas custas)

1 — Quando o réu não tenha dado causa à acção e a não conteste, são as custas pagas pelo autor.

2 — Entende-se que o réu não deu causa à acção:

***a)* Quando o autor se proponha exercer um mero direito potestativo, que não tenha origem em qualquer facto ilícito praticado pelo réu;**

***b)* Quando a obrigação do réu só se vencer com a citação ou depois de proposta a acção;**

***c)* Quando o autor, munido de um título com manifesta força executiva, use sem necessidade do processo de declaração.**

3 — Ainda que o autor se proponha exercer um mero direito potestativo, as custas são pagas pelo réu vencido, quando seja de protecção a este a finalidade legal da acção.

1. O artigo ocupa-se das situações em que o autor, embora *vencedor*, deve arcar com as custas do processo. Se a acção é julgada *improcedente*, ou o réu é *absolvido da instância*, também as custas são suportadas pelo autor, mas então pela regra do art. 446.º, n.ºs 1 e 2, e não pela disciplina desta norma.

São requisitos da aplicação do preceito: que a acção seja julgada procedente e que o réu não lhe tenha dado causa, nem a haja contestado.

Destes requisitos, o único que provoca fundadas dúvidas é o que pressupõe a averiguação dos casos em que deve entender-se que o réu *não deu causa* à acção.

— 214 —

Capítulo VII — Das custas, multas e indemnização **ART. 449.º**

Exemplifica a lei alguns desses casos, nas alíneas *a)* a *c)* do n.º 2 deste artigo, mas a sua interpretação, designadamente a da alínea *a)*, suscita ainda algumas dificuldades, a que adiante, mais de espaço, nos referiremos, fazendo a sua aplicação a várias espécies de acções.

2. Deve entender-se que o réu contesta a acção quando deduz oposição ao pedido, ou a parte deste, e ainda quando, sendo vários os pedidos formulados, a oposição se refira apenas a alguns deles. O que interessa é que o réu tome a posição de litigante activo, sustentando em juízo a inadmissibilidade, no todo ou em parte, da pretensão do autor. Concordamos, por isso, com a solução ditada pelo acórdão do Supremo de 25 de Junho de 1963 ([170]), que, em acção cujo objecto era a declaração da existência de benfeitorias feitas pelo autor, a determinação do respectivo custo e o reconhecimento judicial do direito de retenção, entendeu que havia oposição do réu, para o efeito que estamos examinando, desde que este havia impugnado o valor das benfeitorias, embora se não opusesse quanto ao restante. Já nos parece, porém, demasiado lato o critério que foi seguido pelo mesmo alto Tribunal, no seu aresto de 22 de Abril de 1960 ([171]), no qual se decidiu que eram responsáveis pelas custas os herdeiros do investigado, réus na respectiva acção, que embora não tivessem apresentado o articulado designado por lei «contestação», não deixaram por isso de, no decurso da causa e dentro dos autos, fazer oposição à pretensão do autor. Como o douto Juiz vencido também pensamos que lhes poderiam — e deveriam — ser imputadas as custas dos incidentes ou recursos que suscitassem ou interpusessem, e em que viessem a decair, mas que, para serem condenados nas custas gerais do processo, faltava o requisito essencial de terem deduzido oposição, pela forma que esta reveste no correspondente processo ordinário.

3. Outra fonte de dúvidas tem sido a fixação do regime da responsabilidade por custas nas acções de investigação de paternidade julgadas procedentes sem contestação dos réus.

Há que distinguir, liminarmente, os casos em que a acção é proposta contra o pretenso pai, daqueles em que é intentada depois da sua morte e contra os seus herdeiros.

([170]) *Bol. Min. Just.,* n.º 128, págs. 489.
([171]) *Bol. Min. Just.,* n.º 96.º, págs. 336 e segs.

— 215 —

ART. 450.º *Livro III, Título I — Das disposições gerais*

Sendo intentada a acção contra o pretenso pai e procedendo ela, mesmo sem contestação do réu, a unanimidade dos sufrágios atribui a este o encargo de pagar as custas. Funciona o princípio da causalidade. Foi o réu quem deu causa à acção, não perfilhando o filho que procriara; foi a ilicitude do seu comportamento para com ele, que obrigou o autor a vir a juízo investigar a paternidade.

Se a acção foi intentada depois da morte do pai, contra os seus sucessores, quando aquele podia ter perfilhado o autor, e o não fez, afigura-se-nos que as custas devem ficar a cargo do autor, se a acção não tiver sido contestada. Verifica-se o caso previsto no n.º 1 do preceito em análise.

Os réus não deram causa à acção porque lhes não pode ser imputada a falta de perfilhação que determinou o procedimento judicial e que dependia de acto pessoal do pretenso pai, intransmissível por herança aos seus sucessores (Cód. Civ., art. 2025.º).

Não há relação causal que ligue, nesta hipótese, os réus ao facto negativo (ausência de perfilhação) que obrigou o autor a vir a juízo, e, por isso, a sua responsabilidade assenta no *proveito* (não necessariamente económico) que este retira da procedência da acção.

4. O disposto no n.º 3 visa a pôr a cargo do réu, quando vencido, as custas das acções de interdição ou de inabilitação por anomalia psíquica, surdez-mudez ou cegueira, que são instituídas na lei com vista à protecção do interdito ou inabilitado [172].

ARTIGO 450.º

(Repartição do encargo das custas)

Se a oposição do réu era fundada no momento em que foi deduzida e deixou de o ser por circunstâncias supervenientes, cada uma das partes paga as custas relativas aos actos praticados durante o período em que exerceu no processo uma actividade injustificada.

O reflexo, na decisão, da ocorrência de factos jurídicos supervenientes, está expressamente previsto no art. 663.º. O preceito anotando procura regular o efeito da mesma causa, agora, porém,

---

[172] Cfr., neste sentido, com as necessárias adaptações, o que se lê no *B.M.J.*, n.º 122, pág. 195.

Capítulo VII — Das custas, multas e indemnização **ART. 451.º**

quanto a custas. O seu enunciado não é completo. A regra deste artigo tanto é aplicável ao caso de a oposição do réu, que era fundada no momento em que foi deduzida, deixar de o ser (caso figurado), como à hipótese de uma oposição infundada que circunstâncias supervenientes tenham tornado atendível.

O princípio consagrado é este: a responsabilidade das custas pertence às partes na correspondência que puder estabelecer-se entre o processado e o período em que pleitearam *sem razão* ou infundadamente.

Como já observava Alberto dos Reis ([173]), a referência a «custas relativas aos actos» não encontra aplicação no Código das Custas Judiciais, que manda fazer a tributação por percentagens, e não pela conta dos actos ou termos, como acontecia na Tabela. É, portanto, o juiz quem deve fixar a proporção em que as custas hão-de recair sobre cada uma das partes, em execução do comando deste artigo.

ARTIGO 451.º

(Custas no caso de confissão, desistência ou transacção)

1 — Quando a causa termine por desistência ou confissão, as custas são pagas pela parte que desistir ou confessar; e, se a desistência ou confissão for parcial, a responsabilidade pelas custas é proporcional à parte de que se desistiu ou que se confessou.

2 — No caso de transacção, as custas são pagas a meio, salvo acordo em contrário, mas quando a transacção se faça entre uma parte isenta ou dispensada do pagamento de custas e outra não isenta nem dispensada, o juiz, ouvido o Ministério Público, determinará a proporção em que as custas devem ser pagas.

A regra do n.º 1 é aplicação directa do preceito do n.º 2 do art. 446.º. Na transacção, porém, já o mesmo princípio proporcional não pode aplicar-se, por que a transigência pode abranger outros valores, não compreendidos no pedido de acção; por isso se estabelece, e bem, no n.º 2, o princípio da divisão por metade, dando liberdade às partes de acordarem outra coisa. A parte final do

---

([173]) *Código de Processo Civil Anotado,* 3.ª ed., vol. II, pág. 215.

ART. 453.º   *Livro III, Título I — Das disposições gerais*

preceito acautela a natural tendência da fuga à tributação e era já direito vigente no Código das Custas de 1940 (art. 3.º). Situou-se, agora, no lugar próprio.

ARTIGO 452.º

(Responsabilidade do assistente pelas custas)

Aquele que tiver intervindo na causa como assistente será condenado, se o assistido decair, numa quota-parte das custas a cargo deste, em proporção com a actividade que tiver exercido no processo, mas nunca superior a um décimo.

Deve aproximar-se este preceito do que se determina no n.º 2 do art. 337.º. Uma vez que o assistente está sujeito aos mesmos deveres que a parte assistida, era necessário prever a repartição das custas entre eles. É o que este artigo se propõe regular. Não abrange, contudo, a hipótese do art. 338.º. Aí a revelia do assistido retira ao assistente a qualidade de auxiliar da parte principal e atribui-lhe a de seu gestor de negócios, pelo que toda a responsabilidade corre por conta do assistido.

Será o art. 452.º aplicável aos casos de desistência do assistido? Alberto dos Reis ([174]) não hesitava em responder afirmativamente. Não temos a mesma certeza. É verdade que o preceito não distingue, mas também é exacto que o que nele se prevê é o *decaimento* do assistido, isto é, que este venha a ser *vencido* no pleito. Por outro lado, o art. 451.º manda condenar em custas o *desistente*. Parece violento que sendo a desistência livre para o assistido (art. 340.º), um acto livre deste deva acarretar custas para o assistente.

ARTIGO 453.º

(Custas dos procedimentos cautelares, da habilitação e das notificações)

1 — As custas dos procedimentos cautelares e as do incidente da habilitação são pagas pelo requerente, quando não haja oposição, mas são atendidas na acção

---

([174]) *Ob. cit.*, vol. II, pág. 239.

Capítulo VII — Das custas, multas e indemnização **ART. 454.º**

respectiva; havendo oposição, observar-se-á o disposto nos artigos 446.º e 447.º.

2 As custas da produção de prova que tenha lugar antes de proposta a acção serão pagas pelo requerente e atendidas na acção que se propuser.

3 — As custas das notificações avulsas são pagas pelo requerente.

1. A regra do n.º 1, que na parte relativa aos então chamados «processos preventivos e conservatórios» já vinha do código anterior, foi tornada extensiva aos incidentes da habilitação. Em qualquer desses casos, não havendo oposição, o requerente paga as custas, mas a decisão da causa principal é que fará a imputação definitiva da responsabilidade por elas. Mas é preciso, quanto às providências, que elas não tenham caducado, porque, se caducarem, o pagamento provisório converte-se logo em definitivo.

O princípio é válido para os processos cautelares processados por apenso aos de natureza penal.

2. Quanto à produção antecipada de provas, veja-se o art. 521.º.

ARTIGO 454.º

(Pagamento dos honorários pelas custas)

1 — Os mandatários judiciais e técnicos da parte vencedora podem requerer que o seu crédito por honorários, despesas e adiantamentos seja, total ou parcialmente satisfeito pelas custas que o seu constituinte tem direito a receber da parte vencida. Se assim o requererem, é ouvida a parte vencedora e em seguida se decidirá.

2 — Se a parte vencedora impugnar o quantitativo do crédito do mandatário, só é satisfeita a parte não impugnada.

Permite que os honorários e despesas efectuadas pelos mandatários (advogados e solicitadores) e técnicos (art. 42.º) da parte vencedora, saiam directamente das custas de parte (Cód. das Custas, art. 33.º) que esta tenha direito a receber.

ART. 456.º   *Livro III, Título I — Das disposições gerais*

O preceito só funciona quando houver acordo da parte vencedora quanto à existência e montante daqueles débitos; havendo divergência o juiz não deve ordenar o pagamento.

O artigo não regula o caso de os honorários e despesas reclamados pelos mandatários e pelos técnicos excederem, em concurso, o montante das custas de parte. Alvitrava Alberto dos Reis ([175]) que se fizesse rateio, na proporção do que cada um tivesse direito a receber. É uma solução — pelo menos equitativa.

ARTIGO 455.º
(Garantia de pagamento das custas)

As custas da execução saem precípuas do produto dos bens penhorados.

Na redacção primitiva deste preceito assinalava-se claramente que a precipuidade no pagamento das custas respeitava tanto às da execução como às exequendas, resolvendo-se, por este modo, a dúvida que suscitara a interpretação do correspondente preceito do código anterior ([176]). A reforma processual de 67 retirou a precipuidade no pagamento às custas da acção declarativa, por considerar tal solução contrária ao disposto nos arts. 738.º, 743.º e 748.º do Código Civil ([177]).

Afigura-se-nos que teria de ser assim, a menos que se suprimisse todo o preceito, o que talvez fosse ainda mais concordante com as regras do direito substantivo.

SECÇÃO II
Multas e indemnização

ARTIGO 456.º
(Responsabilidade no caso de má fé — Noção de má fé)

1 — Tendo litigado de má fé, a parte será condenada em multa e numa indemnização à parte contrária, se esta a pedir.

([175]) Ac. S.T.J., de 30/5/56, no *B.M.J.*, n.º 57, pág. 264.

([176]) *Rev. Leg. Jur.,* ano 77.º, pág. 54 e segs.

([177]) Lopes Cardoso, Código de Processo Civil Anotado, 3.ª ed., pág. 306.

Capítulo VII — Das custas, multas e indemnização **ART. 456.º**

2 — Diz-se litigante de má fé quem, com dolo ou negligência grave:

a) **Tiver deduzido pretensão ou oposição cuja falta de fundamento não devia ignorar;**

b) **Tiver alterado a verdade dos factos ou omitido factos relevantes para a decisão da causa;**

c) **Tiver praticado omissão grave do dever de cooperação;**

d) **Tiver feito do processo ou dos meios processuais um uso manifestamente reprovável, com o fim de conseguir um objectivo ilegal, impedir a descoberta da verdade, entorpecer a acção da justiça ou protelar, sem fundamento sério, o trânsito em julgado da decisão.**

3 — Independentemente do valor da causa e da sucumbência, é sempre admitido recurso, em um grau, da decisão que condene por litigância de má fé.

1. A má fé processual tinha, entre nós, como requisito essencial o dolo, não bastando a culpa, por mais grave que fosse. A reforma processual de 95/96 mudou esse estado de coisas, considerando reveladora da má fé no litígio tanto o dolo, como a culpa grave, que designa por negligência grave.

2. A parte tem o dever de não deduzir pretensão ou oposição cuja falta de fundamento não devia ignorar; de não alterar a verdade dos factos ou de não omitir factos relevantes para a decisão da causa; de não fazer do processo ou dos meios processuais um uso manifestamente reprovável com o fim de conseguir um objectivo ilegal, impedir a descoberta da verdade, entorpecer a acção da justiça ou protelar, sem fundamento sério, o trânsito em julgado da decisão; de não praticar omissão grave do dever de cooperação, tal como ele resulta do disposto nos arts. 266.º e 266.º-A.

Se intencionalmente, ou por falta da diligência exegível a qualquer litigante, a parte violar qualquer desses deveres, a sua conduta fá-lo incorrer em multa, ficando ainda sujeito a uma pretensão indemnizatória destinada a ressarcir a parte contrária dos danos resultantes da má fé.

A doutrina tem classificado a má fé de que trata o preceito em duas variantes: a má fé material e a má fé instrumental,

ART. 456.º   *Livro III, Título I — Das disposições gerais*

abrangendo a primeira os casos das alíneas *a)* e *b)*, do n.º 2, e a segunda, os das alíneas *c)* e *d)* do mesmo número.

3. Poderão ser condenados, como litigantes de má fé, o autor ou o réu, em acção cível que termine antes de se conhecer do mérito, designadamente por impossibilidade superveniente da lide?

Parece nada obstar a que se conheça da má fé instrumental, especialmente quando tenha sido formulado pedido de indemnização pela parte contrária.

4. Tem-se entendido, por exemplo, que litiga de má fé: aquele que, em recurso, alega inexactamente que a sentença foi proferida por juiz que não interveio no julgamento de facto [178]; a parte que, em acção de estado, nega factos pessoais que vieram a ser dados como provados [179]; o réu que, numa acção oficiosa de investigação de paternidade nega factos pessoais que vieram a ser declarados provados [180]; o que abusa do direito de acção [181]; o autor de acção de reivindicação que alegou ocuparem os réus o seu prédio por mero favor quando bem sabia que eles eram seus arrendatários [182]; aquele que altera conscientemente a verdade dos factos [183]; a parte que conscientemente altera a verdade dos factos para configurar uma situação susceptível de conduzir à procedência da excepção de caducidade do direito de acção, que deduzira [184]; o recorrente, em acção de despejo, que alega falsamente ter pago as rendas correspondentes a determinado período de tempo [185]; o réu que, em acção de indemnização,

---

[178] Ac. S.T.J., de 29/6/73, no *B.M.J.*, n.º 228, pág. 200.

[179] Ac. Rel. Coimbra, de 20/11/79, no *B.M.J.*, n.º 293, pág. 445; ac. Rel. Coimbra, de 28/5/81, no *B.M.J.*, n.º 309, pág. 417; ac. Rel. Évora, de 4/2/82, no *B.M.J.*, n.º 316, pág. 286; ac. Rel. Coimbra, de 17/7/84, no *B.M.J.*, n.º 339, pág. 471; ac. Rel. Coimbra, de 28/4/87, no *B.M.J.*, n.º 366, pág. 574; ac. Rel. Coimbra, de 12/4/88, no *B.M.J.*, n.º 376, pág. 663; ac. Rel. Évora, de 21/4/88, no *B.M.J.*, n.º 376, pág. 680; ac. Rel. Porto, de 3/4/90, no *B.M.J.*, n.º 396, pág. 437; ac. Rel. Lxa., de 26/6/90, no *B.M.J.*, n.º 398, pág. 571; ac. S.T.J., de 2/5/91, na *A.J.*, 19.º, pág. 10.

[180] Ac. Rel. Coimbra, de 19/1/83, no *B.M.J.*, n.º 325, pág. 611; ac. Rel. Coimbra, de 12/2/89, no *B.M.J.*, n.º 384, pág. 671; ac. Rel. Coimbra, de 26/2/91, no *B.M.J.*, n.º 404, pág. 520.

[181] Ac. Rel. Évora, de 13/6/85, no *B.M.J.*, n.º 350, pág. 405.

[182] Ac. Rel. Porto, de 21/2/85, no *B.M.J.*, n.º 344, pág. 469.

[183] Ac. S.T.J., de 14/4/88, na AD, n.os 320/321, pág. 1151.

[184] Ac. S.T.J., de 10/7/91, no *B.M.J.*, n.º 409, pág. 586.

[185] Ac. Rel. Coimbra, de 8/6/92, no *B.M.J.*, n.º 418, pág. 867.

Capítulo VII — Das custas, multas e indemnização **ART. 456.º**

apresenta do acidente uma versão que, como sabia e se provou, era falsa [186]; o autor que vem pedir a condenação do réu a pagar-lhe uma quantia superior à que lhe é devida [187]; o embargante que falsamente afirma não ser sua a assinatura aposta na livrança dada em execução [188].

5. A aplicação da multa, nos casos de litigância de má fé, é acto oficioso do juiz, mas a condenação em indemnização depende de requerimento da parte, que pode ser apresentado em qualquer estado da causa, em primeira instância ou na fase do recurso.

Tem-se entendido que essa indemnização, quando não tenha sido pedida nos autos em que o dolo se verificou, não o poderá ser em acção posteriormente intentada para esse fim.

Nesse sentido julgou o Supremo Tribunal de Justiça nos seus acórdãos de 22 de Novembro de 1963 [189] e de 21 de Janeiro de 1964 [190].

6. Por vezes o código estabelece, para certos casos, uma presunção de litigância de má fé. É o que sucede na situação prevista pelo art. 113.º (tentativa ilícita de desaforamento).

7. A simulação processual prevista no art. 665.º, é um caso de má fé bilateral. Quando essa situação se verificar devem ambas as partes ser condenadas em multa, nos termos do art. 456.º.

8. A multa a que alude o n.º 2 do artigo em anotação é fixada entre 2 e 100 U.C. [(Cód. Custas, art. 102.º, *a)*] tendo em atenção a gravidade subjectiva do facto e a situação patrimonial do responsável.

É sempre admissível recurso da decisão que aplique a multa, nos termos do n.º 3.

---

[186] Ac. Rel. Coimbra, de 4/3/92, no *B.M.J.*, n.º 415, pág. 731.
[187] Ac. Rel. Coimbra, de 17/11/91, no *B.M.J.*, n.º 421, pág. 515.
[188] Ac. Rel. Coimbra, de 10/12/92, no *B.M.J.*, n.º 422, pág. 439.
[189] *B.M.J.*, n.º 131.º, pág. 374 e *Rev. Leg. Jur.*, ano 97.º, pág. 247.
[190] *B.M.J.*, n.º 133.º, pág. 389.

ART. 457.º   *Livro III, Título I — Das disposições gerais*

ARTIGO 457.º

(Conteúdo da indemnização)

1 — A indemnização pode consistir:

a) **No reembolso das despesas a que a má fé do litigante tenha obrigado a parte contrária, incluindo os honorários dos mandatários ou técnicos;**

b) **No reembolso dessas despesas e na satisfação dos restantes prejuízos sofridos pela parte contrária como consequência directa ou indirecta da má fé.**

O juiz optará pela indemnização que julgue mais adequada à conduta do litigante de má fé, fixando-a sempre em quantia certa.

2 — Se não houver elementos para se fixar logo na sentença a importância da indemnização, serão ouvidas as partes e fixar-se-á depois, com prudente arbítrio, o que parecer razoável, podendo reduzir-se aos justos limites as verbas de despesas e de honorários apresentadas pela parte.

3 — Os honorários são pagos directamente ao mandatário, salvo se a parte mostrar que o seu patrono já está embolsado.

1. O único critério que deve nortear o juiz ao escolher a indemnização mais restrita prevista na alínea *a)*, ou a indemnização mais lata a que se refere a alínea *b)*, é o da intensidade da culpa ou dolo manifestado pela conduta do litigante de má fé.

Em qualquer dos casos, se a parte contrária ao responsável foi a vencedora, deve o juiz ter presente, ao fixar a indemnização, o montante da procuradoria (Cód. Custas, arts. 40.º e segs.).

O reembolso a que se refere o n.º 1 não tem forçosamente que se referir a todas as despesas feitas na causa, mas tão somente *àquelas que a litigância de má fé* produziu.

Apesar de a alínea *b)* encarar a ressarcibilidade dos danos em termos muitos vastos, abrangendo os prejuízos produzidos como *consequência directa* ou *indirecta* da má fé, não deve esquecer-se que se trata da responsabilidade civil e, portanto, que só são indemnizáveis os danos presentes e certos e não os futuros e eventuais.

— 224 —

Capítulo VII — Das custas, multas e indemnização **ART. 459.º**

2. A indemnização é sempre fixada em quantia certa. A sua determinação nunca fica reservada para execução de sentença. Se na ocasião em que profere a sentença o julgador não possuir os elementos necessários para a fixação do seu montante, lançará mão do disposto no n.º 2 deste preceito, o que lhe permitirá determinar o quantitativo da indemnização devida em despacho complementar daquela decisão.

ARTIGO 458.º

**(Responsabilidade do representante de incapazes,
pessoas colectivas ou sociedades)**

Quando a parte for um incapaz, uma pessoa colectiva ou uma sociedade, a responsabilidade das custas, da multa e da indemnização recai sobre o seu representante que esteja de má fé na causa.

1. O preceito prevê o comportamento de má fé do representante dos incapazes ou das pessoas colectivas, e atribui-lhe a responsabilidade pelo pagamento da multa e da indemnização a que se refere o art. 456.º, indo até ao ponto de o onerar também com a responsabilidade pelas custas.

A que «custas» quererá referir-se a lei? Às custas da acção ou às que forem unicamente resultantes da sua conduta ilícita? Parece que só estas últimas quererá abranger; não se descortina razão para outro entendimento.

2. Este artigo não é aplicável aos magistrados do Ministério Público. Se estes, no desempenho das suas funções, assumirem, nos autos, atitudes que possam considerar-se de litigância de má fé, a reacção do juiz deverá ser a de participar o facto ao superior imediato do magistrado em causa, para que este proceda como julgue conveniente.

ARTIGO 459.º

(Responsabilidade do mandatário)

Quando se reconheça que o mandatário da parte teve responsabilidade pessoal e directa nos actos pelos quais se revelou a má fé na causa, dar-se-á conhecimento do facto à Ordem dos Advogados ou à Câmara dos Solici-

— 225 —

ART. 461.º   *Livro III, Título I — Das disposições gerais*

tadores, para que estas possam aplicar as sanções respectivas e condenar o mandatário na quota-parte das custas, multa e indemnização que lhes parecer justa.

Prevê e pune o mandatário que age, pessoalmente, de má fé, no desempenho do patrocínio judiciário.

Neste caso o juiz apenas denuncia o facto. É a Ordem dos Advogados e a Câmara dos Solicitadores quem deve apreciar e julgar da conduta dolosa do respectivo profissional. Os requisitos da má fé são os mesmos que se deixaram expostos em comentário ao art. 456.º.

CAPÍTULO VIII

Das formas de processo

SECÇÃO I

Disposições gerais

ARTIGO 460.º

(Processo comum e processos especiais)

1 — O processo pode ser comum ou especial.

2 — O processo especial aplica-se aos casos expressamente designados na lei; o processo comum é aplicável a todos os casos a que não corresponda processo especial.

ARTIGO 461.º

(Formas do processo comum)

O processo comum é ordinário, sumário e sumaríssimo.

1. A forma exterior que deve revestir o desenvolvimento da acção em juízo, ou seja a série ordenada de actos a praticar para obter o reconhecimento ou a efectiva reparação de certo direito, é aquilo a que denominamos *processo*.

Tendo o particular uma pretensão a apresentar em juízo, precisa preliminarmente de eleger o processo de que deve usar para dela ser tomado conhecimento, o processo que corresponde à respectiva acção, o *processo próprio*.

— 226 —

Capítulo VIII — Das formas de processo **ART. 462.º**

Como preceitua o art. 4.º deste Código, a grande divisão das acções é feita entre as acções declarativas e as acções executivas.

Quer se trate de acção declarativa, quer de acção executiva, haverá sempre que escolher o *processo* que a lei faz corresponder à pretensão a apresentar: essa escolha é feita segundo o critério fixado nestes arts. 460.º e 461.º e depende do pedido que se deseja formular.

Tendo em conta a natureza específica de certas relações jurídicas materiais, o legislador traçou alguns modelos de procedimento, algumas formas de processo, que só ao reconhecimento (ou reparação) dos correspondentes direitos são aplicáveis; são esses os *processos especiais*; para todos os outros casos criou um processo regra, o *processo comum*.

O processo especial aplica-se aos casos expressamente designados na lei; o processo comum aplica-se sempre que não seja mandada seguir uma forma especial de processo.

O nosso código trata dos processos especiais nos arts. 944.º a 1510.º, mas há, fora do código, outros processos dessa natureza.

2. Posto perante a necessidade de propor uma acção, o interessado tem de averiguar se a lei estabeleceu expressamente para ela um processo especial. Se estabeleceu, adopta-o; se não estabeleceu, usa o processo comum.

O processo comum da acção declarativa admite três espécies: o processo ordinário, o processo sumário e o processo sumaríssimo; na acção executiva há as formas ordinária e sumária. Os casos em que se emprega cada uma dessas formas vem indicado nos arts. 462.º e 465.º.

SECÇÃO II

Processo de declaração

ARTIGO 462.º

**(Domínio de aplicação do processo ordinário,
sumário e sumaríssimo)**

Se o valor da causa exceder a alçada da Relação, empregar-se-á o processo ordinário; se a não exceder, empregar-se-á o processo sumário, excepto se não ultrapassar o valor fixado para a alçada do tribunal de comarca e a acção se destinar ao cumprimento de

ART. 463.º *Livro III, Título I — Das disposições gerais*

obrigações pecuniárias, à indemnização por dano e à entrega de coisas móveis, porque nestes casos, não havendo procedimento especial, o processo adequado é o sumaríssimo.

1. Verificado que ao direito que se pretende fazer actuar não corresponde qualquer processo especial, há que determinar, dentro do processo comum, a espécie que se deve considerar adequada.

É por este artigo que se procede a essa determinação.

O critério principal é o do valor; mas também funciona, em segunda linha, o do objecto da acção.

Como o preceito remete para o valor da alçada, deve ter-se presente que, actualmente, a alçada das Relações em matéria cível é de 3 000 000$00 e a dos tribunais de 1.ª instância a de 750 000$00 (Lei Org. Trib., art. 24.º, n.º 1).

Vamos, de harmonia com o valor actual das alçadas, fazer aplicação do que se prescreve neste artigo.

Se o valor da causa for superior a 3 000 000$00, o processo comum a empregar será sempre o processo ordinário; aqui só actua c critério do valor.

Nas acções cujo valor seja inferior a 3 000 000$00 emprega-se o processo sumário, excepto nas que, tendo valor não superior a 750 000$00, se destinem ao cumprimento de obrigações pecuniárias, à indemnização por dano e à entrega de coisas móveis, que, não havendo procedimento especial, seguem a forma sumaríssima.

2. A remissão que o preceito faz ao *valor das alçadas*, para fixar o domínio de aplicação das várias espécies do processo comum, tem a vantagem de a alteração daquele se projectar automaticamente nestas, sem necessidade de alteração do texto do código.

ARTIGO 463.º

(Disposições reguladoras do processo especial e sumário)

1 — O processo sumário e os processos especiais regulam-se pelas disposições que lhes são próprias e pelas disposições gerais e comuns; em tudo quanto não estiver prevenido numas e noutras, observar-se-á o que se acha estabelecido para o processo ordinário.

Capítulo VIII — Das formas de processo **ART. 463.º**

2 — É aplicável ao registo ou gravação dos depoimentos prestados em processos especiais o disposto no artigo 522.º-A e, quando a decisão seja susceptível de recurso ordinário, no artigo 522.º-B.

Quando haja lugar a venda de bens, será esta feita pelas formas estabelecidas para o processo de execução e precedida das citações ordenadas no n.º 1 do artigo 864.º, observando-se quanto à verificação dos créditos as disposições dos artigos 865.º e seguintes, com as necessárias adaptações.

3 — No que respeita a recursos, aplicar-se-á nos processos especiais o regime do processo sumário, com as seguintes excepções:

a) Se o valor da causa exceder a alçada da Relação, são admissíveis recursos para o Supremo como em processo ordinário;

b) Se por força da lei houverem de seguir-se, a partir de certo momento, os termos do processo ordinário, aplicar-se-á integralmente, e desde o começo, o regime de recursos deste processo.

4 — Nos processos especiais, consideram-se de apelação os recursos interpostos da sentença ou de quaisquer despachos que decidam do mérito da causa.

1. O legislador de 1939 seguiu o sistema de regular pormenorizadamente o processo ordinário, de que fez o *processo comum tipo*, dedicando às outras formas processuais apenas as disposições necessárias à sua especial feição.

O actual código adoptou idêntico método.

Daí a grande importância prática dos arts. 463.º e 464.º, que nos indicam o regime de cada um dos tipos processuais admitidos pela nossa lei de processo para a acção declarativa, papel que é desempenhado para as formas do processo executivo pelo art. 466.º.

2. O *processo ordinário* é regulado minuciosamente em todos os seus trâmites, quer em 1.ª instância, quer na fase dos recursos, pela disposição dos arts. 467.º a 782.º. Propriamente ao processado em 1.ª instância respeitam os arts. 467.º a 675.º.

— 229 —

ART. 463.º   *Livro III, Título I — Das disposições gerais*

3. O *processo sumário* regula-se, em primeiro lugar, pelas disposições que lhe são próprias, isto é, pelas disposições dos arts. 783.º a 792.º; em tudo o que não estiver aí previsto, pelas disposições gerais e comuns, que são as dos arts. 137.º a 459.º; e, finalmente, não estando o caso prevenido nem em umas, nem em outras, pelas disposições reguladoras do processo ordinário.

4. Os *processos especiais* regulam-se pelas disposições que lhe são próprias, conforme o processo especial a usar, e pelas disposições gerais e comuns (arts. 137.º a 459.º), e não estando aí prevenido o caso, pelas disposições reguladoras do processo ordinário, excepto: *a)* quanto ao registo de depoimentos; *b)* quanto à venda de bens que neles tenha lugar; e *c)* quanto a recursos, para que se formulam regras próprias neste artigo.

Ao registo e gravação dos depoimentos prestados antecipadamente ou por carta, e aos depoimentos prestados na audiência final, em processos especiais, manda o n.º 2 aplicar os princípios gerais nessa matéria, constantes dos arts. 522.º-A e 522.º-B, acrescentados ao Código pela reforma de 95/96.

Quanto à venda judicial a que haja de proceder-se num processo especial, era omisso o correspondente art. 472.º do código de 1939, pelo que eram de aplicar as disposições do processo ordinário. A inclusão expressa da regra que se lê agora neste preceito assenta numa dúvida que suscitou o código anterior. No processo especial de divisão de coisa comum (hoje arts. 1052.º a 1057.º) prescrevia-se que para a venda que nele tivesse de realizar-se se observariam «as disposições relativas à venda em processo de execução» (art. 1059.º). Pôs-se, em face desta norma, a questão de saber se os credores dos comproprietários teriam de ser citados para fazerem valer os seus direitos. Embora a resposta encontrada pela maioria dos intérpretes fosse afirmativa à face do disposto no art. 907.º [191], entendeu a Comissão Revisora do actual Código que o preceito era insuficiente, uma vez que a convocação dos credores e a verificação dos créditos com privilégio ou preferência sobre os bens vendidos não está incluída «nas disposições relativas à venda», e daí que se tenha formulado a regra agora constante do n.º 2 deste preceito, com aplicação a todos os processos especiais [192].

---

[191] Alberto dos Reis, *Processos Especiais,* vol. 2.º, pág. 48.
[192] Lopes Cardoso, *Projectos de Revisão,* tomo II, pág. 66.

Capítulo VIII — Das formas de processo   **ART. 464.º**

Resta-nos atentar na regulamentação dos recursos em processos especiais, descrita no n.º 3 deste artigo.

Vamos expô-la por uma ordem diferente da usada no texto da lei; parece-nos que partindo do particular para o geral, da excepção para a regra, o preceito ficará mais facilmente inteligível.

Há alguns processos especiais em que a lei manda seguir, a partir de certo momento, a forma de processo ordinário, ou ordinário ou sumário, conforme o valor (*v.g., naqueles a que se referem os arts. 1017.º, 1053.º, 1071.º e 1088.º). Nesses casos, e quando a forma a seguir deva vir a ser a ordinária, o regime de recursos a aplicar a esses processos especiais é, *desde o seu início*, e na falta de regulamentação própria, o regime integral dos recursos em processo ordinário (arts. 677.º a 782.º).

Não se verifica essa hipótese, mas o valor da causa é superior à alçada da Relação: o regime aplicável, quando nada estiver regulado no processo especial de que se trata, é o dos recursos em processo sumário (art. 792.º), menos quanto à sua admissibilidade, que é regulada pelas normas estabelecidas para o recurso em processo ordinário, só sendo de aplicar o regime geral na parte que não contrarie aquela regulamentação.

Em todos os outros casos atender-se-á: ao regime próprio estabelecido no processo especial; depois, ao preceituado para o processo sumário no art. 792.º; finalmente, ao regime dos recursos em processo ordinário.

ARTIGO 464.º

(Disposições reguladoras do processo sumaríssimo)

Ao processo sumaríssimo são aplicáveis as disposições que lhe dizem respeito e, além disso, as disposições gerais e comuns. Quando umas e outras sejam omissas, ou insuficientes, observar-se-á em primeiro lugar o que estiver estabelecido para o processo sumário e em segundo lugar o que estiver estabelecido para o processo ordinário.

Quais as disposições de que deve lançar-se mão para regular qualquer processo sumaríssimo?

Em primeiro lugar as dos arts. 793.º a 800.º, que dessa forma de processo se ocupam; em segundo lugar, e concomitantemente,

— 231 —

ART. 465.º   *Livro III, Título I — Das disposições gerais*

dos preceitos gerais dos arts. 137.º a 459.º; nos casos omissos, ou de insuficiente regulamentação, do preceituado para o processo sumário, nos arts. 783.º a 792.º, e, finalmente, sendo ainda necessário, das disposições próprias do processo ordinário.

SECÇÃO III

Processo de execução

ARTIGO 465.º

(Formas do processo de execução)

1 — Estão sujeitas à forma ordinária as execuções que, independentemente do valor do pedido, se fundem:

a) **Em qualquer título executivo que não seja a decisão judicial;**

b) **Em decisão judicial que condene no cumprimento de obrigação que careça de ser liquidada em execução de sentença, nos termos dos artigos 806.º e seguintes.**

2 — Seguem a forma sumária as execuções baseadas em decisão judicial, qualquer que seja o processo em que haja sido proferida, sem prejuízo do disposto na alínea *b)* do número anterior.

1. O processo correspondente à acção executiva pode ser comum ou especial.

São processos executivos especiais a execução por alimentos (arts. 1118.º a 1121.º-A) e a acção executiva por dívida de custas e multas (arts. 116.º a 123.º do Código das Custas. São comuns todos os outros.

Os processos executivos comuns podem seguir a forma ordinária ou sumária.

Seguem a forma sumária todas as execuções baseadas em decisão judicial que não careça de ser liquidada em execução de sentença nos termos do art. 806.º; estas últimas, e todas as demais execuções seguirão a forma ordinária.

2. Quanto aos processos de injunção vejam-se: o Dec.-Lei n.º 404/93, de 10 de Dezembro; o Dec.-Lei n.º 269/98, de 1 de Setem-

— 232 —

Capítulo VIII — Das formas de processo   ART. 466.º

bro, e o Dec.-Lei n.º 269/98, de 1 de Setembro, e o Dec.-Lei n.º 383/ /99, de 23 de Setembro.

ARTIGO 466.º
(Disposições reguladoras)

1 — São subsidiariamente aplicáveis ao processo de execução, com as necessárias adaptações, as disposições reguladoras do processo de declaração que se mostrem compatíveis com a natureza da acção executiva.

2 — À execução para entrega de coisa certa e para prestação de facto são aplicáveis, na parte em que o puderem ser, as disposições relativas à execução para pagamento de quantia certa.

3 — À execução sumária aplicam-se supletivamente as disposições do processo ordinário, com as necessárias adaptações.

4 — Às execuções especiais aplicam-se subsidiariamente as disposições do processo ordinário ou sumário, consoante o título em que se fundem, nos termos do artigo 465.º.

Indica o regime das diferentes formas de execução (ordinária e sumária), tendo em conta as diversas modalidades que elas comportam (para cobrança de quantia certa, para entrega de coisa certa e para prestação de facto).

A *execução ordinária para pagamento de quantia certa* regula-se pelo disposto nos arts. 811.º a 923.º; na falta de disposição especial em contrário, e em tudo o que se mostre compatível com esta forma de execução, aplicam-se as disposições gerais dos arts. 801.º a 810.º, e subsidiariamente, em tudo o que se mostre compatível com a natureza da acção executiva, as disposições reguladoras do processo de declaração.

A *execução sumária para pagamento de quantia certa* regula-se pelas disposições que lhe são próprias dos arts. 924.º a 927.º, e, supletivamente, pelas disposições do processo ordinário, com as necessárias adaptações.

As *execuções para entrega de coisa certa* e *para prestação de facto* regulam-se pelas disposições que lhes são próprias, dos artigos, respectivamente 928.º a 932.º e 933.º a 943.º, e ainda, na

— 233 —

ART. 466.º   *Livro III, Título I — Das disposições gerais*

parte em que o puderem ser, pelas disposições relativas à execução para pagamento de quantia certa, nos termos expostos.

As *execuções especiais* regulam-se pelas disposições que lhe são próprias, aplicando-se, subsidiariamente as disposições do processo ordinário ou sumário, consoante o título em que se fundem, nos termos do art. 465.º.

ÍNDICE

LIVRO III
Do processo

TÍTULO I
Das disposições gerais

....

CAPÍTULO II — Da instância 11

Secção I   — Começo e desenvolvimento da instância 11
Secção II — Suspensão da instância 37
Secção III — Interrupção da instância 51
Secção IV — Extinção da instância 53

CAPÍTULO III — Dos incidentes da instância 81

Secção I   — Disposições gerais 81
Secção II — Verificação do valor da causa 83
Secção III — Intervenção de terceiros 105

Subsecção I — Intervenção principal 105

Divisão I — Intervenção espontânea 105
Divisão II — Intervenção provocada 112

Subsecção II — Intervenção acessória 118

Divisão I — Intervenção provocada 118
Divisão II — Intervenção acessória do Ministério
Público 120
Divisão III — Assistência 121

— 235 —

Notas ao Código de Processo Civil

Subsecção III — Oposição 127

    Divisão I   — Oposição espontânea 127
    Divisão II — Oposição provocada 130
    Divisão III — Oposição mediante embargos de ter-
    ceiro 135

Secção IV— Falsidade 141
Secção V — Habilitação 141
Secção VI— Liquidação 154

CAPÍTULO IV — Dos procedimentos cautelares 157

Secção I — Procedimento cautelar comum 157
Secção II — Procedimentos cautelares especificados 178

    Subsecção I   — Restituição de posse 178
    Subsecção II — Suspensão de deliberações sociais 180
    Subsecção III — Alimentos provisórios 184
    Subsecção IV — Arbitramentoa de reparação provisória 184
    Subsecção V — Arresto 185
    Subsecção VI — Embargos de obra nova 194
    Subsecção VII— Arrolamento 200

CAPÍTULO VII * — Das custas, multas e indemnização 207

Secção I — Custas 207
Secção II — Multas e indemnização 220

CAPÍTULO VIII — Das formas de processo 226

Secção I — Disposições gerais 226
Secção II — Processo de declaração 227
Secção III— Processo de execução 232

---

* Os capítulos V e VI, que se ocupavam da matéria das *Cauções* e dos *Depósitos* foram suprimidos pela reforma operada pelo Dec.-Lei n.º 329-A/95, de 12 de Dezembro.

Execução gráfica
da
TIPOGRAFIA LOUSANENSE, LDA.
Lousã — Fevereiro/2000

Depósito legal n.º 143745/99